21世纪物流管理系列教材

Logistics Management Classics

Introduction to Logistics

物流学概论

（第2版）

主编 霍 红 牟维哲

中国人民大学出版社
· 北京 ·

前　言

随着经济的发展，物流活动作为企业利润新的增长点日益受到广泛重视。因此，学习物流管理的知识和技能，培养专业物流人才就成为当今社会最重要的任务之一。

本教材总结编者多年的教学经验，博采同类优秀教材之长，内容设计上不仅注重知识的基础性，而且注重前沿知识和新技术的导入，以保持教材内容的先进性。本书知识体系完整，结构合理，内容丰富。全书分为物流基础知识、物流系统要素管理和物流系统集成管理三篇。物流基础知识篇主要介绍了物流的相关概念、物流系统与物流系统分析；物流系统要素管理篇主要介绍了运输管理，配送管理，仓储管理，装卸搬运、包装和流通加工管理以及物流信息管理等物流的各个基本作业环节；物流系统集成管理篇主要介绍了企业物流管理、社会物流管理、第三方物流管理以及供应链管理等内容。同时，为了便于读者自学和加深对内容的理解，本书在每章开篇设有学习目标和导引案例，在每章的结尾设有本章小结和思考题。

本书由霍红、牟维哲主编，全书共12章，具体分工如下：第1～9章、第12章由牟维哲编写，第10～11章由李腾编写。参加前期资料收集和整理工作的研究生有张晨鑫、朱婧、付秀琴、郑佳、胡晓秋等。

通过对本书的学习，学生既能了解和掌握物流管理与相关专业的基本特点，又能巩固和补充专业知识，扩大专业知识面，从而具备运用物流管理知识和技术的综合能力。本书既可作为物流管理、物流工程和工商管理等专业的教材和参考用书，又可作为各类工商企业生产经营管理人员的参考用书。

在本书编写过程中，参考和借鉴了大量相关文献，在此向这些文献的作者表示衷心的感谢。由于现代物流发展日新月异，加之编者水平有限，书中一定存在疏漏和不足之处，恳请广大读者批评指正。

目 录

第1篇 物流基础知识

第2篇 物流系统要素管理

第 1 篇　物流基础知识

第 1 章

物流导论

学习目标

- 了解物流的产生与发展
- 掌握物流的概念
- 掌握物流活动的基本环节
- 了解商流和信息流
- 掌握物流的分类

导引案例

宝供物流企业集团是国内第一家物流企业集团，以其超前的物流服务理念、遍及全国的运作网络、一流的质量保证体系、全程的信息服务优势、先进的物流管理模式、丰富的物流实践经验以及强大的学习型、知识型物流人才队伍，为 40 多家跨国公司和十几家国内大型企业提供优质、高效的专业化物流服务。

1992 年，宝供物流创始人刘武在广州承包了一个铁路货物转运站，以“质量第一、顾客至上、24 小时服务”的经营特色，为客户提供“门到门”的服务，自担风险和责任，避免或减少中间环节，极大地提高了运作和管理的效率，获得了良好的声誉，并受到国外企业极大的关注。

1994 年，美国宝洁公司进军中国市场，因该货物转运站的良好声誉与其展开合作。为了进一步满足客户市场发展的需求，刘武注册成立了广东宝供储运有限公司，以北京、上海、广州等城市为中心构建全国性的运作网络体系，开始规模化、网络化经营。

1995 年和 1996 年，刘武花了整整两年的时间苦练内功：狠抓内部人员培训和机构建设，全面提升业务运作质量，完善宝供品牌服务形象。

1997 年，刘武率先在国内建立起一套基于 Internet/Intranet（互联网/内联网）的物流网络信息系统，实现物流数据的在线实时跟踪，并与客户信息共享，实时了解运输、仓储等物流信息，使宝供物流服务实现了质的飞跃。

1998年和1999年，刘武全面强化企业信息化建设，大力拓展国际国内物流市场，不断增加运作网点，相继在澳大利亚、泰国等地以及中国的北京和上海等大城市设立了分公司或办事处。1999年10月，经工商局批准，宝供物流企业集团有限公司注册成立。

21世纪是风云变幻的世纪，企业要在全球化经济的浪潮中脱颖而出，并保持可持续发展，必须有长远的眼光和正确的服务理念。面对这种形势，宝供将凭借规模经营优势、专业化优势、知识人才优势和个性化服务优势，有效地为客户节省投资和费用，减少库存，降低风险，提供增值服务，使企业集中精力于主业，增强核心竞争力，全面提升企业形象，从而成为客户获得竞争优势的重要战略伙伴。

资料来源：物流企业案例之发展历程．http：//www. docin. com/p-615359055. html.

第1节　物流的产生与发展

一、国外物流的产生与发展

（一）国外物流的产生

“物流”的概念最早出现在美国，当时存在两类代表性观点：一类为营销学派，认为物流是指物资分拨（physical distribution），是由阿奇·萧于1915年在《市场流通中的若干问题》一书中首次提出的，这里的物流是商品销售的必要环节；另一类为军事后勤学派，认为物流是后勤管理（logistics management），指战略物资的生产、采购、运输、仓储、配送等全过程的管理。第二次世界大战后，随着美国在世界上的军事地位和经济地位的提升，物流的两类观点也在相互融合，美国物流业开始真正形成并迅速发展。

（二）国外物流的发展

国外物流的全面发展始于20世纪50年代中期，其发展大致可以分为两个阶段。

1. 分销物流学阶段（20世纪50年代中期至80年代中期）

这个阶段的特点是分销物流概念得到发展并占统治地位，从美国走向全世界，形成了一个比较统一的物流概念，也形成了物流学派、物流产业和物流领域。

（1）物流管理理论体系的初步形成。

物资分拨的概念继续得到发展和完善，在全世界范围内，形成了比较完整的物流管理的理论体系。

1）美国。1954年，鲍尔·D. 康柏斯在美国第26次波士顿流通会议上，提出应该重视认识、研究市场营销中的物流。1956年，霍华德·T. 莱维斯、吉姆斯·W. 克里顿和杰克·D. 斯蒂勒等人撰写了《物流中航空货运的作用》一书，第一次在物流管理中导入了整体成本的分析概念，深化了物流活动分析的内容。1961年，爱德华·W. 斯马凯伊、唐纳德·J. 鲍尔苏克斯和弗兰克·H. 莫斯曼撰写了《物流管理》，这是世界上第一本介绍物流系统的教材，为物流管理成为一门学科奠定了基础。

1962年，美国著名管理学者德鲁克在《财富》杂志上发表了《经济的黑暗大陆》一文，提出了物流是降低成本的源泉的观点，强调应当重视在生产和销售领域之外的物流环节，从而对实业界和理论界又产生了一次重大的推动，使人们逐渐认识到物流是“第三利润源泉”。1963年，美国物流管理协会成立，该协会将各方面的物流专家集中起来，提供教育和培训活动，这一组织成为世界上第一个物流专业人员组织。1969年，唐纳德·J. 鲍尔苏克斯发表文章《物流的发展——现状与可能》，对综合物流概念的过去、现状以及未来发展作出了全面的分析。1976年，道格拉斯·M. 兰伯特指出整个物流活动所发生的费用中，在库费用是最大的部分，并对费用测定进行了研究，对物流管理学的发展作出了重大贡献。

2）日本。1956年，日本对美国各地进行实地考察后，详细了解并接受了物流这一新事物，在1958年第一次提到了physical distribution，也就是PD，并把它译成“物的流通”，这一概念马上被日本产业界接受。日本国内分销领域中的配送中心、物流中心相继产生，企业中的物流部以及各种类型的物流公司也纷纷诞生。随着分销物流业逐渐扩大，日本也逐渐形成了自身的物流产业和物流管理学。

3）其他国家。物流概念也逐渐扩展到西欧、北美和其他地区的许多国家。20世纪70年代末传到了中国。世界上许多国家都接受了物流概念和物流管理学，并开展了广泛研究。

（2）分销领域汇总的企业物流理论和技术发展迅速。

当人们正在专注地研究分销领域中的物流问题和发展各种专业物流理论与技术的时候，企业内部生产物流理论悄悄地发展起来。

1）20世纪60年代随着计算机应用的普及和推广，美国生产管理和计算机应用专家首先提出了物料需求计划（material requirement planning，MRP）的概念，而国际商业机器公司（IBM）则在计算机上实现了MRP处理，从此产生了MRP，MRPⅡ，MRPⅢ等技术，并且在企业中得到了应用和发展。

2）在MRP发展的基础上，80年代相继产生了应用于分销领域的配送资源配置计划（distribution resources planning，DRP）、物流资源计划（logistics resources planning，LRP）和企业资源计划（enterprise resources planning，ERP）。

3）这一时期，日本丰田公司创造的准时制（just in time，JIT）生产技术以及看板技术为生产领域创造了革命性的哲学和技术，现在已经从生产环节应用到采购、销售、配送等物流的其他领域。

4）设施规划与工厂设计是企业内部物流发展的另一个重要领域，包括厂区布局、工厂选址、生产线布置、物流搬运系统设计等，形成了物流管理学一个非常重要的分支学科。

所有这些企业内部物流理论和技术的强劲发展逐渐引起了人们的关注。分销物流的概念显得不够全面。特别是到80年代中期，随着企业国际化发展的趋势，企业物流活动进一步朝集成化、一体化、信息化发展，迫切需要一个更明确的物流概念，于是进入了物流概念发展的第二个阶段。

2. 现代物流学阶段（20世纪80年代中期至今）

这个阶段的特点是随着物流业的发展，现代物流（logistics）已经不限于分销领域，涉及企业物资采购、物资供应、生产制造、企业分销以及物资废弃回收等所有领域。该阶段的物流与军事后勤学中的物流具有不同的意义，后者是指军队物资供应调度上的物流问题，而前者则是指基于企业供、产、销等全范围、全方位的物流问题，无论是广度、深度还是所涵盖的领域、档次都有很大的差别。20 世纪 90 年代，供应链管理的出现将一体化概念从单个公司拓展到供应链上的所有公司。在整条增值链中，单个公司只是其中一部分，有效配置链上成员的资源，可以提高整条链的效率，获得链的竞争优势。这一理念使得各个公司进行了物流的外部一体化：集成制定投资计划，共享对物流投资带来的好处；统一的产品包装设计，便于使用共同的仓储、装卸和运输设备；共享信息，采用 DRP 或 JIT 系统以消除库存冗余；共享专业技术。这样，企业得以集中精力于核心业务竞争力的建立方面。供应链理论的诞生和供应链管理系统的形成使得物流管理进一步朝联合化、共同化、集约化和协调化的方向发展。

二、我国物流的产生与发展

新中国成立后我国物流业的发展历程大致可以分为四个阶段。

（一）第一阶段：创建阶段（1949—1954 年）

这个阶段是我国国民经济恢复时期，物流业刚开始创建，物流业的货物运输主要依靠铁路及部分公路。物流活动主要附属于各专业公司或批发站（一些大城市除外）。在生产部门，物流问题还没有被关注。

（二）第二阶段：发展阶段（1955—1977 年）

这个阶段是我国的第一个五年计划时期，国民经济发展迅速，交通运输建设促进了物流业的发展。在物资、商业、供销、粮食、外贸等部门相继成立了商物分离型、专业型的物流企业，如储运公司、仓储公司、中转站等，初步形成了物流业。1966 年之后，物流业发展处于暂时停滞的状态。

（三）第三阶段：开放阶段（1978—1998 年）

1978 年开始的对外开放政策使得我国的现代化建设迅速发展，物流业有了很大进展。流通领域中专业性、兼营性的物流企业数量增加，生产企业也开始重视物流合理化的研究，国有物流企业建设得到加强，集体和个体的物流企业或储运专业户开始出现。这个阶段的物流发展开始打破部门、地区的界限，更加专业化、社会化。

（四）第四阶段：国际化阶段（1999 年至今）

1999 年 11 月，时任国务院副总理吴邦国在现代物流发展国际研讨会上发表讲话，指出现代物流是一项跨行业、跨部门、跨地区，甚至跨国界的系统工程，现代物流作为一种先进的组织方式和管理技术，被广泛地认为是企业在降低物资消耗、提高劳动生产率以外的重要利润源泉，在国民经济和社会发展中发挥着越来越重要的作用。这一重要讲话标志着政府开始重视现代物流的发展，随后各地区和城市纷纷制定物流的发展规划，并积极开展国际物流业务，使物流朝国际化方向迈进。

三、现代物流的发展趋势

随着全球经济一体化进程的加快，企业面临着更加激烈的竞争环境，资源在全球范围内的流动和配置大大加强，世界各国更加重视物流发展对于发展本国经济、改善民生和增强军事实力的影响，并且更加重视物流的现代化，从而使现代物流呈现出一系列新的发展趋势。根据国内外物流发展的新情况，未来现代物流的发展趋势可以归纳为信息化、网络化、自动化、电子化、共享化、协同化、集成化、智能化、移动化、标准化、柔性化、社会化和全球化。

（一）信息化

现代社会已经步入了信息时代，物流信息化是社会信息化的必然要求和重要组成部分。物流信息化表现在：物流信息的商品化，物流信息收集的代码化和商业智能化，物流信息处理的电子化和计算机化，物流信息传递的标准化和实时化，物流信息存储的数字化和物流业务数据的共享化等。信息化是现代物流发展的基础，没有信息化，任何先进的技术装备都无法顺畅地使用，信息技术的应用将会彻底改变世界物流的面貌，更多新的信息技术在未来物流作业中将得到普遍采用。

信息化促进了物流功能的改变，使得那些在工业社会里的产品生产中心、商业贸易中心发挥的主导功能发生了转变。传统的物流业以物为对象，聚散的是物，而信息社会以信息为对象。物流不再仅仅传输产品，同时也在传输信息，例如物流中心的聚散功能除针对实物之外，还要完成对各种信息的采集和传输，各种信息被聚集在那里，经过加工、处理、使用，再传播出去供社会使用。总之，信息社会使物流的功能更强大，并形成了一个社会经济的综合服务中心。

（二）网络化

网络化是指物流系统的组织网络和信息网络体系。从组织上讲，它是供应链成员间的物理联系和业务体系，国际电信联盟（ITU）将射频识别（RFID）技术、传感器技术、纳米技术、智能嵌入技术等列为物联网的关键技术，这种过程需要高效的物流网络支持。而信息网络使供应链上企业之间的业务运作通过互联网实现信息的传递和共享，并运用电子方式完成操作。例如，配送中心向供应商发放订单就可以利用电子订货系统通过互联网来实现，对下游分销商的送货通知也可以通过网上的分销系统甚至是手持移动设备来实现。

（三）自动化

物流自动化的基础是信息化，核心是机电一体化，其外在表现是无人化，效果是省力化。此外，它还能扩大物流能力，提高劳动生产率，减少物流作业的差错，等等。物流自动化的技术很多，如自动射频识别、自动化立体仓库、自动存取、自动分拣、自动导向和自动定位、货物自动跟踪等技术。这些技术在经济发达国家已经普遍用于物流作业，在我国，虽然某些技术已经被采用，但实现普遍应用还需要相当长的时间。

（四）电子化

电子化是指物流作业中的电子商务。它也是以信息化和网络化为基础的。具体表现为：业务流程的步骤实现电子化和无纸化；商务活动中的货币实现数字化和电子化；业务处理实现全程自动化和透明化；交易场所和市场空间实现虚拟化；消费行为实现个性化；企业或供应链之间实现无边界化；市场结构实现网络化和全球化，等等。作为电子商务发展关键因素之一的物流，是商流、信息流和资金流的基础与载体。电子化使得跨国物流更加频繁，对物流的需求更加强烈。

（五）共享化

供应链管理强调链上成员的协作和社会整体资源的高效利用，以最优化的资源最大化地满足整体市场的需求。企业只有在建立共赢伙伴关系的基础上，才能实现业务过程间的高度协作和资源的高效利用，通过资源、信息、技术、知识、业务流程等的共享，才能实现社会资源优化配置和物流业务的优势互补，快速对市场需求作出响应。近年来，一些新型的供应链管理策略，如 VMI（供应商管理库存）、JIT、CPFR（协同规划、预测与补货）、第四方物流、RSP（零售商—供应商伙伴）与 DI（数据输入）等都实现了信息、技术、知识、客户和市场等资源的共享化。

（六）协同化

市场需求的瞬息万变以及竞争环境的日益激烈都要求企业具有与上下游进行实时业务沟通的协同能力。企业不仅要及时掌握客户的需求，更快地响应、跟踪和满足需求，还要使供应商对自己的需求具有可预见能力，并能把握好供应商的供应能力，使其能为自己提供更好的供给。为了实现物流协同化，合作伙伴需要共享业务信息、集成业务流程，共同进行预测、计划、执行和绩效评估等业务。而只有企业间真正实现了全方位的协同，才能使物流作业的响应速度更快、预见性更好、抵御风险能力更强，降低成本并提高效益。

（七）集成化

物流业务由多个成员与环节组成，全球化和协同化的物流运作要求物流业务中成员之间的业务衔接更加紧密，因此要对业务信息进行高度集成，实现供应链的整体化和集成化运作，缩短供应链的相对长度，使物流作业更顺畅、更高效、更快速，更加接近客户和满足其需求。集成化的基础是业务流程的优化和信息系统的集成，二者都需要有完善的信息系统支持，实现系统、信息、业务、流程和资源等的集成。同时，集成化也是共享化和协同化的基础，没有集成化，就无法实现共享化和协同化。

（八）智能化

智能化是自动化、信息化的一种高层次应用。物流涉及大量的运筹和决策，例如物流网络的设计优化、运输（搬运）路径和每次运输装载量的选择，多货物的拼装优化、运输工具的排程和调度、库存水平的确定与补货策略的选择、有限资源的配置、配送策略的选择等优化处理，都需要借助智能的优化工具来解决。近年来，专家系统、人工智能、仿真学、运筹学、商务智能、数据挖掘和机器人等相关技术已经有了比较成熟的研究成果，并在实际物流业中得到了较好的应用，使智能化成为物流发展的一个新趋势。智能化还是实现物联网优化运作的一个不可缺少的前提条件。

（九）移动化

移动化是指物流业务的信息与业务的处理移动化。它是现代移动信息技术发展的必然选择。由于物流作业更多地体现在载体与载物的移动，除了暂时静态的储存环节外全都处于移动状态，因此移动化对物流业具有更加重要和深远的意义。应用现代移动信息技术（通信、计算机、互联网、GPS（全球定位系统）、GIS（地理信息系统）、RFID、传感、智能等技术）能够在物流作业中实现移动数据采集、移动信息传递、移动办公、移动跟踪、移动查询、移动业务处理、移动沟通、移动导航控制、移动检测、移动支付、移动服务等，并使这些业务与物体形成闭环的网络系统，在真正意义上实现物联网。它不仅使物流作业降低成本、加速响应、提高效率、增加盈利，而且使其更加环保、节能和安全。

（十）标准化

标准化是现代物流技术的一个显著特征和发展趋势，也是实现现代物流的根本保证。货物的运输配送、储存保管、装卸搬运、分类包装、流通加工等作业与信息技术的应用，都要求有科学的标准。例如，物流设施、设备及商品包装、信息传输等的标准化。只有实现了物流系统各个环节的标准化，才能真正实现物流技术的信息化、自动化、网络化、智能化等。特别是在经济贸易全球化的新世纪，没有标准化，就无法实现高效的全球化物流运作，这将阻碍经济全球化的进程。

（十一）柔性化

柔性化是20世纪90年代在生产领域提出来的，为了更好地满足消费者的个性化需求，实现多品种、小批量以及灵活的生产方式，国际制造业推出柔性制造系统（flexible manufacturing system，FMS），实行柔性化生产。随后，柔性化又扩展到了流通领域，根据供应链末端市场的需求组织生产和安排物流活动。物流作业的柔性化是生产领域柔性化的进一步延长，它可以帮助物流企业更好地适应消费需求的“多品种、少批量、多批次、短周期”趋势，灵活地组织和完成物流作业，为客户提供定制化的物流服务来满足他们的个性化需求。

（十二）社会化

物流社会化也是物流发展的方向，其最明显的趋势就是物流业中出现了第三方物流服务和第四方物流服务方式。它一方面是为了满足企业物流活动社会化要求所形成的，另一方面又为企业的物流活动提供了社会保障。而第三方、第四方乃至未来发展可能出现的更多服务方式是物流业发展的必然产物，是物流过程产业化和专业化的一种形式。人们预测下一阶段的物流将向虚拟物流或第N方物流发展，物流管理和其他服务也将逐渐被外包。这将使物流业告别“小而全、大而全”的纵向一体化运作模式，转变为新型的横向一体化的物流运作模式。

（十三）全球化

为了实现资源和商品在国际上的高效流动与交换，促进区域经济的发展和全球资源优化配置的要求，物流运作必须要朝全球化的方向发展。在全球化趋势下，物流目标是为国际贸易和跨国经营提供服务，选择最佳的方式与路径，以最低的费用和最小的风险，保质、保量、准时地将货物从一国的供方运到另一国的需方，使各国物流系统相互接轨，它代表物流发展的更高阶段。

我国企业面临着国内国际市场更加激烈的竞争，随着资源在全球范围内的流动和配置大大加强，越来越多的外国公司加速进入中国市场，同时一大批中国企业也将真正融入全球产业链中，这将加剧中国企业在本土和国际范围内与外商的竞争，并对我国的物流业提出更高的要求。在新的环境下，我国的企业必须把握好现代物流的发展趋势，运用先进的管理技术和信息技术，提高物流作业的管理能力和创新能力，提升自己的竞争力。

第2节　物流的相关概念

一、物流的概念

（一）分销物流学关于物流的概念

1. *流通活动*

分销物流学是在分销领域当中讨论物流的。分销领域也就是流通领域，是将企业的产品从企业转移到用户手中的过程。流通的功能，一是通过购、销等商品交易活动创造物资的所有权效用；二是通过运输创造物资的空间效用；三是通过储存创造物资的时间效用，将商品转移到用户手中。如图1-1所示，流通活动包括购、销、信息、运输、储存、包装、装卸和流通加工。其中，购、销属于商流活动，而运输、储存、包装、装卸、流通加工属于物流活动，商流信息和物流信息共同构成流通信息流活动。这样，流通活动就是由商流活动、物流活动和信息流活动共同构成的，物流活动是流通活动的一部分。

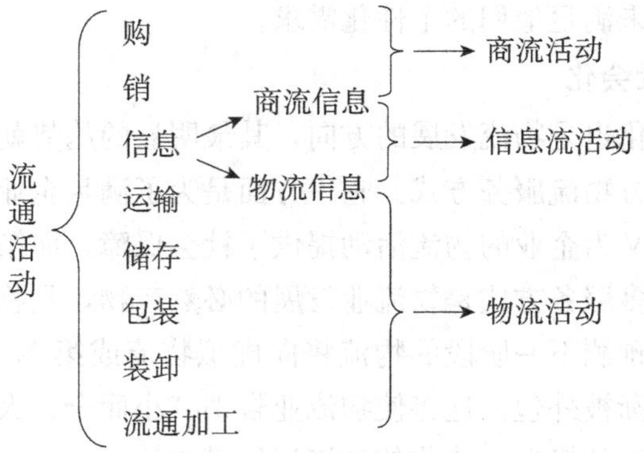

图1-1　流通活动

2. *物流的定义*

所谓物流，是物资有形或无形地从供应者到需求者进行的物资物质实体的流动。具体的物流活动包括包装、装卸、运输、储存、流通加工和信息等诸项活动。物流活动可以创造物资的空间效用、时间效用，而流通加工活动还可以创造物资的形质效用。

在物流的这个定义中，明显地包含了以下几个要点。

（1）“有形”与“物资物质实体”，强调实体流动；

（2）“从供应者到需求者”，强调分销领域，即流通领域；

（3）“有形或无形”，有形指物质实体，无形指信息；

（4）“流动”，而不是“流通”；

（5）“具体的物流活动”包括包装、装卸、运输、储存、流通加工和信息等诸项活动；

（6）物流的功能包括可以创造物资的空间效用、时间效用以及形质效用。

可以看出，实际上物流具有非常普遍和广泛的含义。它既包括物资的运动状态（运输），也包括物资的静止状态（储存），还包括物资的静动状态（包装、装卸、流通加工）。所谓静动状态，就是从宏观上看，它是静的；而从微观上看，它又是动的。所以物资无论处在运动状态，还是静止状态，抑或是静动状态，都处在物流状态。也就是说，只要物资存在，它就必然处在物流状态。根据物质不灭定律，社会中的物质只可能转化形态，而不可能消灭。因此，物流也只可能变换形态，而不可能消灭。也可以说，物流是普遍的、绝对的。

因此，在物流的定义中，还明显地包含以下几个特点。

（1）突出了流通，即把物流看成是流通的一部分。因为它强调了“从供应者到需求者”，强调了“流通加工”等。

（2）突出了专业物流活动，强调了运输、储存、包装、装卸、流通加工、信息等几项专业活动。

（3）突出了物流的功能：空间效用、时间效用、形质效用。这也正是分销物流学的几个特点。

（二）关于现代物流的概念

分销物流学的物流概念在分销领域是严谨的、充分适用的。但是，随着物流学的发展，到 20 世纪 80 年代，物流学的应用已经远远超出了分销领域。这个时候如果再使用分销物流学中的物流概念，已经不合适了。因此修改物流概念成为物流学者的共识。

物流领域的扩大、企业物流的集成化、第三方物流、供应链和电子商务物流等的出现，使得分销物流学的物流概念不再适用，要求对物流概念做出相应的调整。因此，20 世纪 80 年代中期以来，世界各国对物流概念都相应做出改变，纷纷放弃使用“physical distribution”一词，转而使用“logistics”。这个“logistics”不同于美军少校琼西·贝克 1905 年提出的 logistics，内涵上有所变化。美国、欧洲国家、日本等都有了关于它的新的含义，这就是各国关于现代物流的概念。

我们一直使用“物流”两个字，现在也无须更改，只需在界定上做一些调整就可以指代现代物流。本书采用下面的描述作为现代物流的概念。

所谓物流，是指一切旨在创造空间效用、时间效用和形质效用的物资物质实体的流动。具体的物流活动，既包括运输、储存、包装、装卸、流通加工、伴随的信息活动及其集成化了的作业活动，也包括对这些物流作业活动进行计划、组织、指挥、协调和控制所构成的物流管理活动。

这个物流概念具有以下几个特征：

（1）突出强调了物流概念的两个本质内容。

一是物质实体的流动；二是物流的职能，即三个效用。任何活动，不管它在什么地方、什么领域以什么样的形态出现，只要它具有这三个效用中的一个或几个，并且是物质实体的流动，就都是物流活动。因此，这个概念具有概括性、普遍性和通用性，抓住了物流概念的本质。

（2）在描述具体的物流活动时，做了三点改进。

一是把加工活动（显然包括生产加工和流通加工）作为物流活动；二是明确地将物流活动的集成化作为物流活动；三是把物流作业和物流管理区分开来，且明确地将物流管理作为物流活动的一种。因此，这个概念拓宽了物流的领域，强调了物流集成化，强调了物流作业和物流管理的区别，强调了物流管理也是物流活动，比较符合现代物流的实际情况。

（3）强调了物流管理。

这个概念不但说明了物流管理是物流活动的一种，而且说明了物流管理的具体内容和功能，即计划、组织、指挥、协调、控制。这一说明同样具有概括性、普遍性和通用性。

二、物流活动的基本环节

物流活动可以做以下分类，见图1－2。

- 物流活动
  - 物流作业活动
    - 运输
    - 储存
    - 装卸
    - 包装
    - 配送
    - 流通加工
    - 物流信息处理
  - 物流管理活动
    - 计划
    - 组织
    - 指挥
    - 协调
    - 控制

图1－2 物流活动

物流作业活动可以分为运输、储存、装卸、包装、配送、流通加工和物流信息处理七个基本环节。

1. 运输

运输是指用设备和工具将物品从一个地点向另一个地点运送的物流活动。其中包括集货、分配、搬运、中转、装入、卸下、分散等一系列操作。

2. 储存

储存是指保护、管理、储藏物品，具有时间调整和价格调整的功能。它的重要设施是仓库，在商品入库信息的基础上进行在库管理。

3. 装卸

装卸是指在指定地点以人力或机械装入运输设备或从运输设备卸下。装卸与搬运相区别。装卸是一种以垂直方向移动为主的物流作业。搬运是指在同一场所内，对物品进行的水平方向移动为主的物流作业。

4. 包装

包装是指在流通过程中，为保护产品、方便储运、促进销售，按一定技术方法而采用的容器、材料及辅助物等的总体名称。有时也指为了达到上述目的而在采用容器、材料及辅助物的过程中施加一定技术方法等的操作活动。

5. 配送

配送是指在经济合理区域范围内，根据用户要求，对物品进行挑选、加工、包装、分割、组配等作业，并按时送达指定地点的物流活动。

6. 流通加工

流通加工是指物品在从生产地到使用地的过程中，根据需要施加包装、分割、计量、分拣、组装、贴标签、商品检验等简单作业的总称。

7. 物流信息处理

物流信息处理是指针对反映物流各种活动内容的知识、资料、图像、数据、文件等信息进行有效处理的活动。

物流管理活动是对物流作业的管理活动。它和一般的管理活动一样，具有计划、组织、指挥、协调和控制五大职能，或者说五类活动。这五类活动中，最重要的是计划。计划，就是规划、策划。它要在调查研究的基础上，根据科学的原理、原则，甚至经过预测，制定目标、选择方案、制定政策，从而规划和策划整个作业活动的全过程。计划确定以后，再进行组织实施。在实施过程中进行组织、指挥、协调和控制，最后达到实现预定计划的目的。

三、物流的功能

物流有三大功能。

一是克服供需之间物资的空间距离，通过运输、配送等方式，将供应者手中的物资转移到需求者手中，创造物资的空间效用。

二是克服供需之间物资的时间距离，通过储存、保管等方式，将供应者手中的物资转移到需求者手中，创造物资的时间效用。

三是克服供需之间物资形状性质的距离，通过加工的方式，将供应者手中所具有的某形状性质的物资改造成具有需求者所需要的形状性质的物资，创造物资的形质效用。

四、商流的概念

分销物流活动是流通活动的组成部分，除物流以外，还有商流和信息流，所以我们当然也要同时关注商流和信息流的概念和作用。只有把它们结合起来看，才能够更好地理解物流、商流和信息流各自的含义、特点、功能和相互关系，进而能够对物流的概念和功能有更深刻的理解。

所谓商流，是指从供应者向需求者转移物资社会实体的流动，主要表现为物资与其等价物的交换运动和物资所有权的转移运动。具体的商流活动包括买卖交易活动及商情信息活动。商流活动可以创造物资的所有权效用。

商流的定义中包含如下几个要点。

（1）“物资社会实体”，强调物资价值实体的流动；

（2）“从供应者向需求者”，强调分销领域，也即流通领域；

（3）“从供应者向需求者转移物资社会实体的流动”，强调与物资物质实体流动，即物流的伴随关系；

（4）“流动”，而不是“流通”；

（5）商流主要表现为等价交换和所有权的转移，“具体的商流活动包括买卖交易活动及商情信息活动”；

（6）商流的功能包括“可以创造物资的所有权效用”。

这个定义中也包含以下几个特点。

（1）突出了流通，即把商流看成是流通的一部分。

（2）突出了与物流活动的伴随关系。

（3）突出了商流的功能——“所有权效用”。

五、信息流的概念

信息流也是流通的组成部分，它和商流、物流一起构成了流通的“三流”。为了完整起见，我们也来了解一下信息流。

流通领域的信息流又称流通信息流。流通信息，是指伴随流通活动产生并且为流通活动服务的信息，包括由文字、语言、图表、信号等表示的各种文件、票据和情报资料等。流通信息流，是指流通信息的产生、加工、存储和传递等。

流通信息流有两大类：一类是商流信息流；另一类是物流信息流。

商流信息流是指在商流活动中产生并为商流活动服务的商流信息的产生、制作、加工、存储和传递。例如，商品的销售价格、市场行情、购销洽谈、订货合同、供需情况、销售货款、交易支付、促销活动等都是商流信息。这些信息的产生、制作、加工、存储和传递等，就是商流信息流。

物流信息流是指在物流活动中产生并为物流活动服务的物流信息的产生、制作、加工、存储和传递。例如，运输方式、运输市场行情、运输价格、交通地理、交通基础设施、仓储设施、库存信息、仓储价格、搬运费用、装卸能力、货主和客户信息等，都是物流信息。这些信息的产生、制作、加工、存储和传递等，就是物流信息流。

就像一切经济信息一样，流通信息对于流通具有非常重要的作用，这些作用包括：

（1）反映作用。

所有的流通活动，既包括商流活动，也包括物流活动，都是通过信息来描述的。活动的时间、空间、方式、流量、流速、效果等，都是由信息来描述和反映的。人们主要通过信息来了解具体的商流活动和物流活动。信息描述是否准确、真实，决定了人们对于活动的认识和掌握程度，从而也影响人们对于活动的决策结果。

（2）服务作用。

所有流通活动的进行，都需要了解市场行情、环境条件、资源分布、工作程序、约束条件等。这些信息为流通活动的进行起到了服务的作用。没有这些信息的支持，流通活动就不能顺利有效地进行。

（3）指导作用。

流通活动的进行需要有科学管理方法、技术、标准、指标以及有关方针政策、规章制度等作指导，这样流通活动才能够按照正确、科学的轨道运行。这些信息对于流通活动起着很重要的指导作用。

（4）控制作用。

有些信息能够对流通活动起控制作用。这些信息大多是一些控制信息。例如库存控制中的库存警戒点、经济订货批量，商流活动中的订货合同、各种法律法令、规章制度、领导的指令等，都是一些控制信息，它们都对流通活动的运行起着控制作用。

商场如战场。在激烈竞争的市场经济中，迅速准确地反映和传递信息，有助于及时果断决策，从而使企业能够灵敏地掌握市场变化、抓住机遇、避免风险，保障流通活动高效率地顺利进行，在竞争中取得胜利。

六、物流与商流的区别

在分别讨论了物流和商流的概念之后，我们再把它们放到流通领域中看看它们之间的联系和区别，认识它们在流通中的地位和作用。

物流和商流之间的联系主要表现在：

（1）它们都属于流通领域，是商品流通的两种不同形式，在功能上互相补充。通常是先发生商流后发生物流，在商流完成以后再进行物流。

（2）它们都是从供应者到需求者的流动，具有相同的出发点和归宿。

物流和商流之间的区别主要表现在：

（1）流动的实体不同：物流是物资的物质实体的流动，商流是物资的社会实体的流动。

（2）功能不同：物流创造物资的空间效用、时间效用、形质效用，而商流创造物资的所有权效用。

（3）物流和商流是相互独立的，发生的先后和路径都可能互不相同。在特殊情况下，没有物流的商流和没有商流的物流都是可能存在的。

总之，物流和商流既互相区别又互相联系，既分工又合作，二者和谐地共存于流通过程之中，互补地完成流通的职能。

第 3 节 物流的分类

在社会经济领域中，物流活动无处不在，许多领域都有其特征性的物流活动。尽管不同领域中的物流存在相同的基本要素，但由于在不同的生产活动中物流的对象、目的、范围的差异，形成了不同的物流类型。按照物流系统中商品的运动方式、空间范围、研究对象，可以从不同的角度对物流系统进行分类。

一、按照物流活动的范围划分

按照物流活动涉及的空间和范围不同，可以将物流分为国际物流和区域物流。

1. 国际物流

国际物流是现代物流系统发展快、规模大的一个物流领域，国际物流是伴随和支撑国际经济交往、贸易活动和其他国际交流所发生的物流活动。

2. 区域物流

相对于国际物流而言，一个国家范围内的物流、一个城市的物流和一个经济区域的物流均称为区域物流。

二、按照物流系统的性质划分

按照物流系统的性质，可以将物流分为社会物流、行业物流和企业物流。

1. 社会物流

社会物流是指超越一家一户的以一个社会为范围，面向社会的物流。

2. 行业物流

顾名思义，行业物流是指在一个行业内部发生的物流活动。

3. 企业物流

企业物流是从企业角度研究与之有关的物流活动，是具体的、微观的物流。可细分为企业生产物流、企业供应物流、企业销售物流、企业回收物流、企业废弃物物流。

三、按照物流在企业经营过程不同阶段中的作用划分

按照物流在企业经营过程不同阶段中的作用，可以将物流分为供应物流、销售物流、生产物流、回收物流、废弃物物流等。

1. 供应物流

生产企业、流通企业或用户购入原材料、零部件或商品的物流过程称为供应物流。也就是物资生产者、持有者到使用者之间的物流。对于制造企业而言，是指对于生产活动所需要的原材料、燃料、半成品等物资的采购、供应等活动所产生的物流；对于流通企业而言，是指交易活动中，从买方角度出发的交易行为中所发生的物流。

2. 销售物流

生产企业、流通企业售出产品或商品的物流过程称为销售物流，是指从物资的生产者或持有者到用户或消费者之间的物流。对于制造企业是指售出商品；而对于流通企业是指交易活动中，从卖方角度出发的交易行为中所发生的物流。

3. 生产物流

从工厂的原材料购进入库起，直到工厂成品库的成品发送为止，这一全过程的物流活动称为生产物流。生产物流是制造企业所特有的，它和生产流程同步。原材料、半成品等按照工艺流程在各个加工点不停地移动、流转形成了生产物流。如果生产物流发生中断，生产过程也将随之停顿。

4. 回收物流

不合格物品的返修、退货以及货物运输或搬运中的包装容器、装卸工具及其他可

再用的旧杂物等，经过回收、分类、再加工、使用的流动过程。

5. 废弃物物流

伴随某些厂矿的产品产生的副产物（如钢渣、煤矸石等）、废弃物，以及生活消费中的废弃物（如垃圾）等的收集、分类、加工、包装、搬运、处理过程的实体物流。

四、按照物流活动的主体划分

按照物流活动的主体划分，物流可分为企业自营物流、专业子公司物流、第三方物流。

1. 企业自营物流

企业自营物流即为企业自己经营的物流。

2. 专业子公司物流

专业子公司物流是指部分电子商务企业采取的把自己的一部分员工分离出来，成立物流子公司的物流经营方式。

3. 第三方物流

第三方物流是指由供方与需方以外的物流企业提供物流服务的业务模式。

五、按照物流对象的特殊性划分

按照物流对象的特殊性划分，物流可分为一般物流和特殊物流。

1. 一般物流

一般物流是指具有共同点和一般性的物流。物流活动的一个重要特点是涉及全社会、各企业，因此物流系统的建立及物流活动的开展必须有普遍的适用性。

2. 特殊物流

特殊物流是指在专门范围、专门领域、特殊行业，在遵循一般物流规律基础上，带有特殊制约因素、特殊应用领域、特殊管理方式、特殊劳动对象、特殊机械装备特点的物流。例如，按劳动对象的特殊性，有水泥物流、石油及石油制品物流、煤炭物流、腐蚀性化学物品物流、危险品物流等；按装备及技术不同有集装箱物流、托盘物流等。

本章小结

本章的内容主要包括物流的产生与发展、现代物流的发展趋势、物流的概念及相关概念、物流活动的基本环节以及物流的功能。此外，本章还介绍了物流的基本分类方式，如按照物流在企业经营过程不同阶段中的作用，可以分为供应物流、销售物流、生产物流、回收物流、废弃物物流；按照物流活动的主体，可以分为企业自营物流、专业子公司物流、第三方物流；按照物流系统的性质，可以分为社会物流、行业物流和企业物流；按照物流对象的特殊性，可以分为一般物流和特殊物流；按物流活动的范围，可以分为国际物流和区域物流，并对这些物流分类进行了阐述。

思考题

1. 简述物流的概念以及对其的理解。
2. 简述现代物流的发展趋势。
3. 简述物流活动的基本环节。
4. 简述物流的功能。
5. 简述物流与商流的区别。

第2章

物流系统与物流系统分析

学习目标

- 了解系统和物流系统的概念
- 掌握物流系统的特点
- 掌握物流系统的要素
- 了解系统工程和物流系统工程的概念
- 理解物流系统工程的程序和常用技术
- 理解系统分析的概念、要素、准则和方法
- 掌握物流系统分析的步骤

导引案例

中国的家电零售连锁企业国美电器成立于1987年1月1日。2009年，国美电器入选中国世界纪录协会中国最大的家电零售连锁企业。2013年，国美门店总数（含大中电器）达1 063家，覆盖全国256个城市，同时国美还有542家非上市公司，因此国美集团总门店数为1 605家。

从供应链的角度来看，国美的物流系统可分为三部分：采购、配送、销售，其中的核心环节是销售。正是在薄利多销、质优低价、引导消费、服务争先等经营理念的指引下，依托连锁经营搭建起来的庞大的销售网络，国美在全国家电产品销售中力拔头筹，把对手远远抛在身后。凭借较大的市场占有率，国美与生产厂家建立起良好的合作关系，创建了承诺经销这一新型供销模式，以大规模集团采购掌握了主动权，大大增强了采购能力，能以较低的价格拿到满意的商品，这反过来支撑了销售。而适应连锁超市需要的仓储与配送系统建设合理，管理严格，成为国美这一销售巨人永葆活力的血脉，使国美总能在市场上叱咤风云。正是国美供应链系统中销售、采购、配送三大环节以合理的结构与定位相互促进，成就了国美电器今日的辉煌。

供销商层层加价转给下一层零销商，是司空见惯的商业现象。而国美意识到，企业要想

发展，必须建立自己的供销模式，摆脱中间商环节，直接与生产商贸易，把市场营销主动权控制在自己手中。为此，国美经过慎重思考和精心论证，果断决定以承诺销量取代代销形式。国美与多个生产厂家达成协议，厂家给国美优惠政策和优惠价格，而国美则承担经销的责任，而且必须保证生产厂家产品相当大的销售量。

承诺销量风险极高，但国美变压力为动力，将厂家的价格优惠转化为自身的销售优势，以较低价格占领了市场。销路畅通，与生产商的合作关系更为紧密，采购的产品成本比其他零售商低很多，都为销售铺平了道路。

国美刚成立时，断货现象时有发生，经常是店里摆着空的包装箱充当产品。如今，随着连锁经营网络的不断扩大，规模效益越来越突出，给采购带来许多优势。

首先，统一采购，降低进价。国美几十家连锁店的进货都由总部统一采购，门店每天都将要货与销售情况上报分部，分部再将各门店信息汇总分销的优势直接转变为价格优势，国美远远超过一般零售商的采购量，使其能以比其他商家低很多的价格拿到商品。

其次，谈判能力增强。凭借遍布全国的销售网点和超强的销售能力，任何上游生产厂家都不敢轻易得罪国美，唯恐失去国美就会失去大块市场。因此，在与厂家谈判时，国美掌握了主动权。

最后，通过信息沟通保持与厂商的友好关系。国美与厂商相互信任，友好合作，共同发展，确保了所采购商品及时供应，及时补货，商品销售不断档。

资料来源：2015物流案例分析：国美电器的物流系统．http：//www. wangxiao. cn/wl/81858185195. html.

第1节　物流系统

一、系统的概念

（一）系统的定义

所谓系统，是由两个以上互相区别又互相联系的单元为完成特定功能结合起来形成的有机结合体。每个单元可以称为一个子系统，每个子系统又可以分成更小的子系统。系统本身又处在更大的系统之中，这个更大的系统就是系统所处的环境。

（二）系统的特点

1. 集合性

系统是由两个以上的单元形成的有机结合体，是一个有序和有效率的行动整体。系统追求整体效率最大化，整体的功能可能大于各个子系统的分功能之和。

2. 相关性

任何一个系统，其各个单元之间都是按一定的相互关系联结起来的一个等级层次结构。这些相互关系主要表现在：各单元之间的关系；各层次之间的等级层次关系；单元和系统之间的关系；单元、系统和环境之间的关系。系统相关性，是系统建立并且稳定运行的基础和条件。由于任何原因而造成这种相互关系的破坏，都会损坏系统的建立和稳定有效的运行。就像一座金字塔一样，每一块石头按一定的关系堆砌起来，每块石头在自己的位置上发挥作用，构成了整个金字塔坚如磐石的稳定结构。如果缺少某块石头，或者把某块石头胡乱移到别的位置，金字塔就会不稳，甚至倒塌。

3. 目的性

任何系统都有一个特定的功能，完成这个特定功能就是整个系统的目的。任何系统都是为完成系统功能、达到系统目的而建立和运行的，系统的目的、功能决定系统的结构，系统的目的不同、功能不同，系统的结构也不同。要根据系统的目的、功能来设立合适的系统。

4. 环境适应性

任何系统都必然处在一个更大的系统之中，这个更大的系统就是系统的环境。系统的环境是系统所处的外部条件。环境和系统之间必然存在物质、能源、人员和信息的交换。系统要生存、要运行，离不开这些物质、能源、人员和信息，因此，环境是系统无论情愿或不情愿都必须接受的外部条件，系统必须适应环境才能生存。当然，系统也不会只是完全消极地适应环境，系统可以通过自己的努力去能动地改造环境，为自己的生存与发展创造一个更好的环境。

（三）系统的环境和模式

系统的环境是系统所处的更大的系统，是系统所处的外部条件，是系统无论情愿或不情愿都必须接受的约束条件和运行条件。它具体体现为系统外部与系统之间进行的为保证系统生存和正常运行所必需的物质、能源、人员和信息的交换。例如原材料、设备、工具、电力、水、资金、劳动力、技术、管理、政策、市场、信息等。这些东西可以归结为两类：一是有形的物质资料，统称为物资；二是无形的，统称为信息。交换的方式也可以分为两类：一是直接的；二是间接的。交换的形式也可以分成两类：一是输入；二是输出。

因此，系统与环境之间的交换关系具体包括以下三个方面的内容。

1. 系统的输入

这是指环境对系统的输入，例如环境向系统输入物资、人员和信息等。这种输入是一种直接输入，是系统处理的对象。例如大学是一个高教系统，社会是大学的外部环境，这个外部环境向大学这个系统输入高中毕业生，则这些高中毕业生就是这个大学的培养对象，将被培养成高等人才。工厂是一个生产系统，社会向工厂输入原材料，则这些原材料就是工厂这个生产系统的加工对象，将被加工成产品。

2. 系统的输出

这是指系统对环境的输出，是一种直接输出，这种输出是系统处理的结果。例如大学向社会输出大学毕业生，这些大学毕业生是大学这个系统培养教育的成果。工厂把原材料加工成产成品，推向社会销售，这些产成品也是工厂这个生产系统加工处理的成果。

3. 约束和干扰

这是指环境对系统处理形成的外部条件，是环境对系统的间接输入、强迫性输入，是系统处理的约束条件。约束主要表现为环境对系统在能源、信息、物资、人员、技术、政策、风俗、地理、气候等方面的经常性的间接的输入。具体表现为能源物资条件、政治政策环境、经济技术水平、气候地理条件等对系统的满足和限制程度。干扰，也是一种约束，它与一般约束不同的地方，就在于它是一种偶然的约束，是突然发生、不能够预先估计到的约束，例如天灾人祸、突发事故等。它们突然降临到系统上，强迫性地对系统进行干扰破坏。

系统和环境之间的交换，直接作用点是系统和环境之间的交接面。而在系统内部，就是系统处理。所谓系统处理，就是把系统的输入转化成系统的输出的过程。例如，大学这个高教系统的系统处理，就是采用各种方式手段，对高中水平的中学生进行知识传授，提高其能力，使他们变成合格的高等人才的过程。

从系统本身的立场看，系统处理、系统的输入和系统的输出是构成系统的最基本组成部分，因此，它们合起来称为系统三要素。

我们画出系统的模式图如图2-1所示。从图中可以看出，系统的模式由两部分构成：一部分是系统本身，即系统处理，它是一个等级层次结构、一个有机结合体，承担着一个特定的功能，即将环境对它的输入转化为它对环境的输出。另一部分是系统所处的环境。环境对于系统的作用，包括对系统的直接输入和间接输入两部分，直接输入是输入系统的处理对象，间接输入是系统处理的运行条件和约束条件。这些输入中，有形的物资用实线表示，无形的信息用虚线表示。信息的输入和输出往往是双向的，因此用双向箭头表示。系统和环境有一个清晰的交界，而环境，从绝对意义上讲可以说是无限的，没有一个清晰的边界，但是为了说明问题，设想有一个虚拟边界，或者模糊边界，用虚线表示。

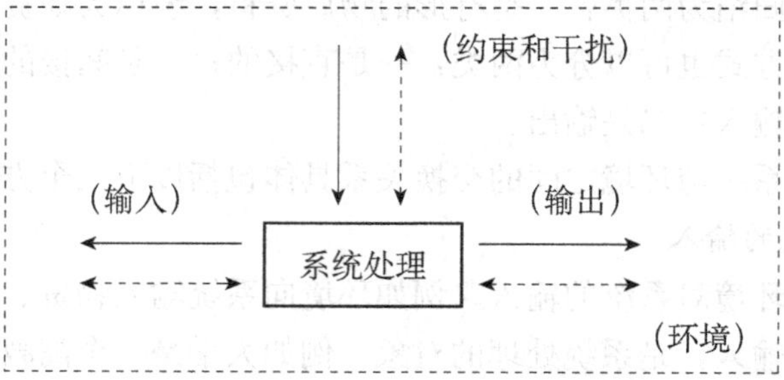

图2-1 系统的模式图

（四）系统的分类

系统普遍存在于社会的各个领域和各个方面。按不同特征可以将系统分成不同的种类。

按系统的形成方式分，可以将系统分成自然系统和人工系统。自然系统是由自然力形成的系统，例如山川、河流、天地、自然系统等。而人工系统则是由人工制造的系统，例如铁路、桥梁、城市、企业以及所有的管理系统。人工系统可以转化为自然系统。有些人工系统，建成以后，长久不变，久而久之就变成了自然系统。例如都江堰，最开始是由李冰率领将士和百姓建造的，由于几千年来一直原样保存下来，现在主要供人们游览，它已经成为一个自然系统。城市、桥梁、铁路等系统也都是如此。

按系统实体的性质分，可以将系统分为实体系统和概念系统。实体系统是由物质实体构成的系统，例如山川、河流、铁路、桥梁、企业、学校、物资管理、交通管理等都是实体系统。而概念系统，则是由无形的信息、概念构成的系统，例如，我国的法律体系、企业的规章制度、各种管理信息系统、人名地名、物资编码等都是概念系统。

按系统的运行性质分，可以将系统分成静态系统和动态系统。静态系统是指不随时间而发展变化的系统，例如山川、河流、建好的铁路和桥梁等都是静态系统。而动态系统则是随时间发展变化的系统。由于任何事物都是随时间发展变化的，所以世界上的系统都是动态系统。例如企业、学校、城市以及所有的管理系统等都是动态系统。由于动是绝对的，静是相对的，所以动态系统是绝对的，静态系统则是相对的。例如已经建成的企业、学校、铁路、桥梁等，从相对意义看，从宏观、总体看，它是不变的，是静态系统，但从微观、局部看，从发展变化看，它每天都是有变化的，因此它又是动态系统。因此，研究的视点不同，系统的运行性质也不同，系统的类型也就不同。

按系统与环境的关系分，系统可以分成开环系统和闭环系统。开环系统是指要与外界环境发生能量、信息、物质、人员交换的系统。一般的系统都是开环系统，它们要和环境进行能量、信息、物质和人员的交换，例如学校、工厂、交通、管理等都是开环系统。但是也有些系统，长期处于封闭状态，几乎不和外界发生往来，不和环境发生能量、信息、物质、人员的交换，这样的系统就是闭环系统，例如现在仍存在的一些与世隔绝的原始部落、未开发的原始森林、太空天体和海底资源等。在科学技术领域也存在一些闭环系统，例如电子线路中的再生电路、无线电技术中的自激振荡等都是闭环系统。

按系统实体的种类分，系统可以分成很多具体的系统。这些系统是我们各个行业、各个部门、各个单位所面临的大量的实际的具体的系统。例如，电力系统、机械系统、气象系统、生物系统，物资系统、管理系统、信息系统等。

二、物流系统的概念

将多个既互相区别又互相联系的单元结合起来，以物资为工作对象，以完成物资物质实体流动为目的的有机结合体，称为物流系统。通常，最基本的物流系统由包装、装卸、运输、储存、加工及信息处理等子系统中的一个或几个有机地结合而成；每个子系统又可以往下分成更小的子系统；物流系统本身又处在更大的系统之中。

对于上述概念可做以下理解。

第一，"多个既互相区别又互相联系的单元"，是指有多个单元，它们互相区别又互相联系。这是构成系统的基本的和必要的条件。这里所谓单元，可以是单位组织、空间、职能、功能，还可以是时间或者其他因素。

第二，"以物资为工作对象，以完成物资物质实体流动为目的"，是对物流系统的功能或目的的阐述。任何系统都有一个特定的功能或者目的，这是构成系统的又一个条件。物流系统区别于一般系统的特点，就是它是以物资为工作对象，以完成物资物质实体流动为目的的系统。

第三，“有机结合体”，这是一般系统的基本特征和基本条件，物流系统也具有这个基本特征和基本条件。

第四，“最基本的物流系统由包装、装卸、运输、储存、加工及信息处理等子系统中的一个或几个有机地结合而成”，这是对物流系统子系统构成的描述。子系统可以按照空间、时间、功能、职能或其他因素进行划分。包装、装卸、运输、储存、加工及信息处理这些子系统是必须有的，是物流系统最基本的条件。

第五，“每个子系统又可以往下分成更小的子系统”，说明物流系统的子系统可以往下再分，构成一个等级层次结构。这也是一般系统的基本特征和条件。这种划分，可以按空间、时间、功能分，也可以按其他因素分，划分到最基本单元为止。由此构成一个既相互区别又相互联系的多个单元构成的等级层次结构，它就是一个系统。

第六，“物流系统本身又处在更大的系统之中”，说明物流系统往上可以与同等级的其他系统再结合成一个更大的系统。这也是一般系统的基本特征和条件。物流系统也具有这样的特征和条件。物流系统处在这个更大的系统之中，这个更大的系统又是这个物流系统的环境。物流系统也必须适应这个环境才能够生存和发展。

物流系统是由物流各要素所组成的要素之间存在有机联系的总体。这个总体十分复杂，其内部存在相互作用和相互依赖的各个组成部分。这个总体的特定功能是使物流活动优化及合理化。物流系统是社会经济系统的一个组成部分。

物流系统将一定时间、空间里所从事的物流事务和过程作为一个整体来处理，用系统的观点进行分析研究。

物流系统和一般系统一样，具有输入、转换和输出三大功能，通过输入和输出功能使系统与社会环境进行交换，使系统和环境相互依存，如图2-2所示。

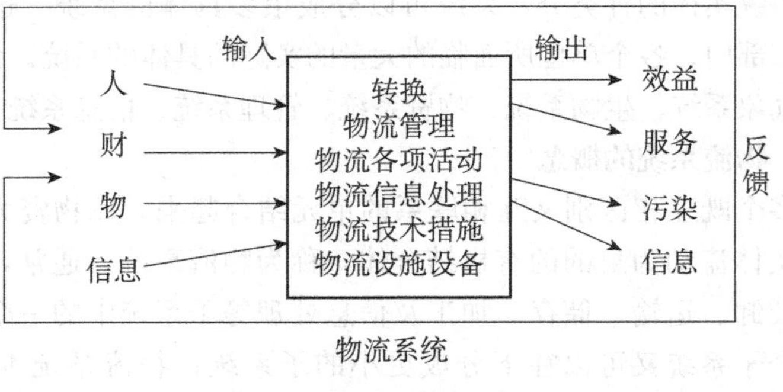

图2-2 物流系统基本模式

三、物流系统的特点

物流系统不仅具有一般系统所共有的特点，即整体性、相关性、目的性、环境适应性，还具有规模庞大、结构复杂、目标众多等大系统所具有的特征。具体来说体现在以下几个方面。

1. 物流系统是一个人机系统

在物流系统的一系列活动中，人是系统的主体。物流系统是由人和形成劳动手段的设备、工具所组成的。它表现为物流劳动者运用运输设备、装卸搬运机械、仓库、港口、车站等设施，作用于物资的一系列生产活动。因此，在研究物流系统各个方面的问题时，要把人和物有机地结合起来加以考察和分析。

2. 物流系统是一个大跨度系统

物流系统通常采用储存的方式解决产需之间的时间矛盾，其时间跨度往往也很大。物流系统的跨度越大，其管理方面的难度越大，对信息的依赖程度就越高。

3. 物流系统是一个可分系统

由物流系统的定义，物流系统可以划分为如下子系统：物资的包装系统、物资的装卸系统、物资的运输系统、物资的储存系统、物资的加工系统、物资的回收再利用系统、物资的情报系统，以及物流的管理系统等。

同时，物流各子系统又可进一步分为下一层次的系统，如运输系统可以进一步分为水路运输系统、航空运输系统、铁路运输系统、公路运输系统及管道运输系统。物流子系统由物流管理目标和管理分工自成体系。因此，物流子系统不仅具有多层次性，而且具有多目标性。对物流系统的分析，既要研究物流系统运行的全过程，也要对物流系统的某一环节（或称子系统）加以分析。

4. 物流系统是一个动态系统

物流系统一般联系多个生产企业和用户，由于系统所处的环境，比如需求、供应、渠道、价格经常发生变化，因此系统内部的要素及系统的运行也经常随之发生变化。物流系统因受到社会生产和社会需求的广泛制约，所以必须是具有适应环境能力的动态系统。为适应经常变化的社会环境，物流系统必须是灵活、可变的。当社会环境发生较大的变化时，物流系统甚至需要进行重新设计。

5. 物流系统是一个复杂系统

物流系统的运行对象为“物资”，而这种“物资”可以是全部社会物资资源。社会资源的多样性带来了物流系统的复杂化。物资资源品种成千上万，从事物流活动的人员队伍庞大，物流系统内的物资占用大量的流动资金，物流网点遍及城乡。这些人力、物力、财力资源的组织和合理利用是一个非常复杂的问题。

在物流活动的全过程中，有大量的物流信息相伴随，物流系统要通过这些信息把各个子系统有机地联系起来。收集、处理物流信息，并利用其指导物流活动，也是该系统的一项复杂工作。

6. 物流系统是一个多目标系统

物流系统的总目标是实现其经济效益。但物流系统要素间存在非常严重的“背反”现象，常被称为“二律背反”或“效益背反”，因此要同时实现物流时间最短、服务质量最佳、物流成本最低这几个目标几乎是不可能的。例如在储存子系统中，为保证供应，可以提高储存物资的数量，然而为了加速资金周转、减少资金占用，人们又会提出降低库存的要求。这些相互矛盾的问题在物流系统中广泛存在，而物流系统又恰恰要在这些矛盾中运行，并尽可能满足人们的要求。显然，物流系统要建立多目标函数，并在多目标中求得物流的最佳效果。

四、物流系统的要素

（一）物流系统的流动要素

1. 流体

流体是指物流中的“物”，即物资实体。流体具有自然属性和社会属性。自然属性是指其物理、化学和生物属性。在物流过程中需要对流体进行检验、养护，根据物资实体的自然属性合理安排运输、保管、装卸等物流作业，使其自然属性不受损坏。社会属性是指流体所体现的价值属性，以及生产者、采购者、物流作业者与销售者之间的各种关系。由于物流的目的是实现流体从供应者向需要者的流动，为实现此目的，尽管有一部分流体要不断地储存在仓库中，但这也是一种流动形式，这是流体在时间上的移动，所有的流体终究要经过运输等方式实现空间上的移动。因此，总的来说，流体是处于不断流动状态中的。

2. 载体

载体是指承载“物”的设备以及这些设备据以运作的设施。物流载体可分为两类：一类指基础设施，如铁路、公路、水路、港口、车站、机场等，它们大多是固定的；另一类指设备，即以第一类载体为基础，直接承载并运送流体的设备，如车辆、船舶、飞机、装卸搬运设备等，它们大多是可以移动的。

3. 流向

流向是指流体从起点到终点的流动方向。物流的流向有四种：第一，自然流向，指由产销关系所决定的商品的流向，它表明一种客观需要，即商品要从产地流向销地；第二，计划流向，指根据流体经营者的商品经营计划而形成的商品流向，即商品从供应地流向需要地；第三，市场流向，指根据市场供求规律由市场确定的商品流向；第四，实际流向，指在物流过程中实际发生的流向。

4. 流量

流量是指通过载体的流体在一定流向上的数量表现。流量与流向是不可分割的，每一种流向都有一种流量与之相对应，因此，流量的分类可以参照流向的分类，也分为四种，即自然流量、计划流量、市场流量和实际流量。

但是，对流量的分类也有特殊性，根据流量本身的特点，可以将流量具体分为两类：第一类是实际流量，即实际发生的物流流量。实际流量又可进一步分为五种：（1）按照流体统计的流量；（2）按照载体统计的流量；（3）按照流向统计的流量；（4）按照发运人统计的流量；（5）按照承运人统计的流量。第二类是理论流量，指从物流系统合理化角度来看应该发生的物流流量，也可按照与五种实际流量相对应的方面来分类。

5. 流程

流程指通过载体的流体在一定流向上行驶路径的数量表现。流程的分类与上述流向的分类类似，可以分为自然流程、计划流程、市场流程与实际流程。另外，还可以像流量的分类那样，将物流流程分为理论流程和实际流程。理论流程往往是可行路径中的最短路径，路径越长，物流运输成本越高，如果要降低运输成本，一般应设法缩短运输里程。实际流程可按照五种口径来统计：一是按照流体统计；二是按照载体统计；三是按照流向统计；四是按照发运人统计；五是按照承运人统计。

6. 流速

流速是指通过载体的流体在一定流程上的速度表现。流速与流向、流量、流程一起构成了物流向量的四个数量特征，是衡量物流效率和效益的重要指标。一般来说，流速快意味着物流时间的节约，也就意味着物流成本的减少和物流价值的提高。

（二）物流系统的功能要素

1. 运输功能要素

运输环节实现物的空间位置的转移，具有创造物流的空间价值或场所价值的功能；通过使产品快速流动，运输还能创造产品的时间价值。因此，运输是物流系统中最重要的功能要素之一。

2. 储存保管功能要素

储存保管功能主要是指在一定场所对物品进行储存并对其数量、质量进行管理控制的综合活动，包括接货、入库、拣货、出库、安全保存、库存管理等活动。

3. 包装功能要素

包装是物流过程的起点，具有保护商品、方便物流操作的功能。包装包括产品的出厂包装，生产过程中在制品、半成品的包装，以及在物流过程中换装、分装、再包装等活动。对包装活动的管理，既要考虑包装对产品的保护作用、促进销售的作用及提高装运率的作用，还要考虑包装费用的合理化、包拆装的便利性以及包装废弃物的回收处理等因素。

4. 装卸搬运功能要素

装卸搬运是实现输送、保管、包装、流通加工等物流活动之间有效衔接的活动。在所有物流活动中，装卸活动发生得最频繁，是消耗人力、占用设备却不产生价值增值的物流环节。频繁的装卸搬运活动也使产品损坏的概率增加。对装卸搬运活动的管理，主要是确定最恰当的装卸搬运方式，力求减少装卸搬运次数、缩短移动距离，合理配置及使用装卸搬运工具，以实现节约能源和动力、降低产品破损率、提高作业效率的目的。

5. 流通加工功能要素

流通加工是指在流通阶段进行的商品的简单加工、组装、再包装、分割、贴标签等。其作用是完善商品的使用功能，提高商品附加价值。流通加工活动不仅存在于社会流通过程中，也存在于企业内部的流通过程中，所以，实际上是在物流过程中进行的辅助加工活动。

6. 配送功能要素

配送是直接面向最终用户提供的物流服务功能，是综合了前几项功能要素的小范围的物流系统，它以订单处理、配货、拣货、送货等形式完成社会物流，并最终实现资源配置的目的。

7. 物流信息功能要素

物流信息是指与物流活动相关的信息，是反映物流各项活动内容的知识、资料、图像、数据、文件的总称。物流信息主要产生于上述各项功能活动本身，还有一部分信息产生于商品交易活动和市场活动。对现代物流活动的管理和决策是建立在对信息准确和全面把握的基础上的，物流作业效率的提高同样也离不开物流信息的支持，例如运输工具的选择、运输路线的优化、订单处理、库存决策等。另外，供应链的整合和效率提高也需要详细准确的物流信息。

（三）物流系统的支撑要素

物流系统的支撑要素主要包括：体制、制度，法律、规章，行政命令和标准化系统等。由于物流系统处于复杂的社会经济系统中，物流系统的建立需要有许多支撑手段，要确定物流系统的地位，还要协调与其他系统的关系，这些要素必不可少。

1. 体制、制度

物流系统的这一支撑要素决定物流系统的结构、组织、领导、管理方式，国家对其的控制、指挥、管理方式及系统的地位、范畴是物流系统的重要保障。有了这个支撑条件，物流系统才能确立其在国民经济中的地位。

2. 法律、规章

在实际运行过程中，物流活动不可避免地涉及企业或人的权益问题。法律、规章一方面限制和规范物流系统的活动，使之与更大系统协调，另一方面提供保障，因为合同的执行、权益的划分、责任的确定都需要靠法律、规章维系。

3. 行政命令

物流系统一般关系到国家军事、经济命脉，所以行政命令等手段常常是支持物流系统正常运转的重要支持因素。

4. 标准化系统

实施标准化保证物流环节协调运行是物流系统与其他系统在技术上实现无缝连接的重要支撑条件。

五、物流系统的模式

（一）一般物流系统模式

物流系统根据功能性质可以分成各种各样的物流子系统。但不管是什么样的物流系统，都有共同的模式。仿照系统的输入—处理—输出模式，物流系统的一般模式描述如图2-3所示。

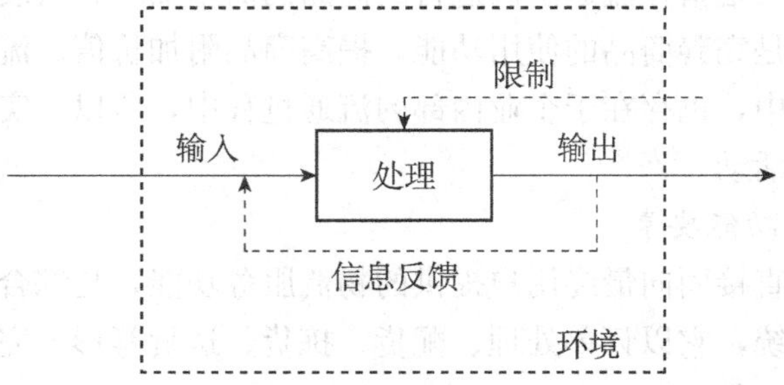

图2-3　一般物流系统模式

按上述系统模式，物流系统可看作由系统的输入、输出、处理、限制、反馈等几方面构成。

1. 输入

输入指各种原材料或产品、生产或销售计划、需求或订货计划、资源、资金、劳动力、合同、信息等，通过提供资源、能源、机具、劳动力、劳动手段等，对某一系统产生作用，该作用称为外部环境对物流系统的输入。

2. 输出

输出包括各种物品的场所转移、各种信息报表的传递、各种合同的履行、各种优质的服务。

物流系统的输出是指物流系统以其本身所具有的各种手段和功能，在外部环境的制约作用下，对环境的输入进行必要的处理或转化，使之成为有用且有价值的产成品，或实现其位置的转移及提供其他服务等。

3. 处理（或转化）

处理（或转化）包括：各种生产设备、设施（如车间、机械、车辆、库房、货场等）的建设；各物流企业进行的物流业务活动（如运输、储存、包装、装卸、搬运等）；各种物流信息的数据处理；各项物流管理工作。

物流系统本身的转化过程就是从输入到输出之间所进行的生产、供应、销售、服务等物流业务活动，也称为物流系统的处理（或转化）。

4. 限制（或干扰）

资源条件、能源限制、资金约束、生产能力、仓库容量、价格影响、需求变化、市场调节、运输能力、政策性波动等对物流系统都有一定限制作用。其中，外部环境中的资源条件、能源限制、需求变化、运输能力、技术进步以及其他一些因素对物流系统施加的一定约束，称为外部环境对物流系统的限制（或干扰）。

5. 反馈

反馈指各种物流活动分析，包括各种统计报表、数据、典型调查、工作总结、市场行情信息、国际物流动态等。物流系统在把输入转化为输出的过程中，由于受系统内外环境的限制或干扰，不会完全地实现原来的计划，使系统的输出未能达到预期的目标，故而需要把输出结果信息返回到输入环节，称为信息反馈。

（二）生产物流系统模式

生产物流系统模式如图2-4所示。

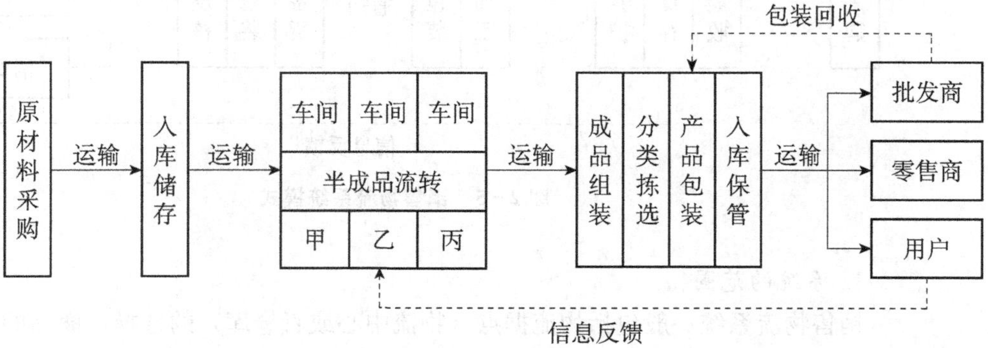

图2-4　生产物流系统模式

1. 系统的范围

广义上，生产物流系统一般指从厂址选择、原材料采购到车间生产、成品入库、销售的整个过程。也就是从原材料采购、运输、储存，到车间送料、搬运，半成品流转、检验，成品组装、分类拣选、产品包装、搬运，最终到成品入库保管或运往用户。任何一个生产企业从生产到销售都离不开物流。一般地，物流活动贯穿生产全过程。

2. 系统设计的原则

生产物流系统设计的原则应当从以下方面考虑：原材料供应的满足；运输、储存的适应；最短的物流距离；最短的送料时间；最少的物流环节；最低的物流费用；减少搬运次数；进出方便；机械化、省力化，各子系统之间协调化；安全生产。

一个生产企业（工厂）在选定厂址、施工建设、开工生产之后，主要的任务是投入资金、劳动力和原材料，产出产成品。而如果原材料供应不足，生产就会中断。所以，首先要考虑保证原材料的供应。同时，为了适应运输与储存的需要，还必须配置一定数量的车辆与仓库，多了会闲置浪费，少了则不够用，在整个生产过程中，生产工艺流程的设计都必须科学合理。特别是对厂内运输与搬运，要周密考虑，很好地加以安排，贯彻物流合理化的原则。

在原材料运输、储存、车间送料、产成品的流转、包装、入库作业过程中，应做到距离短、环节少、时间快、搬运次数少、费用省，避免在厂内各车间之间及物料搬运中，发生迂回、对流或者倒流等现象。一般来说，中小工厂因物流量较小，多采取往复运输；但对于大工厂，因厂内结构复杂，物流量大，宜采取单一流向的办法，对原材料和产成品分别按不同的线路进行运输和搬运，这样可以避免厂内物流活动因运输堵塞而受阻，不使整个生产受到影响。

（三）销售物流系统模式

销售物流系统模式如图2-5所示。

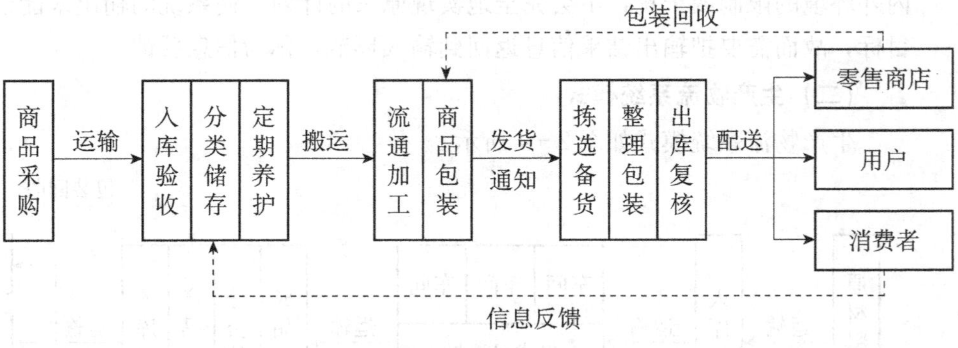

图2-5　销售物流系统模式

1. 系统的范围

销售物流系统一般包括物流据点（物流中心或者仓库）的选择，商品的采购、运输、验收、储存，流通加工、包装、装卸搬运，拣货备货，配送服务，直至商品送到零售商店、用户或者消费者手中。这主要是对一般的商业批发企业和物流企业的业务活动而言的。对于有些自销商品的工厂，由于生产与销售结合在一起，所以其销售系统的物流活动与此不完全一致。

2. 系统设计的原则

销售物流系统设计的原则包括以下几方面：物流据点（库址）的选择合理；规模适当；仓库建设的结构合理；运输车辆的配置合理；装卸搬运的机械化；包装标准化；分拣自动化；配送及时性；各个环节之间作业的连续性；防止缺货；费用便宜；服务水平高。

一个物流企业在确定地址后，进行投资建设时，首先要考虑设计的规模，必须根据地理位置、周围环境以及物流量的大小确定适当的经营规模。按照总体的设计规划来考虑仓库的结构和布局、运输车辆的多少、装卸搬运机械的类型及机械化程度、分拣与包装的技术和方法，选择合理的运输路线，规定配送的时间等。应保证这些环节之间作业的连续性与规程化，即有固定规范的流水作业的物流工艺流程，以充分发挥物流系统功能的作用。

当然，任何一个批发商和物流企业在进行这些业务活动时，首先，要保证不缺货，不拖延配送时间，源源不断且及时地把商品送到顾客手中。其次，要做到费用便宜，千方百计节约物流费用，降低收费标准，以广招顾客。最后，要努力提高服务水平，开发新的服务项目，使顾客满意，进而取得最好的经济效益。

第 2 节　物流系统工程

一、系统工程的概念

（一）系统工程的定义

“系统工程”这个词由“系统”和“工程”组成。前面已经对“系统”进行了详细阐述。系统的观念是在人类认识社会、认识自然的过程中形成的整体观念，或者称为全局观念。工程的观念是在人们认识自然、改造自然的社会生产过程中所形成的工程方法论。传统的工程是指生产技术的实践，而且以硬件为目标与对象，如机械工程、电气工程、铁路工程等。系统工程将这一观念和方法应用于社会系统中，其所处理的对象不仅包含传统工程观念作用的自然对象（即硬件），而且在传统的工程观念的基础上增添了新的内容，即以软件为目标与对象。实际上，系统工程所讨论的工程是泛指一切有人参与的、以改变系统某一特征为目标的，从命题到出成果的工作过程。系统工程方法是现代管理科学中一种具有划时代意义的研究方法。作为现代管理科学的一个重要分支，物流管理学当然把它作为自己最重要、最基础的研究方法。

所谓系统工程，是为了创造或改造系统，使之最有效地实现系统的目标，运用各种科学知识，根据系统思考方法，对系统进行开发、设计、制造或使用的综合性工程体系。

这个定义包含了系统工程的三个要点：

（1）它的工作对象是系统。

（2）它需要综合运用各种知识。

（3）它是一整套综合性的工程体系。

系统工程沿用的仍然是一种工程方法，仍然属于工程学，在这一点上和传统工程没有本质的区别，因此称为“系统工程”。

（二）系统工程的内容

系统工程是一门关于系统的综合性科学，包括系统的开发、设计、制造、改造、试验、运行等方面的理论、方法和技术。具体说来，包括以下几个方面。

1. 系统的开发

系统的开发包括物质系统的开发、管理系统的开发、信息系统的开发等。开发需要用到系统工程学的理论、方法和技术，需要考虑很多因素。首先要考虑开发的可行性。开发一个系统，需要投入大量的资金、劳动力、空间和时间，要考虑值不值得开发：市场前景、经济效益、投资能力、技术水平、生态环境等。其次，要考虑开发成一个什么样的系统。不但要考虑系统的结构、规模、能力、成本、效率和效益等，还要考虑主工程、辅助工程、配套工程等。最后，要考虑如何开发，包括前期准备、开发方案、开发顺序、开发步骤、组织指挥、监督控制、质量保证等。例如开发三峡工程这个大系统，仅前期的可行性研究分析就花了几十年的时间。开发一个管理信息系统最关键的阶段也是前期的调研分析。

2. 系统的设计

系统的设计包括物质系统的设计、管理系统的设计、信息系统的设计等。设计一个系统，也需要考虑很多因素。例如，分析系统需求、系统结构、系统功能、系统性能等。

3. 系统的制造

系统的制造包括物质系统的制造、管理系统的制造、信息系统的制造等，每一项都是系统工程。系统的制造，要考虑把系统按关系、按空间、按专业、按技术、按工种等合理地分解，还要设定各个部分的制造方案、制造工期、开始时间、完工时间，合理安排人力、物力等资源，组织生产，并且安排跟踪监督检查控制，进行协调，保证保质保量、按期顺利完成整个系统的建设。

4. 系统的改造

系统的改造包括物质系统的改造、管理系统的改造、信息系统的改造等，它们也是系统工程。系统的改造，要考虑改造什么、如何改造等问题，要制定改造的方案，然后进行方案实施，在方案实施中，又要考虑前述系统制造中的各种因素。

5. 系统的试验

系统的试验包括系统的调试等，也是系统工程。系统的试验，要考虑试验方案、考核指标体系等，然后进行试验方案实施。在方案实施中，又要考虑实施过程中的各种因素。

6. 系统的运行

系统的运行也是一个系统工程。它要考虑人力物力配备、作业控制、系统监测维护等。例如，铁路系统的运行、企业管理系统的运行、管理信息系统的运行等都是如此。

(三) 系统工程的基本观点

系统工程与传统工程相比，已经发生了革命性的变化。沿用传统的技术、方法，甚至观点，都不能很好地完成系统工程的工作。技术方法要变，思想观点也要变。一个从事系统工程的系统工程师，除了要掌握以上基本理论、技术、方法之外，还要在工作中树立起系统工程所必需的一些基本观点。这些基本观点主要有：

1. 整体性观点

整体性观点即全局性观点或系统性观点，也就是在处理问题时，采用以整体为出发点、以整体为归宿的观点。

2. 综合性观点

综合性观点就是在处理系统问题时，从研究对象与环境的关系出发，把研究对象的各部分、各因素联系起来加以考察，提炼出规律性和共同性的研究方法。

3. 科学性观点

科学性观点就是要准确、严密、有充足科学依据地去论证一个系统发展和变化的规律性。不仅要定性，而且必须定量地描述一个系统，使系统处于最优运行状态。

4. 关联性观点

关联性观点是指从系统各组成部分的关联中探索系统的规律性的观点。一个系统是由很多因素相互关联而成的，正是这些关联决定了系统的整体特性。因此在处理系统时，必须努力找出系统各组成部分之间的关系，并设法用明确的方式描述这些关系的性质，从而揭示和推断系统的整体特征，也只有抓住这些联系，用数学、物理、经济学的各种工具建立关系模型才能定性和定量地解决系统问题；否则，对复杂的问题会无从下手。经济学家列昂惕夫在研究国民经济系统时，就是抓住各物质生产部门之间的联系并使其定量化，从而以投入产出模型揭示国民经济总体的发展变化规律。

5. 实践性观点

实践性观点就是要勇于实践，勇于探索，要在实践中丰富和完善以及发展系统工程学理论。

系统工程不是束之高阁的空头理论，也不是玄妙的数学游戏，它是来源于实践并指导实践的理论和方法，只有在实践中、在改造自然界的斗争中，系统工程才会大有作为并快速发展。

(四) 系统工程的基本思想方法

系统工程自诞生以来，人们就一直在探索系统工程的工作方法。这方面工作做得最深入的当属美国贝尔电话公司。1940 年该公司就提出了系统工程五个阶段的思想方法。1962 年，美国贝尔电话公司的工程师霍尔（A. D. Hall）在其《系统工程方法论》一书中，提出了在整个系统工程中要反复进行七个步骤的思想方法。1969 年霍尔又进一步在《系统工程的三维形态》一书中提出了系统工程三维系统的思想方法。

这里作一些简单介绍。

1. 霍尔的系统工程三维系统

霍尔把整个系统工程的工作方法、步骤用一个三维系统来描述，即时间维、逻辑维和知识维。时间维主要描述系统工程进行的时间阶段，整个系统工程的工作时间分成七个阶段；逻辑维主要描述系统工程各个时间阶段中的工作步骤，每个时间阶段上的工作步骤分成七个步骤；而知识维主要是描述在各个时间阶段各个工作步骤中所要运用的知识的种类，如图2-6所示。

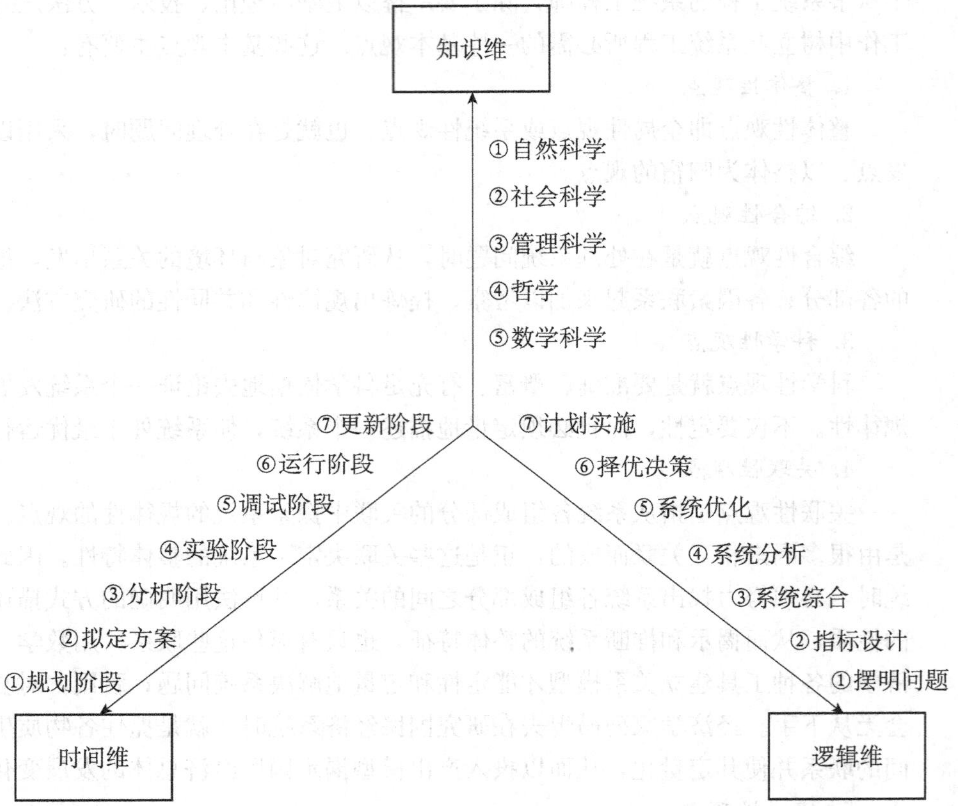

图2-6 系统工程三维结构

系统工程，特别是比较大的系统工程，可以根据这个三维结构，一个阶段一个阶段、一个步骤一个步骤地制定规划、开展工作。

2. 七个步骤的方法

三维结构比较复杂，一般用于比较大的系统。三维结构的核心是七个步骤，对于中小型的系统，一般直接采用七个步骤的思想方法就可以了。这七个步骤是：(1) 摆明问题（弄清要解决的问题是什么，问题的原因在哪里）；(2) 指标设计（问题解决到什么程度，要达到什么目标）；(3) 系统综合（列出能解决问题、达到目标的各种可行方案）；(4) 系统分析（对各个可行方案进行分析）；(5) 系统优化（对比较好的可行方案进一步优化、完善）；(6) 择优决策（将优化后各个可行方案进行分析比较，挑选最好的方案)；(7) 计划实施（将挑选出来的最优方案付诸实施)。

这七个步骤的基本思想是：对于任何一个系统工程问题，总是首先弄清问题，查清原因；其次，确定目标，看问题要解决到什么程度；再次，为达到这些目标，搜集各种可行方案；然后，对这些可行方案进行分析，分别进行调试、完善、优化；最后，在优化后的可行方案中挑选最优的方案付诸实施，制定实施计划、步骤、方针政策。这种思想方法，也是一种工作方法，带有很大的普遍适用性，它既适用于中小型系统，也可用于大型系统的各个阶段，可以用于任何系统的开发、设计、制造、改造、试验和运行，因此可以说它是系统工程的根本思想方法。

二、物流系统工程的概念

(一) 物流系统工程的概念

物流系统工程是指在物流管理中，从物流系统的整体利益出发，把物流与信息流融为一体，运用系统工程的理论和方法，为物流系统的规划、管理和控制选择最优方案。

物流系统工程可解决物流系统的最优控制、最优设计和最优管理问题，同样可解决物流系统的规划、计划、预测、分析和评价问题，它是系统观点、数学方法、计算机技术和其他科学技术相互渗透和交叉综合而成的综合性学科。物流系统工程的概念可理解如下。

(1) 物流系统工程需要综合运用各种知识，这是系统工程不同于传统工程的地方。

传统工程涉及的知识领域比较专、比较窄，而系统工程涉及的知识领域比较庞杂、比较宽，这是因为系统工程一般是一个人机工程，需要处理人的因素，所以不但需要自然科学知识，而且需要社会科学、管理学、经济学、哲学、心理学、法学等知识，也就是要综合运用各种知识。

(2) 物流系统工程的设计制造或改造运行物流系统。

这里包括两层意思：一是物流系统工程工作的对象是物流系统。二是物流系统工程工作的内容是设计、制造、改造、运行。这些都是传统的工程方法。

(3) 物流系统工程是综合性的工程体系，强调了综合性，即传统工程手段的综合；强调了工程体系，这是物流系统工程的工程学性质。

(二) 物流系统工程的主要内容

物流系统工程的主要内容包括：物流系统的构成要素分析、物流系统的分析与建模、物流系统的需求预测、物流系统的规划、物流系统的仿真、物流系统的评价、物流系统的决策等。

1. 物流系统的构成要素分析

物流系统的构成要素分析主要包括物流系统流动要素、功能要素、信息要素的分析及要素集成的分析。

2. 物流系统的分析与建模

物流系统的分析包括物流系统目的的分析、物流系统结构的分析；物流系统的建模包括物流系统模型的类型、模型建立的原则、常用方法、步骤等。

3. 物流系统的需求预测

物流系统的需求预测主要包括物流系统需求的特征及物流需求预测的特殊性、物流系统预测的定性方法与定量方法等。

4. 物流系统的规划

物流系统的规划涉及很多内容，根据系统层次的不同可分为区域物流系统的规划、企业物流网络的规划、设施选址的规划、运输系统的规划等。

5. 物流系统的仿真

仿真是解决动态的、离散的随机事件的重要方法。物流系统的仿真研究包括离散事件的系统仿真、物流流程仿真、物流布局仿真等。

6. 物流系统的评价

物流系统的评价主要包括物流系统评价的指标体系、单项评价法、综合评价法、模糊综合评价法等。

7. 物流系统的决策

物流系统的决策主要包括系统决策的基本方法、物流战略决策、第三方物流决策、库存控制与决策等。

(三) 物流系统工程的基本思想

物流系统工程的基本思想也就是一般系统工程的基本思想。对于一般的物流系统工程，可以运用七个步骤的思想：摆明问题、指标设计、系统综合、系统分析、系统优化、择优决策、计划实施。

对于比较复杂的大型物流系统，则可以用三维结构的思想，把整个系统工程分成时间维、逻辑维和知识维。即把整个工程过程分成七个时间阶段，即：规划阶段；拟定方案；分析阶段；实验阶段；调试阶段；运行阶段；更新阶段。每个阶段都执行上述七个步骤，每个阶段的每个步骤都综合运用相应的知识，一个一个阶段、一个一个步骤地进行，直到最后完成。

三、物流系统工程的程序

物流系统的构成比较繁杂，在具体实施系统方法进行管理分析时，需要针对不同的系统对象，根据其系统目的、系统组成以及系统外部环境的不同，采取不同的方法。但作为一种实施系统管理活动的步骤，还有相同的方面。这里初步设计出物流系统工程三维结构示例，供实施物流系统工程时参考，如图2-7所示。

图2-7把每个物流系统工程活动按时间维分为规划、分析、运行、更新四个阶段；而逻辑维表示每个时间阶段按工作分为计划（P）、执行（D）、检查（C）、处理（A）四个步骤；知识维顺次反映出物流系统工程师所必需的各种科学知识。由于目前各物流管理系统首先是一个经济系统，其直接工作对象是各种物资，因此经济科学和材料科学知识有着很重要的地位。

需要说明的是，由于一般的物流系统其功能往往不是单一的，常常是多目标、多方案的，因此在规划阶段可运用统一规划法来描述所要解决的对象及与有关各因素间的关系。

统一规划法常用目的树来表示，也就是用树形的图解方式来描述系统中各个目的

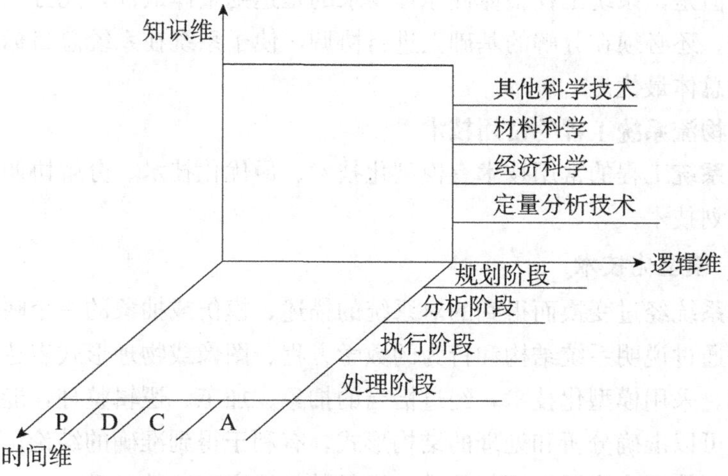

图 2-7　物流系统工程三维结构

之间的相互关系，如图 2-8 所示。从图 2-8 中可以看出，要达到目的 1，就必须完成目的 2，要达到目的 2，就必须完成目的 3 及目的 4，以此类推。这样就可以比较清楚地看出在一个物流系统内各子系统所包含的目的之间相互影响以及相互制约的关系。尤其在对较大的物流系统工程活动进行规划时，通过目的树的展示与分析，可以使各子系统层次鲜明、关系明确，有利于达到整体的综合平衡。

此外，这里逻辑维的四个步骤采用了全面质量管理中的 PDCA 循环，即在每个时间阶段中，把所有的活动都分为计划（P）、执行（D）、检查（C）、处理（A）四个步骤，并顺次不断循环。

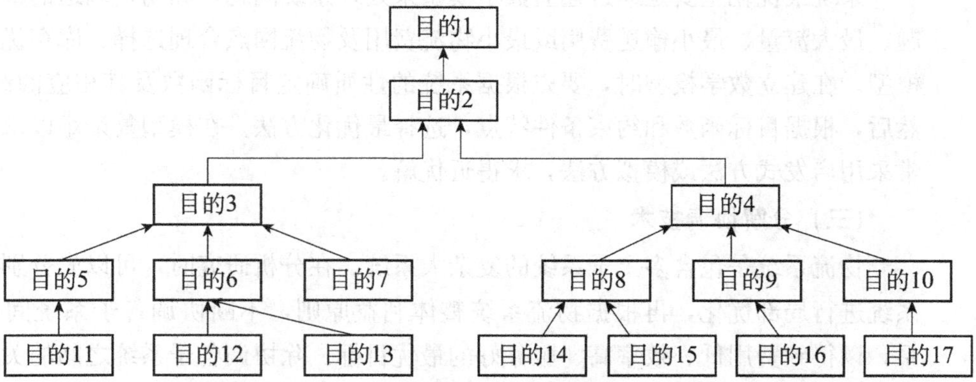

图 2-8　目标分解树形图

我们知道，一个实际的物流系统通常是由许多子系统组成的。对于一个复杂的系统，从整体上直接构造模型并运用优化技术往往有很多困难。但这些子系统具有分级分布的特点，也就是从整个系统的角度来看，它们是一级一级构成的；从同级来看，各子系统又是平行分布的，我们可以将它们分解，分别构造模型，进行定量分析与优化处理。但是，系统工程整体性原理要求的是达到整体最优，充分发挥系统的整体功能，因此，还必须在分解的基础上进行协调，使子系统在系统总目标的要求下协调工作，实现总体最优。

四、物流系统工程的常用技术

物流系统工程的常用技术有模型化技术、最优化技术、分解协调技术、仿真技术和网络计划技术。

（一）模型化技术

实体系统经过变换而得到的对系统的描述、模仿或抽象的一个映像称为模型。模型化就是通过说明系统结构和行为的数学方程、图像或物理形式表达系统实体的一种科学方法。采用模型化技术，经过恰当的抽象、加工、逻辑整理，能够把复杂的物流系统变成可以准确分析和处理的结构形式，有利于得到准确的结论。它是物流系统研究、设计、管理中广泛运用的技术，也是其他研究方法的基础。

模型分为实体模型、图式模型和数学模型。数学模型是能够描述物流系统变量之间的相互作用和因果关系的模型。在物流系统领域的实践和研究分析中经常使用的模型主要有：库存模型、运输模型、投入产出模型、选址（厂、库）模型等。模型建立的方法有直接分析法、数据分析法和系统分析法。

（二）最优化技术

最优化是在一定的约束条件下，找出使目标函数值为最大或最小的解。求解最优化问题的方法称为最优化技术。物流系统中的参数大部分属于不可控因素，而且相互制约、互为条件，要使物流系统在外界环境约束条件下正确处理众多因素之间的关系，除非采用系统最优化技术，否则是难以得到满意结果的。

系统最优化主要是通过建立数学模型来处理系统问题，如物资调运的最短路径问题、最大流量、最小输送费用或最小物流费用及物流网点合理选择、库存优化策略等模型。在建立数学模型时，要先根据系统的性质确定目标函数及其相应的约束条件。然后，根据目标函数和约束条件特点，选择最优化方法。在模型复杂难以求解时，常常采用启发式方法或模拟方法，求得近优解。

（三）分解协调技术

物流系统是包含多个子系统的复杂大系统。在分析研究时，可以先分别对各个子系统进行局部优化，再根据物流系统整体利益原则，不断协调各子系统间的相互关系，以得到费用低、效率高、服务好的最优目标。除协调各子系统之间的关系外，还要考虑如何处理好物流系统与外部环境的协调、适应，从更高的层次把握系统的整体利益。复杂的物流系统一般可以按照目标关联或模型关联进行分解。例如，某企业物流系统降低总库存水平的目标，可以分解为采购部门、各生产车间、销售部门的库存控制子目标，也可分解为原材料、在制品、产成品的库存控制子目标。按照模型关联进行分解则是指将系统难以求解的数学模型分解为低阶、低维、方便求解的子系统数学模型。子系统的协调要解决用什么观点处理各子系统的相互关系、协调变量的选取、协调控制结构方案等问题。

（四）仿真技术

仿真技术亦称模拟技术，是指用系统模型结合实际的或模拟的环境和条件，进行研究、分析或试验的技术方法。物流系统一般比较复杂，有时难以用数学分析的方法研究其运行状态。因此，采用计算机模拟技术可以解决常规方法难以解决的问题。例如，物流费用问题很难用数学分析的方法研究。即使能构造数学模型，但由于涉及面广，且各种因素随着时间的推移而变化，要找出最优解也是不容易的，而采用计算机模拟技术解决这个问题就比较方便。

（五）网络计划技术

网络计划技术是现代管理方法中的重要组成部分，包括以时间控制为主的计划评审法和以成本控制为主的关键路线法。网络计划技术是以数理统计为基础，以网络分析为主要内容，以计算机为手段的现代管理方法。

现代物流过程涉及范围广，影响因素多，且随机变动，参与单位和人员成千上万。采用网络计划技术可以进行统筹安排、合理规划，使生产—流通—消费之间物流平衡。对于关系复杂、多目标的物流系统研究，网络计划技术也是重要的基础理论。而且，网络计划技术与仿真技术结合形成的网络模拟方法广泛用于复杂物流系统的设计与研究。

第 3 节　物流系统分析

一、系统分析的概念

第二次世界大战后，美国兰德公司在开发、研究大型工程项目时，在为解决大规模的复杂系统问题而提出的方法论中首次用到了“系统分析”一词。

1972 年，英国、美国等 12 国有关部门联合组成国际应用系统分析研究所(IIASA)，使得系统分析的应用扩展到社会、经济、生态等领域，并有了新的含义。狭义上，系统分析的重要基础是霍尔三维结构中逻辑维的基本内容，并与切克兰德方法论等有相通之处；广义上，有时把系统分析作为系统工程的同义语。

（一）系统分析的概念及内容

系统分析是运用建模及预测、优化、仿真、评价等技术对系统的各有关方面进行定性与定量相结合的分析，为选择最优或满意的系统方案提供决策依据的分析研究过程。

在进行系统分析时，系统分析人员首先对与问题有关的要素进行探索和展开，对系统的目的、功能、环境、费用与效果等进行充分的调查研究，并分析处理有关的资料和数据，据此对若干备选的系统方案建立必要的模型，然后进行优化计算或仿真实验．把计算、实验、分析的结果同预定的任务或目标进行比较和评价，最后把少数较好的可行方案整理成完整的综合资料，作为决策者选择最优或满意系统方案的主要依据。

（二）系统分析的要素

系统分析有六个基本要素。

1. 问题

在系统分析中，问题一方面代表研究的对象或对象系统，需要系统分析人员和决策者共同探讨与问题有关的要素及其关联的状况，恰当地定义问题；另一方面，问题表示现实状况（现实系统）与希望状况（目标系统）的偏差，这为系统改善指明了方向。

2. 目的和目标

目的是对系统的总要求，目标是系统目的的具体化。目的具有整体性和唯一性，目标具有从属性和多样性。目标分析是系统分析的基本工作之一，其任务是确定和分析系统的目的及其目标，分析和确定为达到系统目标所必须具备的系统功能和技术条件。目标分析可采用目标树等结构分析的方法，并要注意对冲突目标的协调和处理。

3. 方案

方案是指达到目的和目标的途径。为了达到预定的系统目的和目标，需制定若干备选方案。例如，改造一条生产线，可以有重新设计、从国外引进和在原有设备的基础上改造三种方案，通过对方案的分析和比较，从中选择最优方案，这是系统分析必不可少的一环。

4. 模型

模型是由说明系统本质的主要因素及其相互关系构成的。模型是研究与解决问题的基本框架，可以起到帮助认识系统、模拟系统和优化与改造系统的作用，是对实际系统的描述、模仿或抽象。在系统分析中常常通过建立相应的结构模型、数学模型或仿真模型等来规范分析各种方案。

5. 评价

评价即评定不同方案对系统目的的实现程度。它是在考虑实现方案的综合投入（费用）和方案实现后的综合产出（效果）后，按照一定的评价标准，确定各种备选方案的优先顺序的过程。进行系统评价时，不仅要考虑投资、收益这样的经济指标，还必须综合评价系统的功能、费用、时间、可靠性、环境、社会等方面的因素。

6. 决策者

决策者作为系统问题中的利益主体和行为主体，在系统分析中自始至终具有重要作用，是一个不容忽视的重要因素。实践证明，决策者与系统分析人员的有机配合是保证系统分析工作获得成功的关键。

二、物流系统分析的概念

（一）物流系统分析的概念

进行物流系统分析就是利用科学的分析工具和方法分析和确定系统的目的、功能、环境、费用与效益等问题，针对系统中需要决策的若干关键问题，根据其性质和要求，在充分调查研究和掌握可靠信息资料的基础上，确定系统目标，提出实现目标的若干可行方案，通过模型进行仿真实验、优化分析和综合评价，最后整理出完整、正确、可行的综合资料，为决策提供充分依据。简单地说，物流系统分析就是对存在问题的系统，从全局或整体角度进行全面分析，制定解决问题的方案，以及从不同方案中确定最优方案。

物流系统分析是在物流网络或供应链中有序地、有计划地对一个或多个部分进行观察，以决定每个部分和整个系统如何运转。物流系统分析可以是对一个简单的运作环节进行的，如对仓库接收货物时卸货的时间和入库的动机等的研究，也可以是在一个更大范围内进行的，如从重组一个企业的物流系统角度研究分析如何更好地满足客户需求。

物流系统分析的实质在于以系统的整体最优化为工作目标，并力求建立数量化的目标函数，为决策者提供直接判断和决定最优方案的信息和资料。物流系统分析强调科学的推理步骤，应用数学的基本知识和优化理论，充分挖掘待开发物流系统的潜力，做到人尽其才，物尽其用。

（二）物流系统分析的内容

一个物流系统由许多要素组成，要素之间相互作用，物流系统既受外部环境的影响，也受内部因素的制约。物流系统分析可以从宏观和微观两个层面进行。物流系统分析一般来说根据系统要解决的问题或系统分析的目的而定，内容广泛，总体来说涉及如表 2－1 所示的内容。

表 2－1　　物流系统分析的内容

	物流系统环境分析					物流系统主体分析	
	供应商	企业	客户	合作伙伴	主要竞争对手	环境因素	主要内容
战略与战术分析	企业物流战略与战术、竞争力、优势、劣势、竞争策略；采用第三方的比例与态度					政治	国家政体、政局、对外关系
组织与人事分析	决策层、管理层、运作层；组织结构、人员结构；薪酬体系、业绩评估；企业制度、企业文化					行政	宏观管理；行业管理、行政规章、地区封锁与区域合作状况、道路交通管理制度；地区物流发展差距

三、物流系统分析的要素

物流系统分析涉及的因素很多，必须把握如下几点：明确期望达到的目的和目标；确定达到预期目的和目标所需要的设备、技术条件以及相应的资源条件；计算和估计达到各种可行方案所需要的资源、费用以及产生的效益，建立各种可行方案所需要的模型，模型中标明目的、技术条件、资源条件、环境条件、时间、费用、元素间的关系；为选择最优方案建立判别准则。

在上述论点的基础上，我们总结出物流系统分析的五个基本要素：目的、可行方案、模型、费用和效益、评价基准。

（一）目的

目的是决策的出发点，为了正确地获得决定最优物流系统方案所需的各种有关信息，物流系统分析人员首要的任务就是充分了解建立物流系统的目的和要求，同时还应当确定物流系统的构成和范围。

（二）可行方案

一般情况下，为实现某一目的，总会有几种可采取的方案或者手段。这些方案彼此可以替代，故叫作替代方案或者可行方案。比如企业的分销物流系统，可以有若干种物流方案，它们都能满足企业产成品分销的需求，这些可行方案便是替代方案。如何选择最合理方案是物流系统分析要研究和解决的问题。

（三）模型

模型是对实体物流系统抽象的描述。它可以将复杂的问题简化为易于处理的形式。即使在尚未建立实体物流系统的情况下，也可以借助一定的模型来有效地求得物流系统设计所需要的参数，并依据这些参数确定各种制约条件。同时，我们还可以利用模型来预测各替代方案的性能、费用及效益，有利于对各种替代方案进行分析和比较。

（四）费用和效益

费用和效益是分析、比较选择方案的重要标志。用于方案实施的实际支出就是费用，达到目的所取得的成果即效益。若把费用和效益都折合成货币形式来比较，一般地，效益大于费用的设计方案是可取的，反之则不可取。

（五）评价基准

评价基准是物流系统分析中确定各种替代方案优先顺序的标准。先通过评价标准对各方案进行综合评价，然后确定各方案的优先顺序。评价的基准一般根据物流系统的具体情况而定，费用与效益的比较是评价各方案的基本手段。

以上是物流系统分析的五个基本要素，根据各要素相互之间的制约关系，可以组成物流系统分析结构的概念图，如图2－9所示。

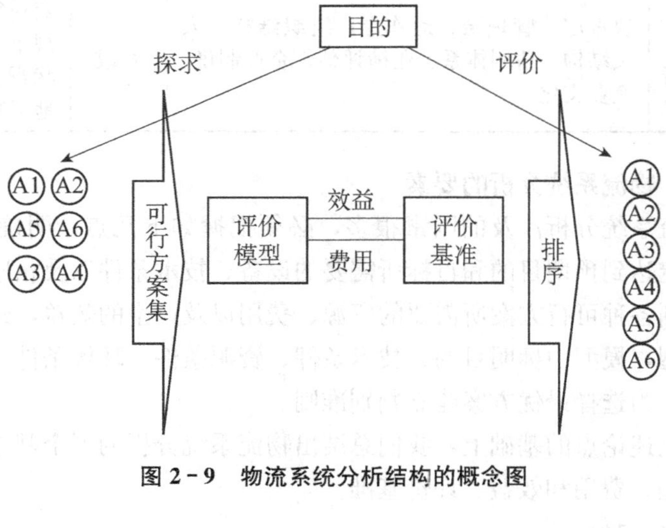

图2－9 物流系统分析结构的概念图

四、物流系统分析的准则

一个物流系统由许多要素组成，要素之间相互作用，物流系统与环境互相影响，这些问题涉及面广且错综复杂，因此进行物流系统分析时，应当认真考虑以下准则。

（一）物流系统内部与物流系统环境相结合

一个企业的物流系统，不仅受到企业内部各种因素，如企业生产规模、产品技术特征、员工技术水平、管理制度与管理组织等的作用，而且受到社会经济动向及市场状况等环境因素的影响。

（二）局部效益与整体效益相结合

在分析物流系统时常常会发现，物流子系统的效益与物流系统整体的效益并不总是一致的。有时从物流子系统的局部效益来看是经济的，但从物流系统的整体看并不理想，这种方案是不可取的；反之，如果从物流子系统的局部效益看是不经济的，但物流系统的整体效益是好的，则这种方案是可取的。

（三）当前利益与长远利益相结合

在进行分析与设计时，既要考虑当前利益，又要考虑长远利益，如果所采用的方案对当前和长远都有利，当然最为理想。但如果方案对当前不利，而对长远有利，此时要经过全面分析再作结论。一般来说，只有兼顾当前利益和长远利益的物流系统才是好的物流系统。

（四）定量分析与定性分析相结合

物流系统分析不仅要进行定量分析，还要进行定性分析。物流系统分析总是遵循“定性—定量—定性”这一循环往复的过程，不了解物流系统各个方面的性质，就不可能建立起探讨物流系统定量关系的数学模型，只有将定性与定量两者结合起来综合分析，才能达到优化的目的。

五、物流系统分析的方法

物流系统分析注重逻辑思维推理的方法，在分析时往往要追问一系列的“为什么”。对于问题的解答可借助表 2-2 来理解。

表 2-2　物流系统分析的方法

项目	为什么	应该如何	对策
目的对象	为什么提出这个问题？ 为什么由此入手？	应提什么？ 应找哪个？	删除工作中不必要的部分
地点	为什么在这里做？	该在何处做？	合并重复的工作内容，要考虑到重复组合
时间	为什么在这时做？	应何时做？	
人	为什么由此人做？	应由谁做？	
方法	为什么这样做？	如何做？	使工作简化

有人把上述内容归纳成解决问题的“5W1H”，即 what，why，when，who，where，how。比如，当接受了某个物流系统的开发项目，那么接下来就必须设定问题。若拟出下列疑问句自问自答，就容易抓住问题的要点。

（1）项目的对象是什么——要做什么（what）？

（2）这个项目何以需要——为什么这样做（why）？

（3）它在什么时候和在什么样的情况下使用——何时做（when）？

（4）使用的场所在哪里——在何处做（where）？

（5）是以谁为对象的物流系统——谁来做（who）？

（6）怎样做才能解决问题——如何做（how）？

具体的物流系统分析方法主要包括：数学规划法、统筹法、系统优化法和系统仿真。

（一）数学规划法

数学规划法又称运筹学，是一种对系统进行统筹规划，寻求最优方案的数学方法。其具体理论与方法包括线性规划、动态规划、整数规划、排队论和库存论等。这些理论和方法都是解决物流系统中物流设施选址、物流作业的资源配置、货物配载、物料储存的时间与数量的问题。

（二）统筹法

统筹法又称网络计划技术，是指运用网络来统筹安排，合理规划系统的各个环节。它用网络图来描述活动流程的线路，把事件作为节点，在保证关键线路的前提下安排其他活动，调整相互关系，以保证按期完成整个计划。该项技术可用于物流作业的合理安排。

（三）系统优化法

系统优化法是在一定约束条件下，求使目标函数最优的解的方法。物流系统包括许多参数，这些参数相互制约，互为条件，同时受外界环境的影响。系统优化研究，就是研究在不可控参数变化时，根据系统的目标，如何确定可控参数的值，以使系统达到最优状态。

（四）系统仿真

系统仿真就是利用模型对实际系统进行仿真实验研究。

上述方法各有特点，在实际中都得到广泛的应用，其中系统仿真技术近年来应用最为普遍。

六、物流系统分析的步骤

任何问题的研究与分析，都有一定逻辑推理步骤。任何问题，仅作一项分析往往是不够的。一项成功的分析是一个连续的循环，如图2-10所示。

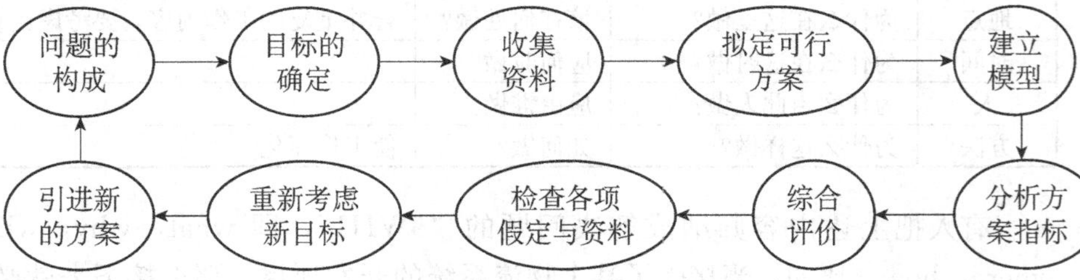

图2-10 系统分析步骤示意图

（一）问题的构成与目标的确定

当一个研究分析的问题确定以后，首先要对问题作合乎逻辑的叙述，其目的在于确定目标，说明问题的重点以及范围，以便进行分析研究。

（二）收集资料，拟定可行方案

在确定问题之后，就要拟定大纲与决定分析的方法，然后根据已收集的有关资料找出其中的相互关系，寻求解决问题的各种可行方案。

（三）建立模型（模型化）

为便于分析，应当建立模型，利用模型预测每一方案可能产生的结果，并根据其结果定量地说明各方案的优劣与价值。模型的功能在于组织我们的思维，及时地获得解决实际问题所需的指示或者线索。模型只是对现实过程的近似描述，若它能说明所研究的物流系统的主要特征，就算是一个满意的模型。

（四）综合评价

利用模型和其他资料所获得的结果，对各个方案进行定量与定性的综合分析，显示出每个方案的利弊得失以及成本效益。同时考虑到各种有关的无形因素，如政治、经济、军事、理论等，所有因素应综合考虑并研究，获得综合结论，以确定行动方针。

（五）检验与核实

这一步骤以试验、抽样、试行等方式鉴定所得结论，提出应采取的最佳方案。

在分析过程中可以利用不同的模型，在不同的假定下对各种可行的方案进行比较，获得结论，提出建议。但确定是否实行是决策者的责任。

综上，物流系统分析的实质如下。

（1）物流系统分析作为一种决策的工具，其主要目的是为决策者提供直接判断和决定最优方案的信息和资料。

（2）物流系统分析把研究对象均视为系统，以系统整体最优为工作目标，并力求建立数量化的目标函数。

（3）物流系统分析强调科学的推理步骤，使所研究的物流系统中各种问题的分析均能符合逻辑的原则以及事物的发展规律，而不是主观臆断和凭单纯经验。

（4）运用数学的基本知识和优化理论，对各种替代方案进行比较，不仅有定性的描述，且基本上都可以以数字显示其差异。至于非计量的有关因素，则运用直觉、判断以及经验加以考虑和衡量。

（5）通过物流系统分析，使得在一定的条件下充分挖掘待开发物流系统的潜力，做到人尽其才、物尽其用。

本章小结

本章主要介绍了物流系统、物流系统工程以及物流系统分析的相关概念。物流系统是由多个子系统构成的复杂系统，物流的各项功能活动若要顺利进行就要对该物流系统进行详细的研究分析，运用系统论的观点，从整体出发，不可顾此失彼。

思考题

1. 如何理解物流系统的概念？
2. 物流系统的特点有哪些？
3. 物流系统的要素有哪几个方面？
4. 物流系统工程的常用技术有哪些？
5. 物流系统分析针对的内容是什么？
6. 物流系统分析的常用方法有哪些？
7. 物流系统分析的具体步骤是什么？

第 2 篇　物流系统要素管理

第3章

运输管理

学习目标

- 掌握运输的概念
- 掌握运输的功能和分类
- 掌握现代运输的主要方式
- 掌握运输合理化的有效措施
- 了解运输方式和运输路线的决策

导引案例

沃尔玛是世界上最大的商业零售企业，在物流运营过程中尽可能地降低成本是其经营哲学。

沃尔玛有时采用空运，有时采用船运，还有一些货物采用卡车公路运输。在中国，沃尔玛百分之百采用公路运输，所以如何降低卡车运输成本是沃尔玛物流管理面临的一个重要问题，为此沃尔玛主要采取了以下措施。

(1) 沃尔玛使用一种尽可能大的卡车，大约有16米加长的货柜，比集装箱运输卡车更长。沃尔玛的卡车装得非常满，产品从车厢的底部一直装到顶部，非常有助于节约成本。

(2) 沃尔玛的车辆都是自有的，司机也是公司的员工。沃尔玛的车队大约有5 000名非司机员工，有3 700多名司机，车队每周一次运输可达7 000～8 000公里。

沃尔玛知道，卡车运输的风险较大，可能会出交通事故。因此，对于运输车队来说，保证安全是节约成本最重要的环节。沃尔玛的口号是“安全第一，礼貌第一”，而不是“速度第一”。在运输过程中，卡车司机都非常遵守交通规则。沃尔玛定期在公路上对运输车队进行调查，卡车上都带有公司的编号，如果看到司机违章驾驶，调查人员就可以根据车上的编号报告，以便惩处。沃尔玛认为，卡车不出事故，就是节省公司的费用，就是最大限度地降低物流成本，由于狠抓了安全驾驶，运输车队已经创造了300万公里无事故的纪录。

(3) 采用全球定位系统对车辆进行定位，因此在任何时候，调度中心都可以知道这些车辆在什么地方，离商店有多远，还需要多长时间才能运到商店，这种估算可以精确到小时。沃尔玛知道卡车在哪里，产品在哪里，从而可以提高整个物流系统的效率，有助于降低成本。

(4) 连锁商店的物流部门24小时工作，无论白天或晚上，都能为卡车及时卸货。另外，沃尔玛的运输车队还利用夜间进行运输，从而做到了当日下午集货，夜间进行异地运输，翌日上午即可送货上门，保证在15～18小时内完成整个运输过程，这是沃尔玛在速度上取得优势的重要措施。

(5) 沃尔玛的卡车把产品运到商店后，商店可以把产品整个卸下来，而不是对每个产品逐个检查，这样就可以节省很多时间，加快沃尔玛物流的循环过程，从而降低成本。但有一个非常重要的先决条件，就是沃尔玛的物流系统能够确保商店得到的产品是与发货单完全一致的产品。

(6) 沃尔玛的运输成本比供货厂商自己运输产品要低。所以厂商也使用沃尔玛的卡车来运输货物，从而做到了把产品从工厂直接运送到商店，大大节省了产品流通过程中的仓储成本和转运成本。

沃尔玛的集中配送中心把上述措施有机地组合在一起，做出了最经济合理的安排，从而使沃尔玛的运输车队能以最低的成本高效率地运行。

资料来源：2015物流案例分析. http：//wenku. baidu. com/view/e8583f67caaedd3383c4d3e1. html.

第1节　运输概述

一、运输的概念

运输是指利用运输工具和运输设施，实现物资长距离空间位置转移的活动。这里，运输工具主要是指“车”，如汽车、火车、轮船、飞机等；运输设施主要是指“路”，如公路、铁路、水路、航空路线、土路等。“车”“路”“长距离”“空间位置转移”是运输定义的四个关键词。

之所以要把“长距离”作为运输定义的关键词，主要是为了把运输和搬运区别开来。搬运也是一种空间位置转移的活动，但它是短距离的空间位置转移。

还要把运输和配送区别开来。配送也是利用运输工具和运输设施进行长距离空间位置转移的活动。因此，配送也是一种运输，但它是一种特殊、具体的运输方式，而一般的运输活动则包括多种多样的运输方式。

在物流系统中，运输占有核心地位。它虽然不产生新的物质产品，但却能实现物品在空间上和时间上的转移，创造物品的空间效果和时间效果。它是物流过程中最主要的增值活动。

二、运输的功能

在物流中心的物流过程中，运输主要提供两大功能，即货物转移和货物储存。运输的主要目的就是以最短的时间、最低的成本将货物转移到规定地点，因此运输的主要功能就是货物在价值链中实现位移，从而产生空间效用和时间效用。运输的另一大功能就是对货物在运输期间进行临时储存，也就是说将运输工具（主要是运输车辆）作为临时的储存设施，而且这种储存是免费储存、自然储存。总之，运输是把物流系统连接在一起的纽带，是物流过程不可缺少的组成部分。快速有效的物流系统必须具备良好的运输条件，没有运输就没有物流。对于物流中心而言，运输管理是决定核心竞争能力的关键要素，运输管理的有效性直接决定了物流中心运作水平的高低。

（一）货物转移

运输就是商品的载运和输送，就是将货物运送到一个确定的地点。运输的主要价值是使货物在供应链中进行移动。对于采购、生产和客户服务而言，运输渠道是否通畅将起到至关重要的作用。如果没有可靠的运输作保障，很多商业活动都无法正常地开展。运输过程要消耗多种资源，如时间资源、财力资源和环境资源等。

（二）短时货物储存

对物品进行临时存放是运输的一个特殊功能，运输需要时间，长途运输则需要更长的时间，运输的过程也就成了物品存放保管的过程。运输过程中，运输工具可以避免物品损坏或丢失，还可以通过准确安排运输时间，免去仓储的环节。另外，在运输中的物品如果需要储存但在很短时间内又要重新转移，那么物品频繁装卸的成本可能高于存放在运输工具上的费用，这时，运输车辆就成为临时储存设施。但是以运输工具作为暂存场所的成本较高，如非必要应尽量避免。

三、运输的地位

（一）运输是物流的主要功能要素之一

按物流的概念，物流是“物”的物理性运动，这种运动不但改变了物的时间状态，也改变了物的空间状态。而运输承担了改变空间状态的主要任务，运输是改变空间状态的主要手段，运输再配以搬运、配送等活动，就能圆满完成改变空间状态的全部任务。在现代物流观念诞生之前，甚至就在今天，仍有人将运输等同于物流，其原因是物流中很大一部分内容是由运输承担的，是物流的主要部分。

（二）运输是社会物质生产的必要条件之一

运输是国民经济的基础和先行。马克思将运输称为“第四个物质生产部门”，将运输看成是生产过程的继续，这个继续虽然以生产过程为前提，但如果没有这个继续，生产过程则不能最后完成。所以，虽然运输这种生产活动和一般生产活动不同，它不创造新的物质产品，不增加社会产品数量，不赋予产品以新的使用价值，而只变动其所在的空间位置，但这一变动使生产能继续下去，使社会再生产不断推进。

运输作为社会物质生产的必要条件，表现在以下两个方面。

（1）在生产过程中，运输是生产的直接组成部分，没有运输，生产内部的各环节就无法连接。

（2）在社会中，运输是生产过程的继续，这一活动联结生产与再生产、生产与消费的环节，联结国民经济各部门、各企业，联结城乡，联结不同国家和地区。

（三）运输可以创造“场所效用”

场所效用的含义是同种“物”由于空间场所不同，其使用价值的实现程度不同，其效益的实现也不同。由于改变场所而发挥最大使用价值，最大限度提高了产出投入比，这就称为“场所效用”。通过运输，将“物”运到场所效用最高的地方，就能发挥“物”的潜力，实现资源的优化配置。从这个意义上讲，相当于通过运输提高“物”的使用价值。

（四）运输是“第三个利润源”的主要源泉

（1）运输是运动中的活动，它与静止的保管不同，要靠大量的动力消耗才能实现，而运输又承担大跨度空间转移的任务，所以活动的时间长、距离长、消耗也大。消耗的绝对数量大，其节约的潜力也就越大。

（2）从运费来看，运费在全部物流费中占最高的比例，一般综合分析计算社会物流费用，运输费在其中占约50%的比例，有些产品运费高于产品的生产费用。

（3）由于运输总里程大，运输总量巨大，通过体制改革和运输合理化可大大缩短运输吨公里数，从而获得比较大的节约。

四、运输的分类

（一）按运输的范畴分类

1. 干线运输

这是利用公路、铁路的干线或大型船舶的固定航线进行的长距离、大数量的运输，是进行远距离空间位置转移的重要运输形式。干线运输一般速度较同种工具的其他运输要快，成本也较低。干线运输是运输的主体。

2. 支线运输

这是与干线相接的分支线路上的运输。支线运输是干线运输与收发货地点之间的补充运输形式，路程较短，运输量相对较小，支线的建设水平往往低于干线，运输工具水平也往往低于干线，因而速度较慢。

3. 二次运输

这是一种补充运输形式，路程较短。干线、支线运输到站后，站与用户仓库或指定接货地点之间的运输，由于是单个单位的需要，所以运量也较小。

4. 厂内运输

这是在工业企业范围内，直接为生产过程服务的运输，一般在车间与车间之间、车间与仓库之间进行。小企业中以及大企业车间内部、仓库内部的这种运输一般不称“运输”，而称“搬运”。

（二）按运输的作用分类

1. 集货运输

集货运输是将分散的货物汇集集中的运输形式，一般是短距离、小批量的运输，货物集中后才能利用干线运输形式进行远距离及大批量运输，因此，集货运输是干线运输的一种补充形式。

2. 配送运输

配送运输是将据点中已按用户要求配好的货分送各个用户的运输，一般是短距离、小批量的运输，从运输的角度讲是对干线运输的一种补充和完善。

（三）按运输的协作程度分类

1. 一般运输

一般运输是指孤立地采用不同运输工具或同类运输工具而没有形成有机协作关系的运输。

2. 联合运输

联合运输，简称联运，是使用同一运送凭证，由不同运输方式或不同运输企业进行有机衔接运输货物，利用每种运输手段的优势以充分发挥不同运输工具效率的一种运输形式。采用联合运输，可以简化托运手续、方便用户，同时可以提高运输速度，也有利于节省运费。

3. 多式联运

多式联运是指根据实际要求，将不同的运输方式组合成综合性的一体化运输，通过一次托运、一次计费、一张单证、一次保险，由各种运输区段的承运人共同完成货物的全过程运输，即将全过程运输作为一个完整的单一运输过程来安排的一种运输方式。

（四）按运输中途是否换载分类

1. 直达运输

直达运输是指在组织货物运输时，利用一种运输工具从起运站港一直运送至到达站港，中途不经过换载、中途不入库储存的运输形式。

2. 中转运输

在组织货物运输时，在货物运往目的地的过程中，在途中的车站、港口、仓库进行转运换装，包括同种运输工具不同运输路线的转运换装，这种不同运输工具之间的转运换装，称中转运输。

中转运输的优点在于：通过中转可以将干线、支线运输有效地衔接，可以化整为零或集零为整，从而方便用户、提高运输效率；可以充分发挥不同运输工具在不同路段上的最优水平，从而获得节约或效益，也有助于加快运输速度。中转运输方式的缺点是在换载时会出现低速度、高货损、增加费用支出。

中转运输及直达运输的优劣不能笼统言之，两者在一定条件下各有优势。因此，需要具体问题具体分析，并以总体效益为最终判断标准。

第 2 节　现代运输的主要方式

一、公路运输

在物流供应链中，公路运输是最主要的货运方式。它是指利用一定的载运工具（人力车、畜力车、拖拉机、汽车等）沿公路（一般土路、有路面铺装的道路、高速公路）实现旅客或货物空间位移的过程。由于汽车已成为现代公路运输的主要载运工具，因此，现代公路运输即指汽车运输。

公路运输是19世纪末随着现代汽车的诞生而产生的，初期主要承担短途运输业务。第一次世界大战结束后，基于汽车工业的发展和公路里程的增加，公路运输不断发展，不仅是短途的主力，而且进入长途运输领域。第二次世界大战结束后，公路运输的发展更加快速。欧洲许多国家和美国、日本等国已建成比较发达的公路网，加之汽车工业又提供了雄厚的物质基础，促使公路运输在运输业中跃至主导地位。

我国是世界上公路运输最具发展潜力的第一大市场，投入巨资建立了全国高速公路网，近年来，交通基础设施和运输设备不断改善，为公路运输市场的快速发展创造了有利条件。目前，我国公路运输行业正处于快速发展的成长期，在国民经济运行和增长中发挥着日益重要的作用。

（一）公路运输的优点

（1）全运程速度快。

公路运输可以实现门到门运输，可以减少旅客转换运输工具所需要的等待时间与步行时间，对于限时运送货物，或为适应市场临时急需的货物运输，公路运输服务优于其他运输方式。特别是对于短途、高价值产品运输，其整个运输过程较任何其他运输方式都更为快速、方便。

（2）运用灵活。

公路运输富于灵活性，可随时调拨，不受时间限制，可随处停靠，富有弹性和适应性。

（3）受地形与气候限制小。

相对飞机和船舶等，汽车在路上行驶，较少受地形限制，遇恶劣气候受影响小。

（二）公路运输的缺点

（1）运载量小。

汽车运载量，从客运角度，小到三四人，大到数十人；从货运考虑，普通可载运3～5吨，即使使用全拖车，也不过数十吨，无法与铁路或轮船的庞大容量相比。

（2）安全性差。

公路运输由于车种复杂、路况不良以及驾驶人员的疏忽等因素，发生交通事故较多，安全性较差。

（三）公路运输的适用范围

公路运输主要适用于短距离、小批量的旅客和货物运输；适用于铁路、水路欠发达地区作为干支线衔接、集疏运输。高速公路还适用于鲜活易腐和高附加值货物1 000公里距离内的中长途运输。

（四）公路运输的设施设备

公路是一种线性工程构造物，主要由路基、路面、桥梁、隧道、涵洞等基本构造物和其他辅助构造物及设施组成。

1. 路基

路基是路面的基础，与路面共同承受车辆载荷的作用，同时抵御地表各种自然因素的危害。

路基宽度与公路横向的路幅宽度相同，而路幅宽度为中间的路基面宽度与两侧的路肩宽度之和。高速公路的路基宽度一般为21.5～26.0米。路基根据横断面的不同可分为路堤、路堑和半填半挖三种基本形式。为了满足车辆和行人的通行要求，公路路基必须坚固和稳定。

2. 路面

路面是在路基上用坚硬材料铺筑，供汽车行驶的层状结构物，直接承受车辆的行驶作用力。一般分为面层、基层、垫层和土基。

路面按面层材料的不同，可分为沥青路面、水泥路面、块料路面和粒料路面。公路路面在整个道路造价中占主要部分，尤其是高级路面占有更高的比例，因此，合理地选用和设计路面能显著地降低公路的造价。路面的选用一般应根据公路的性质、任务、交通量，以及充分利用当地材料和结合施工条件等因素确定。为了保证车辆一定的行驶速度和安全等，公路路面应具有一定的强度、平整度和必要的粗糙度。

3. 桥梁隧道与涵洞

当公路跨越河流、沟谷，或与铁路、其他公路立体交叉时，需要修建桥梁或涵洞；当线路翻越山岭时，则需修筑隧道。按照有关技术规定，桥涵单孔跨径小于5米或多孔跨径之和小于8米的称为涵洞，大于这一规定值的则称为桥梁。桥梁有梁式桥、拱桥、吊桥、钢构桥和斜拉桥之分。隧道内纵坡度应不小于0.3%，不大于3%，以利于隧道排水和行车安全。

二、铁路运输

铁路运输是指使用铁路列车运送客货的一种运输方式。铁路能提供长距离的大宗商品的低成本、低能源运输，其优点是运载量较大、速度快、连续性强，远距离运输费用低，一般不会受到气候因素影响，准时性强，安全系数大，是最可靠的运输方式。

1825年，英国在斯托克顿和达灵顿之间修建了一条长32公里的运送煤炭和旅客的铁路，用蒸汽机车牵引列车，创造了运送550名旅客、时速达24公里的纪录，这就是世界上第一条公用铁路。在这以前，虽然也曾有过马拉车在轨道上行驶或把蒸汽机装在车辆上以驱动车辆在道路上行驶，但这些都不足以称为铁路运输方式。斯托克顿—达灵顿铁路的正式运营标志着近代铁路运输业的开端。

经过60多年的发展，我国铁路现代化建设取得了重大进展，高速铁路、机车车辆、高原铁路、既有线提速等方面的技术迈入世界先进行列。中国铁路以占世界铁路6%的里程完成了世界铁路25%的工作量，运输效率世界第一，为经济社会发展作出了重要贡献。

（一）铁路运输的优点

（1）运量大、运价低廉且运距长。

铁路运输采用大功率机车牵引列车运行，可承担长距离、大运输量的运输任务，而且由于列车运行阻力小，能源消耗量低，所以价格低廉。

（2）行驶具有自动控制性。

铁路运输具有专用路权，在列车行驶上具有高度导向性，可以采用列车自动控制方式控制列车运行，以达到车辆自动驾驶的目的。目前最先进的列车已经可以通过高科技电脑的控制，使列车的运行达到全面自动化，甚至无人驾驶，从而大大提高运输安全性，减轻司机劳动强度。

（3）有效使用土地。

铁路运输以客货车组成的列车为基本单元，可以在有限的土地上进行大量的运输，因此，相比公路运输可以节省大量的土地，使土地资源达到最有效的利用。

（4）污染性较低。

铁路的污染性比公路低。如在噪声方面，铁路所带来的噪声污染，不仅比公路低，而且是间断性的。

（5）受气候限制小。

铁路运输具有高度的导向性，只要行车设施无损坏，在任何气候条件下，如下雨、下雪，列车均可安全行驶，受气候因素限制很小，所以铁路是营运最可靠的运输方式。

（二）铁路运输的缺点

（1）固定资产投资大，回报率低，难以吸引投资。

铁路投资大多属于固定设备的沉没成本，难以移作他用，故其固定资产比例较其他运输方式高出许多，因而投资风险也就比较高，而一般高风险的事业需要高回报率才能吸引投资，然而，长期以来铁路运输效益较差，投资铁路的回报率较低，难以吸引投资。

（2）设备庞大，不易维修。

铁路运输设备十分庞大，机车、车辆、线路、站场、信号、信息、供电等设备结构复杂，类型繁多，标准不同，不易维修；许多设备布置在露天，经受风吹雨打，还经常受到高速重载的剧烈震动，容易损坏；除机车、车辆外，主要设备没有备用设施，且无固定的检修时间，加之近年来铁路效益不佳，维修费用紧缺，故维修难以达到完善的程度。

（3）货损较高。

铁路运输可能因为列车行驶时的震动或货物装卸不当，造成所承载货物的损坏，而且运输过程需要经多次中转，也容易导致货物损坏、遗失。铁路运输的货损远高于公路运输，所以一些货主不敢将高价值的货物交由铁路承运。

（4）营运缺乏弹性。

公路运输灵活，可以随货源或客源所在地而变更营运路线，但铁路不行，所以容易产生空车回送现象，从而造成营运成本的增加。

（三）铁路运输的适用范围

（1）在幅员辽阔的大陆国家，铁路运输是陆地交通运输的主力，它比其他运输方式有更多的优越性：在铁路建设比较发达的国家，全国铁路线路联结成网，四通八达，再加上主要厂、矿、港、林都有专用线或专用铁道与铁路线路相通，易于实现门到门运输，因而铁路运输对大陆国家有较大的吸引力。

（2）适用于稳定的大宗货物运输和中长距离的一般货物运输。

（3）适用于中长距离和短距离的大中城市间、旅游城市间的旅客运输，能适应节假日大量旅客出行的需要。

(4) 现代快速市郊旅客列车能够满足大城市周围通勤、通学和日常交通的迫切要求。

(四) 铁路运输的设施设备

铁路运输主要由铁路线路、机车车辆、信号设备和车站四部分组成。

1. 铁路线路

铁路线路是列车运行的基础，承受列车重量，并且引导列车的行走方向。

线路包括以下组成。

(1) 路基：主要承受轨道、机车车辆及其载荷的压力。

(2) 桥梁与隧道建筑物：使铁路能够跨越河谷、穿过山岭。

(3) 轨道：直接承受车轮的压力和冲击力并将并将其传给路基，引导车轮的运行方向。轨道由钢轨、轨枕、道岔、道床、联结零件、防爬设备等组成。

2. 机车车辆

机车车辆包括机车和车辆。

(1) 机车是铁路运输的动力源，牵引列车运行。

机车包括以下几种。

1) 蒸汽机车：以蒸汽驱动的机车，结构简单，制造成本低，驾驶与维修都简单，但热效率低，功率与速度都受到限制，已经被淘汰。

2) 内燃机车：以内燃机为原动力的机车，其热效率比蒸汽机车高，可达20%～30%，加足燃料后可长时间运行，但机车构造复杂，制造与维修困难，运营费用较高。

3) 电力机车：从铁路沿线的接触网上获取电能产生牵引力的机车，热效率最高，功率大、运输能力大、启动快、速度高、爬坡能力好、污染小、噪声小，是最有发展前途的一种机车，但其供电系统的投资较大。电力机车是目前我国铁路运输的主体。

(2) 车辆主要用于承载货物和旅客，无动力，需由机车牵引。

(3) 货运车的种类：棚车、敞车、平车、罐车、保温车等。

(4) 客车的种类：座车、卧车、餐车、行李车、邮政车等。

(5) 铁路货物列车一般载重为3 000～5 000吨，载重在6 000吨以上的称为重载列车。

3. 信号设备

信号设备的作用是保证列车运行与调车安全和提高铁路的通过能力，包括铁路信号、连锁设备、闭塞设备。

(1) 铁路信号是对列车运行、停止和调车工作的命令，是保证列车行车安全和作业效率的重要手段。我国规定用红色（停止）、黄色（注意或减速慢行）、绿色（按规定的速度运行）、蓝色（准许越过信号机调车）和白色（不准越过该信号机调车）作为铁路信号。铁路信号按信号形式可分为视觉信号和听觉信号；按设备形式可分为固定信号、移动信号、手信号。

(2) 连锁设备的主要作用是保证站内列车运行和调车作业的安全，以提高车站的通过能力。

（3）闭塞设备是用来保证列车在区间内运行安全的区间信号设备。它能控制列车运行，保证在一个区间内同时只有一个列车占用。

4. 车站

车站按技术作业性质可分为编组站、区段站、中间站；按业务性质可分为货运站、客运站、客货运站。

（1）编组站。

负责解体和编组各类货物列车；组织和取送本地区车流；供应列车动力，整备检修机车；货物列车的日常技术保养。

（2）区段站。

大多设在中等城市和铁路网上牵引区段的分界处。其主要任务是办理货物列车的中转作业，进行机车的更换或机车乘务组的换班，以及解体、编组区段列车和摘挂列车。

（3）中间站。

主要办理列车的到发、会让、越行及客货运业务。中间站数量很多，设备规模较小，遍布全国铁路沿线中小城镇和农村。

三、水路运输

水路运输是使用船舶运送客货的一种运输方式。水路运输主要承担大批量、长距离的运输，也是在干线运输中起主力作用的运输形式。在内河及沿海，水运也常作为小型运输方式使用，担任补充及衔接大批量干线运输的任务。

人类真正使用机械开动船舶是在1807年，美国人罗伯特·富尔顿把锅炉、蒸汽机和明轮装到内河船“克莱蒙特号”上，并在纽约与奥尔巴尼之间的哈得逊河上进行了有实用价值的航行。1838年出现了装在船舶尾部的螺旋桨推进装置。1890年发明了内燃机，之后越来越多的船都利用内燃机（主要是低速柴油机）作为主要动力设备。再以后又出现了汽轮机动力装置和核动力装置等。

随着我国社会主义市场经济体制的确立和航运市场的发展，我国水路运输业在基础设施建设方面成绩斐然，同时水运生产增长迅猛，水运服务能力也显著增强，水运市场体系日益完善，初步形成了大型专业化码头，攻克了大型深水航道建设部分关键技术，水运法规建设也不断完善，我国在世界海运界的地位显著提升。

（一）水路运输的优点

（1）运输能力大。

在海上运输中，目前世界上最大的超巨型油轮的载重量在55万吨以上。

在内河运输中，美国最大的顶推船队运载能力超过6万吨。我国顶推船队的运载能力已达3万吨，其运量相当于铁路列车的6～10倍。

公路运输、铁路运输、水路运输、航空运输和管道运输这五种运输方式中，水路运输能力最大，运输条件良好的航道通过能力几乎不受限制。

（2）运输成本低。

我国沿海运输成本为铁路运输的40%，美国沿海运输成本只有铁路运输的

12.5%；我国长江干线运输成本是铁路运输的84%，而美国密西西比河干流的运输成本只有铁路运输的25%～33.3%。

水运的站场费用较高，但因其运载量大，运程远，故总的单位成本较低。

(3) 劳动生产率高。

由于船舶运载量大，配备船员少，因而其劳动生产率较高。现今，一艘20万吨的油轮一般只需配备约20名船员，平均每人运送货物1万吨。所以，沿海运输劳动生产率是铁路运输的6.4倍。

(4) 投资较少。

海上运输航道的开发几乎不需要支付费用，内河虽然有时需要花一定费用疏浚河道，但比起修筑铁路的费用少得多。据推算，开发内河航道每公里投资仅仅是铁路旧线改造的1/5或新线建设的1/8。

(二) 水路运输的缺点

(1) 水路运输速度低。

由于大型船舶体积大，水流的阻力随航速的增加而迅速增加。例如，当航速从5公里/小时增加到30公里/小时时，船舶所受到的阻力将增大到原来的35倍。因此船舶的航速一般较低。目前，船舶速度一般为30公里/小时左右，冷藏船的速度为40公里/小时左右，集装箱船的速度为40～60公里/小时。

(2) 水运受自然条件的影响较大。

有些地区受季节的影响，不能四季通航；有些江河部分航段滩浅水急，不仅限制大船通航，枯水期还得停航。商船行驶在海上时，遇暴风雨需要及时躲避，遇大雾也需按避碰章程办理，以防损害。

(3) 水路运输的连续性和可及性较差。

许多地区缺乏通航的江河水系。一些水系自成体系，互不通航，有些港湾水深不够，不能停靠大船，需要转驳倒载。这些条件都将影响水路运输的连续性和可及性。

(三) 水路运输的适用范围

(1) 运费负担能力弱、运输期限要求不严的大宗货物运输。

(2) 远洋国际贸易货物运输。

(3) 体积特别巨大、铁路和公路无法运送的特种货物运输，如铁路机车车辆、民航客机、大型水电设备。

(四) 水路运输的设施设备

水路运输的主要设施设备包括运输船舶、港口、航道和航标等。

1. 运输船舶

运输船舶是指载运旅客与货物的船舶，通常又称商船。

船有多种门类，可按用途、航行区域、航行状态、推进方式、动力装置和船体材料及船体数目等分类。例如，按用途分类，作为军事用途的称为舰艇或军舰，用于交通运输、渔业、工程及研究开发的称为民用船舶，运送货物与旅客的船舶称为运输船，它是民用船舶中的主要部分。

2. 港口

港口是指具有一定范围的水域、陆域、码头等设施，供船舶的进出、停泊、停靠，旅客的集散、上下，货物的集散、装卸、驳运、储存等作业的场所。

港口就其功能而言，是交通运输的枢纽，是水陆联运的咽喉和衔接点，是货物和旅客的集散地，也是进行各种作业的场所。

港口按性质和用途分为商港、渔港、工业港和军港；按所在的地理位置分为海港、河口港和河港；按潮汐的影响分为敞港、闭合港和混合港；按地位分为国际性港、国家性港和地区性港。

3. 航道

航道是指以组织水运为目的所规定或设置的船舶航行通道。随着船舶运行密度和纵横水运网的形成，现代水上航道已不仅是天然航道，还是包括人工运河、进出港航道以及保证航行安全的航行标志系统和现代通信导航设备系统在内的工程综合体。

航道可以分为三种类型。

(1) 海上航道。

海上航道属自然水道，其通过能力几乎不受限制。每一海区的地理、水文情况都反映在该海区的海图上。船舶每次的运行都是根据海图，结合当时的气候条件、海况和船舶本身的技术性能进行计算并在海图上标出。经过人们千百年来的努力和探索，加上现代导航技术的应用，世界各国和地区间的海上航道已基本为人们所了解和掌握。

(2) 内河航道。

内河航道大部分是利用天然水道，再加上引航的航标设施所构成。内河航道比海上航道的运行条件要差，主要表现为不同的通航水深不同、通行的时限不同、单双向通行的方式不同。因此，在进行综合规划时，还应考虑航道分级和航道标准化。

(3) 人工航道。

人工航道是指人工开凿，主要用船舶通航的河流，又称运河。人工航道一般开凿在几个水系或海洋的交界处，可以使船舶缩短航行路程，降低运输费用，方便人们生产和生活，扩大船舶航行范围，进而形成一定规模的水运网络。一些著名的国际通航运河，对世界航运的发展、船舶尺度的限制影响很大，其中主要有苏伊士运河、巴拿马运河、基尔运河。世界上最长最古老的人工运河是我国的京杭大运河。

4. 航标

航标是表明航道的界限，帮助船舶定位，引导船舶航行，有危险时表示警告和指示碍航物的人工助航标志。

航标的功能有：

(1) 定位。

为航行船舶提供定位信息。

(2) 警告。

提供碍航物及其他警告信息。如对暗礁、浅滩、航道弯段等给予警告。

(3) 交通指示。

根据交通规则指示航行方向。

（4）指示特殊区域。

如锚地、测量作业区、禁区等。

（五）水路运输的主要形式

（1）沿海运输。

使用船舶通过大陆附近沿海航道运送客货的一种运输方式。

（2）近海运输。

使用船舶通过大陆邻近国家海上航道运送客货的一种运输方式。

（3）远洋运输。

使用船舶跨大洋的长途运输方式。

（4）内河运输。

使用船舶在陆地内的江、河、湖、川等水道进行运输的一种方式。

四种水路运输形式的不同也导致了各自使用的载驳船的大小不一样。

四、航空运输

航空运输是指使用飞机、直升机及其他航空器运送人员、货物和邮件的一种运输方式。航空运输是最快的运输方式，但固定成本和变动成本加在一起使其成为最昂贵的运输方式，短途运输尤其如此。因此，主要适合航空运输运载的货物有两类：一类是价值高、运费承担能力很强的货物，如贵重设备的零部件、高档产品等：另一类是紧急需要的物资，如救灾抢险物资等。

航空运输始于1871年。当时普法战争中的法国人用气球把政府官员和物资、邮件等运出被普军围困的巴黎。1918年5月5日，飞机运输首次出现，航线为纽约—华盛顿—芝加哥。20世纪30年代有了民用运输机，随着技术性能不断改进，航空工业的发展促进了航空运输的发展。第二次世界大战结束后，航线网在世界范围内逐渐建立起来，以各国主要城市为起讫地点的世界航线网遍及各大洲。60年代后期，航空运输进入了现代化的世界航空运输时代。

随着国民经济的持续高速增长以及机构和管理体制改革的深化，我国的航空运输进入了迅猛发展期，民航运输总周转量、旅客运输量和货物运输量年均增长率均高出世界平均水平2倍多。目前，世界航空运输业已经发展成为一个规模庞大的行业，以各国主要都市为起讫地点的世界航空网已遍及各大洲。

（一）航空运输的优点

（1）运行速度快。

一般为每小时800～900公里，比火车快5～10倍，比海轮快20～40倍，从而大大减少了在途运输的时间。

（2）机动性能好。

航空运输不受地形地貌、山川河流的限制，只要有机场和航路设施保证，即可开辟航线。

（3）舒适、安全。

喷气式客机巡航高度在10 000米左右，飞行不受低空气流影响，平稳舒适。由于科学技术的发展以及民航客机适航性的严格要求，航空运输的安全性已大大提高。

（4）适用范围广。

飞机和直升机不但可供客货运输，还可以用于邮政、农业、渔业、林业、救灾、工程、警务、气象、旅游观光和军事。

（5）基本建设周期短、投资少。

要发展航空运输，从设备条件上讲，只要添置飞机和修建机场就可基本满足。与修建铁路和公路相比，其建设周期短、占地少、投资省、收效快。

（二）航空运输的缺点

（1）航空运输具有国际性。

航空事业属于跨国性的运输行业，具有跨国服务的特性，故需考虑国际化服务与合作。

（2）航空运输载运量小、成本高。

由于受飞机机舱容积制约，航空运输载运量小，运载成本和运价比地面运输高。

（3）受气象条件限制。

航空运输工具在空中飞行，受气象条件限制较大，飞机的航期和安全常受影响。

（4）航空运输造成的噪声污染比较严重。

（三）航空运输的适用范围

（1）适用于国际国内长距离的旅客运输。

（2）适用于贵重物品、高附加值货物、精密仪器和邮包运输。

（3）适用于救灾、抢险、防疫、急救等的人员和物资运输。

（四）航空运输的设施设备

航空运输的主要设施设备为航空港和航空器。

1. 航空港

航空港是指位于航线上的为保证航空运输和专业飞行作业用的机场及其有关建筑物和设施的总称，是空中交通网的基地。航空港由飞行区、客货运服务区和机务维修区三部分组成。

（1）飞行区。

飞行区是航空港面积最大的区域，设有指挥台、跑道、滑行道、停机坪、无线电导航系统等设施。

（2）客货运服务区。

客货运服务区是为旅客、货主提供地面服务的区域。主体是候机楼，此外还有客机坪、停车场、进出港道路系统等。货运量较大的航空港还专门设有货运站。客机坪附近配有管线加油系统。

（3）机务维修区。

机务维修区是飞机维护修理和航空港正常工作所必需的各种机务设施的区域。区内建有维修厂、维修机库、维修机坪和供水、供电、供热、制冷、下水等设施，以及消防站、急救站、储油库、铁路专用线等。

2. 航空器

航空器是指在大气层中飞行的飞行器，包括飞机、直升机、飞艇、气球及其他借空气之反作用力得以飞行于大气层中的器物。在生活中航空器一般指飞机。

五、管道运输

管道运输是利用管道输送气体、液体和粉状固体的一种运输方式。其运输形式是靠物体在管道内顺着压力方向循序移动实现的，同其他运输方式的主要区别在于，管道设备是静止不动的。

现代管道运输始于19世纪中叶，1865年美国宾夕法尼亚州建成第一条原油输送管道。它的进一步发展是从20世纪开始的。随着第二次世界大战后石油工业的发展，管道建设进入了一个新的阶段，各产油国竞相开始兴建石油及油气管道。20世纪60年代，输油管道的发展趋于大管径、长距离，逐渐建成成品油输送的管网系统。同时，开始了用管道输送煤浆的尝试。全球的管道运输承担很大比例的能源物资运输，包括原油、成品油、天然气、油田伴生气、煤浆等。

新中国成立后，随着我国石油工业的发展，我国的管道运输也有了较大的发展，到2020年，我国长距离油气管道的建设里程将至少达到10万～15万公里，由于中国的油气资源分布不均，进口油气量越来越大，需要加大投资建设油气管道的力度，未来10年将迎来我国修建跨国油气管线的高潮。

（一）管道运输的优点

(1) 运量大。

油管可以源源不断地运送油料，一条油管线每年的运输量可达几千万吨，甚至上亿吨。

(2) 占用土地少，易选取捷径缩短运距。

管道多埋于地下，埋入地下部分一般占管道总长度的95%以上，永久性占用土地少，管道可以从河流、湖泊乃至海洋的水下穿过，可以翻越高山，允许敷设坡度较铁路、公路大，易选取捷径缩短运距。

(3) 运输安全可靠，连续性强。

由于石油和天然气易燃、易爆、易挥发，采用管道封闭运输，不仅安全可靠，还可减少挥发损耗。管道运输受恶劣气候条件的影响较小，可以长期连续不断地稳定运行。

(4) 便于管理、劳动效率高。

管道运输便于运输管理，易于远程监控，维修量小，劳动生产率高。

(5) 能耗少，成本低。

由于管道采用密封设备，在运输过程中可以避免能量的散失和损耗，不存在无效运输。在五种运输方式中，管道运输能耗最低。

(6) 沿途无噪声，污染少。

管道运输不仅沿途无噪声，而且管道封闭运输能减少挥发损耗，避免对空气、水源和土壤的污染。

（二）管道运输的缺点

(1) 灵活性差。

只能在固定的管道中实现运输，不如其他运输方式灵活，不能实现门到门运输。

(2) 专用性强。

只能运输石油、天然气及固体料浆（如煤炭等）。

（3）管道运输承运的货物比较单一。

如果管道运输量不足，运输成本会显著增加。

（4）管道运输路线一般是固定的，管道铺设的一次性投资也较大。

（三）管道运输的适用范围

管道适用于单向、定点、量大的流体且连续不断的货物（如石油、天然气、煤浆、某些化学制品原料）的运输。另外，在管道中利用容器包装运送固态货物（如粮食、砂石、邮件等）也具有良好的发展前景。管道在今天不仅能在地面上修建，而且可以铺设于河底、海底，或者遇水架桥，其不受地形地貌限制的优点愈来愈为各国高度重视。

（四）管道运输的设施设备

管道一般分为输油管道、浆体管道和天然气管道。

（1）输油管道（也称管线、管路）由油管及其附件所组成，并按照工艺流程的需要，配备相应的油泵机组，设计安装成一个完整的管道系统，用以完成油料接卸及输转任务。

（2）浆体管道运输是将颗粒状的固体物质与液体输送介质混合，在管道中采用泵送的方式运输，并在目的地将其分离出来，由浆体制备系统、中间输送系统和后期处理系统三部分组成。

（3）天然气管道设施是将天然气（包括油田生产的伴生气）从开采地或处理厂输送到城市配气中心或工业企业用户的管道，又称输气管道。利用天然气管道输送天然气，是陆地上大量输送天然气的唯一方式，由管道输气站和线路系统两部分组成。

第3节 运输合理化

一、不合理运输的表现形式

不合理运输是指在组织货物运输的过程中，违反货物流转规律，不按经济区域以及货物自然流向组织货物调运，忽视运输工具的充分利用和合理分工，装载量低，流转环节多，从而浪费运力或者加大运输费用的现象。不合理运输是在现有的条件下可以达到的运输水平而未能达到，从而造成了运力的浪费、运输时间的增加、运费超支等问题。目前我国存在的不合理运输形式主要有空驶、对流运输、迂回运输、重复运输、倒流运输、过远运输、运力选择不当、托运方式选择不当、超限运输等。

（一）空驶

空驶即空车无货载行驶，可以说是不合理运输的最严重形式。造成空驶的不合理运输主要有以下几种原因。

（1）能利用社会化的运输体系而不利用，却依靠自备车送货提货，往往出现单程车、单程空驶的不合理运输。

（2）由于工作失误或计划不周，造成货源不实，车辆空去空回，形成双程空驶。

（3）由于车辆过分专用，无法搭运回程货，只能单程实车、单程回空周转。

（二）对流运输

对流运输亦称“相向运输”或“交错运输”，指同一种货物在同一线路上或平行线路上做相对方向的运送，而与对方运程的全部或一部分发生重叠交错的运输。

（三）迂回运输

迂回运输是舍近求远的一种运输。它是本可以选取短距离进行运输而不选，却选择路程较长路线进行运输的一种不合理形式。

（四）重复运输

重复运输的一种形式是本来可以直接将货物运到目的地，但是未达目的地就将货卸下，再重复装运送达目的地；另一种形式是，同品种货物在同一地点一面运进，一面又运出。重复运输的最大弊病是增加非必要的中间环节，这就延缓了流通速度，增加了费用，增大了货损。

（五）倒流运输

倒流运输是指货物从销地或中转地向产地或起运地回流的一种运输现象。其不合理程度要甚于对流运输，其原因在于，两程的运输都是不必要的，形成了双程的浪费。

（六）过远运输

过远运输是指调运物资舍近求远的运输现象，即不从最近的供应地采购商品，而超过商品合理流向的范围，从远地运来；或者产品不是就近供应消费地，却调给较远的其他消费地，违反了近产近销的原则。

（七）运力选择不当

未发挥各种运输工具优势，而不正确地利用运输工具造成的不合理现象，称为运力选择不当。常见的有以下几种形式。

（1）弃水走陆。

在同时可以利用水运及陆运时，不利用成本较低的水运或水陆联运，而选择成本较高的铁路运输或汽车运输，使水运优势不能发挥。

（2）铁路、大型船舶的过近运输。

不是铁路及大型船舶的经济运行里程，却利用这些运力进行运输的不合理做法。主要不合理之处在于火车及大型船舶起运及到达目的地的准备、装卸时间长，且机动灵活性不足，在过近距离中使用发挥不了运速快的优势；相反，由于装卸时间长，反而会延长运输时间。另外，和小型运输设备比较，火车及大型船舶装卸难度大、费用高。

（3）运输工具承载能力选择不当。

不是根据承运货物数量及重量选择，而是盲目决定运输工具，造成过分超载、损坏车辆或货物不满而浪费运力的现象。尤其是“大马拉小车”现象发生较多。装货量小，单位货物运输成本必然增加。

（八）托运方式选择不当

对于货主而言，可以选择最好的托运方式而未选择，造成运力浪费及费用支出加大，如应选择整车而未选择，反而采取零担托运；应当选择直达而选择了中转运输；应当选择中转运输而选择了直达运输等，都属于这类不合理运输。

（九）超限运输

运输的物品超过规定的长度、宽度、高度和重量，不仅容易引起货损、车辆损坏和公路路面及公路设施的损坏，还会造成严重的事故。这是当前表现突出的不合理运输。

上述各种不合理运输形式都是在特定条件下才表现出来的，在进行判断时必须注意其不合理的前提条件，否则就容易出现判断失误。如同一种产品，因商标不同、价格不同所发生的对流，不能绝对看成是不合理的，因为其中存在着市场机制引导的竞争，优胜劣汰，若强调因为表面的对流而不允许运输，就会起到保护落后、阻碍竞争甚至助长地区封锁的作用。类似的例子在各种不合理运输形式中都可以举出一些。

以上对不合理运输的描述，主要就形式本身而言，是从微观观察得出的结论。在实践中，必须将其放在物流系统中做综合判断。单从一种情况来看，避免了不合理，做到了合理，但这一合理却使其他部分出现不合理。从系统角度看，只有综合进行判断才能有效避免效益背反现象，从而优化全系统。

二、运输合理化的概念

物流过程的合理运输是指从物流系统的总体目标出发，选择合理的运输方式和运输路线，即运用系统理论和系统工程原理和方法，选择合理的运输路线和运输工具，以最短的路径、最少的环节、最快的速度和最少的劳动消耗组织好运输活动。

（一）运输方式的合理选择

各种运输方式及其所使用的运输工具各具特点，各类物品对运输的要求不尽相同，因此，合理选择运输方式就是合理利用各种运输方式，以确保运输的高效、准时、经济、安全。

选择运输方式要考虑的基本因素有：

（1）运输方式的速度。

（2）运输费用。

（3）各种可选运输方式的合理组合。

从物流过程中的运输功能来看，快捷的运输是物流服务的基本要求。但是，速度快往往意味着运输费用高。同时，在考虑运输经济性时，仅从运输费用判断是片面的。快捷的运输可以缩短物品的在途时间，使库存减少，从而减少物品的保管费等。

运输方式或运输工具的选择应该是综合考虑上述各种因素，寻求运输费用与保管费用最低的。在许多情况下，由于运输空间对运输方式的限制，无法选择最理想的运输方式组合。有时还需要从物流运输的功能来研究，采用综合评价的方法来选择运输方式或运输工具。

（二）运输路径的合理化

组织合理的运输路径就是通过合理的安排和筹划，使每次运输或每批次运输在运送路径、流程等方面最佳或接近最佳，保证货物运输准时、经济、安全。

表述运送路径最佳化的指标一般是运送距离最短、运送时间最短或运送成本最低。例如，城市配送业务一般强调最短运输路径设计；国际运输强调运送时间最短和准确；在城市货物配送、集货过程中，往往根据货物送达地点的布局，合理设计车辆的运行路径，减少车辆绕行；船舶运输强调合理设计船舶的挂港顺序和挂靠地点，合理设计货物的换装或中转地点，以使货物在途时间最短，装卸次数最少；地区间的零担运输通过整合零散单位货物为批次货物，利用整车运输来达到规模经济效果。

运输路径的合理化一般可根据一些理论方法，通过整体规划、优化设计、恰当管理来实现。为了确保最佳指标的实现，运输流程的设计和控制十分重要。实际上，运输路径的合理化与运输方式的合理化是紧密相关、相辅相成的。

三、运输合理化的措施

（一）提高运输工具实载率

提高运输工具实载率的意义在于充分利用运输工具的额定能力，减少车船空驶和不满载行驶的时间，减少浪费，从而求得运输的合理化。根据测定，汽车运输的实载率每下降1%，百吨货物公里的油耗上升1%～2%。

当前，配送的优势之一就是将多家需要的货物或者一家需要的多种货物进行配装，以达到容积和载重的充分合理运用，比起以往自家提货或一家送货车辆大部分空驶的状况，是运输合理化的一个进展。在铁路运输中，整车运输、合装整车、整车分卸及整车零卸等都是提高实载率的有效措施。

（二）采取减少动力投入，增加运输能力的有效措施

这种合理化的要点是少投入、多产出，走高效益之路。运输的投入主要是能源和基础设施，在设施建设已定型和完成的情况下，尽量减少能源投入是少投入的核心。这种合理化能大大节约运费，降低单位货物的运输成本。这方面的有效措施有：

（1）在机车能力允许的情况下，加挂车皮。

（2）水运拖排和拖带法。

竹木等物资可利用竹木本身的浮力运输。不用运输工具载运，采取拖带法运输，可省去运输工具本身的动力消耗从而实现合理化；将无动力驳船编成一定队形，一般是纵列，用拖轮拖带行驶，可以有比船舶载乘运输运量大的优点，求得合理化。

（3）顶推法。

顶推法是我国内河货运经常采取的一种有效方法。其做法是将内河船舶编成一定队形，由机动船顶推前进。优点是航行阻力小，顶推量大，速度较快，运输成本很低。

（4）汽车列车。

汽车列车的原理与船舶拖带、火车加挂基本相同，都是在充分利用动力能力的基础上，增加运输能力。和单车相比，汽车列车可以采用甩挂的办法提高效率、降低油耗。根据测定，在汽车列车中，半挂汽车列车比全挂汽车列车更为优越。

（5）选择大吨位汽车。

在运量比较大的路线上，采用大吨位汽车进行运输比小吨位汽车进行运输有更大

的节约。例如，美国货运汽车平均吨位为12.5吨，每百吨公里油耗为3.01升；我国平均载重吨位为4.6吨，每百吨公里油耗为8升。

（三）发展直达运输

直达运输是追求运输合理化的重要形式，其要点是通过减少中转过载和换载，从而提高运输速度，省去装卸费用，降低中转货损。直达运输的优势在一次运输批量和用户一次需求量达到一整车时表现最为突出。

（四）配载运输

配载运输是充分利用运输工具载重量和容积，合理安放装载的货物及载运方法以求得合理化的一种运输方式。配载运输也是提高运输工具实载率的一种有效形式。

配载运输往往是轻重商品的混合配载，在以重质货物运输为主的情况下，同时搭载一些轻质货物，如运输海运矿石、黄沙等重质货物时在仓面捎运木材、毛竹等；通过铁路运输矿石、钢材等重物时上面搭运轻质农副产品等，可在基本不增加运力投入的情况下，既不减少重质货物的运输，又解决了轻质货物的搭运，效果显著。

（五）开展中短距离铁路公路分流的“以公代铁”的运输

这一措施的要点是，在公路运输经济里程范围内，或经过论证的虽超出通常平均经济里程但仍有成本效益的范围，尽量利用公路。这种运输合理化的表现主要有两点：

（1）对于比较紧张的铁路运输，用公路分流后可以一定程度上缓解紧张度，加大这一区段的运输通过能力。

（2）充分利用公路门到门运输和在中途运输中速度快且灵活机动的优势，实现铁路运输服务难以达到的服务水平。

我国的“以公代铁”运输在杂货、日用百货运输以及煤炭运输中较为普遍，距离一般在200公里以内，有时可达700～1 000公里。经过技术经济论证，山西煤炭用公路代替铁路运至河北、天津、北京等地是合理的。

（六）“四就”直拨运输

“四就”直拨运输是减少中转运输环节，力求以最少的中转次数完成运输任务的一种形式。批量到站或者到港的货物，一般先要进分配部门或批发部门的仓库，再按程序分销给用户。这样一来，往往会出现不合理运输。“四就”直拨运输，首先是由管理机构预先筹划，然后就厂或者就车站（码头）、就仓库、就车（船）将货物分送给用户，而无须入库。“四就”直拨包括就厂直拨、就车站直拨、就仓库直拨、就车船直拨，如表3-1所示。

表3-1　物流运输“四就”直拨的具体形式

主要形式	含义	具体形式
就厂直拨	物流部门从工厂收购产品，在经过验收后，不经过中间仓库和不必要的转运环节，直接调给销售部门或直接送到车站码头运往目的地的方式	厂际直拨 厂店直拨 厂批直拨 用工厂专用线、码头直接发运

续前表

主要形式	含义	具体形式
就车站直拨	物流部门对外地到达车站的货物，在交通运输部门允许占用货位的时间内，经交接验收后，直接分拨或运送给各销售部门	直接运往市内各销售部门 直接运往外埠要货单位
就仓库直拨	在货物发货时越过逐级的层层调拨，省略不必要的中间环节，直接从仓库拨给销售部门	对需要储存保管的货物就仓库直拨 对需要更新库存的货物就仓库直拨 对常年生产、常年销售货物就仓库直拨 对季节性生产、常年代销货物就仓库直拨
就车船直拨	对外地用车、船运来的货物，经交接验收后，不在码头或车站停放，不入库保管，随即通过相关运输工作换装直接运至销售部门	就火车直装汽车 就船直装火车或汽车 就大船过驳小船

（七）发展特殊运输技术和运输工具

科技进步是运输合理化的重要途径。例如，专用散装车及罐车解决了粉状、液状货物运输损耗大、安全性差等问题；袋鼠式车皮、大型半挂车解决了大型设备整体运输问题；滚装船解决了车载货的运输问题。集装箱船能比一般船舶容纳更多的箱体，集装箱高速直达车船提高运输速度，等等，都是通过采用先进的科学技术实现的。

（八）通过流通加工使运输合理化

由于产品本身形态及特性问题，有不少产品很难实现运输的合理化，但这些产品如果经过适当加工，就能够有效解决合理运输问题。例如，将造纸材料在产地预先加工成纸浆，干燥后压缩体积运输，就能解决造纸材料运输不满载的问题。将轻质产品预先捆紧并按规定尺寸包装，装车时就可以提高装载量；水产品及肉类预先冷冻可提高车辆装载率并降低运输损耗。

另外，还要充分发挥各种运输工具的作用，形成社会化的运输体系，进一步提高各种运输工具的功效。

第 4 节　运输决策

一、运输方式决策

（一）运输方式选择的影响因素

选择适当的运输方式是物流合理化的一个重要方面。在选择运输方式时，可以具体条件为基础，参考不同运输方式的不同营运特性进行最佳选择。影响运输方式选择的因素如下。

1. 货物的特性

货物的价值、形状、单位重量、危险性、变质性等是影响运输方式选择的重要因素。一般来说，大批量的货物、价格低廉或容积庞大的货物适合铁路或水路运输；重量轻、容积小、价值高的货物适合航空运输；中短距离适用公路运输。

2. 运输时间

运输时间是指各运输方式的货物运达期限，应根据交货日期从运输的速度和可靠性来考虑，以保证符合运输时限。可以按照各运输工具的速度编组来安排日程，加上它的两端及中转的作业时间，就可以计算出所需的运输时间。如果交货时间紧张，则应选择期限短的运输方式，否则应选择安全性高、运输费用低的运输方式。一般情况下，运输时间由快到慢依次是航空运输、汽车运输、铁路运输、水路运输。

3. 运输总成本

运输总成本是指为在两个地理位置间的运输所支付的费用以及与运输管理、维持运输中存货有关的总费用。运输成本因货物的种类、重量、容积、运距等的差异而有所不同。货物运输总成本不仅包括运输工具的运输费用，还包括运输管理费用，维持运输中的包装、保管、库存、装卸以及保险费用。不能只考虑运输费用来决定运输方式，还要注意运输费用与物流体系中的其他系统之间的利弊关系，在对全部总成本及其构成比重进行全面考虑后决定。

4. 运输距离

运输距离一般情况下可依照以下原则确定：300公里以内用汽车运输；300～500公里用铁路运输；500公里以上用船舶运输，在没有水路的情况下，500公里以上的货物用铁路运输比较经济。在实际选择运输方式时，还要考虑其他情况。

5. 运输批量

为降低大批量运输的成本，尽可能使商品集中到最终消费者附近，并选择合适的运输工具进行运输。一般来说，20吨以下的货物用汽车运输；20吨以上的货物用铁路运输；数百吨以上的原材料之类的货物，如有水路可用，应选择船舶运输。

6. 其他影响因素

除了上述因素，经济环境或社会环境的变化也制约着托运人对运输方式的选择。例如，随着物流量的增大，噪声、大气污染、海洋污染、事故频发等日益成为社会问题，政府为解决这些问题出台了法律法规，管制日益严格：对公路运输超限超载加以规制；对航空、水路、铁路、公路运输中各种货物有不同规定；为防止交通公害问题对税金、使用费等加以规定，等等。

（二）运输方式选择的定性分析法

1. 单一运输方式的选择

单一运输方式的选择是指只选择一种运输方式提供运输服务。公路、铁路、水路、航空和管道五种基本运输方式各有优点和不足。在实际运输中，可以根据五种基本运输方式的特点结合实际运输需求进行恰当的选择。

2. 多式联运的选择

多式联运是指选择两种以上的运输方式联合起来提供运输服务。多式联运的主要特点是可以在不同运输方式间自由变换运输工具，以最合理、最有效的方式完成货物的运输。在实际运输中，铁路与公路联运、公路或水路与铁路联运、航空与公路联运应用较广泛。

铁路与公路联运即公铁联运，也称驮背运输，综合了卡车运输灵活方便与铁路运输长距离、经济、准时的优势。公路或铁路与水路联运，也称鱼背运输，其最大优势是运量大、运费低。航空与公路联运可将航空运输的快捷和公路运输的灵活方便等优势融合到一起。具体选择哪种联运方式要根据影响运输方式选择的因素综合确定。

(三) 运输方式选择的定量分析法

1. 成本比较法

不同的运输方式有不同的运输成本。我们可以通过比较运输服务成本与提供某一运输服务水平产生的相关间接库存成本之间的平衡度选择运输方式。运输的速度和可靠性会影响托运人和买方的库存水平以及在途库存水平。如果选择速度慢、可靠性差的运输服务，物流渠道中就需要有更多的库存。这时，库存增多使成本升高，抵消了运输服务成本的降低。因此，最佳的运输服务方案是既能满足客户的需要，又能使总成本最低。

例如，某公司欲将产品从甲厂运往乙公司的仓库，年运量 D 为 700 000 件，每件产品的价格 C 为 30 元，每年的存货成本率 I 为产品价格的 30%，各种运输方式的有关参数如表 3-2 所示。

表 3-2 运输服务参数

运输方式	运输费率 (R) (元/件)	运输时间 (T) (天)	平均存货量 (Q) (件)
铁路运输	0.10	21	100 000
驮背运输	0.15	14	50 000×**0.93**
公路运输	0.20	5	50 000×**0.84**
航空运输	1.40	2	25 000×**0.80**

注：平均存货量栏中的黑体数字表示年批发量增加使存货量减少的系数。

在途存货的年存货成本为 $ICDT/365$，两端储存点的存货成本各为 $ICQ/2$，但其中的 C 值有差别，工厂储存点的 C 值为产品的价格，购买储存点的 C 值为产品价格和运费率之和。

运输服务方案成本比较结果如表 3-3 所示。

表 3-3 运输服务方案成本比较表 单位：元

成本类型	计算方法	运输方式			
		铁路运输	驮背运输	公路运输	航空运输
运输费用	RD	70 000	105 000	140 000	980 000
在途存货	$ICDT/365$	362 466	241 644	86 301	34 521
工厂存货	$ICQ/2$	450 000	209 250	189 000	90 000
他库存货	$I(C+R)Q/2$	451 500	210 296	190 260	94 200
总成本		1 333 966	766 190	605 561	1 198 721

由表 3-3 的结果可知，在四种运输方式中，公路运输总成本最低，因此应选择公路运输。

2. 综合评价选择法

综合评价选择法是指根据影响运输方式选择的四个因素——经济性、快速性、安全性和便利性进行综合评价，然后根据评价结果确定运输方式。

使用这种方法时，用 f_1，f_2，f_3，f_4 分别表示影响运输方式选择的四个因素值，即运输方式的经济性、快速性、安全性和便利性。由于货物的形状、价格、交货日期、运输批量和收货单位不同，四个因素的影响也各不相同。因此，可以对它们赋予不同的权重加以区别。若用 k_1，k_2，k_3，k_4 分别表示权重，则运输方式的综合评价值表示为：

$$f=k_1f_1+k_2f_2+k_3f_3+k_4f_4$$

如果用 $f(x_1)$，$f(x_2)$，$f(x_3)$，$f(x_4)$ 分别表示公路运输、铁路运输、水路运输、航空运输，则四种运输方式的综合评价值分别为：

$$f(x_1)=k_1f_1(x_1)+k_2f_2(x_1)+k_3f_3(x_1)+k_4f_4(x_1)$$
$$f(x_2)=k_1f_1(x_2)+k_2f_2(x_2)+k_3f_3(x_2)+k_4f_4(x_2)$$
$$f(x_3)=k_1f_1(x_3)+k_2f_2(x_3)+k_3f_3(x_3)+k_4f_4(x_3)$$
$$f(x_4)=k_1f_1(x_4)+k_2f_2(x_4)+k_3f_3(x_4)+k_4f_4(x_4)$$

比较 $f(x_1)$，$f(x_2)$，$f(x_3)$，$f(x_4)$，评价值最大的运输方式为合理的选择。

二、运输路线决策

运输路线的确定是运输决策的一个重要方面。正确地确定运输路线可以降低运输成本，提高运输设备的利用率，同时提高服务水平。

（一）运输路线的类型

在运输过程中，车辆按预定计划在道路上的行驶路线，即是车辆运输路线。从不同的角度车辆运输路线可划分为不同的类型。

1. 按出发地和目的地数目划分

（1）单一出发地和单一目的地运输路线。

独立的单一出发地和单一目的地的车辆路线问题可以视为网络规划问题，可用运筹学的方法来解决，其中最简单直接的是最短路线法。

（2）多起点、多终点运输路线。

实际运输中常常会碰到由多个供应商供给多个工厂，或者把不同工厂生产的同一产品分配到不同客户的问题，如果各供货地能够满足的需求数量有限，则问题会更复杂。解决这类问题可以运用特殊的线性规划算法即运输方法问题求解。

（3）起点和终点为同一地点运输路线。

用自有车辆运输时，车辆往往要回到起点。比较常见的情况是，车辆从物流中心出发到不同的配送点送货然后回到物流中心。要解决这类问题，需要找到一个走遍所有地点的最佳顺序，以实现运行时间或距离最小化。起点和终点相合的路线选择问题通常称为旅行推销员问题，这类问题没有固定的解题思路，通常是根据实际情况的不同结合经验寻找适用的方法。

2. 按运输路线的几何形状划分

（1）往复式运输路线。

往复式运输路线是指车辆在两个装卸作业点之间做一次或多次重复运输的行驶路

线。根据汽车往复运输时的载运情况，这种运输路线可分为单程有载往复式、回程部分有载往复式和双程有载往复式三种。其中，双程有载往复式路线的里程利用率最高，而单程有载往复式路线里程利用率最低，所以在实际的运输组织工作中应尽量避免单程有载往复式运输路线。

（2）环形式运输路线。

环形式运输路线是指车辆在由若干个装卸作业点组成的封闭回路上，做连续单向运行的行驶路线。这种行驶路线主要有三种形式：简单环形式、交叉线三角形式和复合环形式。当车辆在环形式运输路线上进行运输活动时应使车辆空驶行程之和小于有载行程之和，这种最大限度地组织车辆有载运行的方式即为循环运输。

（3）汇集式运输路线。

汇集式运输路线是指车辆沿分布于运行路线上的各装卸作业点依次完成相应的装卸作业，且每运次的货物装卸量均小于该车核定载重量，直到整个车辆装满（卸空）后返回起点的行驶路线。这种路线主要有三种形式：分送式、收集式和分送收集式。安排车辆在汇集式运输路线上进行运输活动时，其组织工作较为复杂，但有利于做到“取货上门，送货到家”，为货主提供良好的服务。这种路线在配送运输中应用广泛。汇集式运输路线的形状有环形、直线形等，在汇集式运输路线上进行运输生产活动时，通常以车辆每次周转作为研究对象并加以组织。汇集式运输路线的选择以运输费用最低为原则。

（二）运输路线选择的目标

运输路线选择的目标就是运输路线合理化。运输路线合理化就是按照货物流通规律组织货物运输，力求用最少的劳动消耗获得最高的经济效益，即在完成货运任务、满足客户需求的前提下，使货物运输经过最短里程、最少的环节，时间最快，成本最低。运输路线合理化是物流中心进行运输管理最基本的要求，合理化的运输路线可以节省动力、缩短时间，最终表现为节约运输成本和提高运输质量，增强物流中心的竞争优势。在确定运输路线选择的目标时，可根据物流中心的具体情况，选择具体目标。

1. 效益最高或成本最低

实现利润最大化或成本最小化是所有企业都追求的，因此，效益最高或成本最低也是运输线路选择时常用的一个目标。

2. 里程最短

车辆在运输网点间的运输路线短有助于提高运送速度和降低运输费用。如果运输成本与运输里程相关性较强，而与其他因素相关性较弱，运输里程最短的实质就是运输成本最低，则可考虑以运输里程最短为目标。当运输成本不能通过运输里程反映，如道路收费、运行条件严重影响成本时，仅以里程最短作为目标就不适宜。

3. 配送服务水准最优

如果准时配送成为首要要求，或需要牺牲成本来确保服务水平时，应以服务水准为首选目标。成本的损失可以从其他方面弥补，如提供优质服务可以收取较高的价格。

4. 运输周转次数最少

在完成货物运输任务的前提下，运输周转次数越少，运输费用可能越低。

本章小结

本章主要介绍了运输的基本概念、功能、分类以及基本原理；现代运输方式主要包括的公路运输、铁路运输、水路运输、航空运输及管道运输，以及各自的定义、优缺点、适用范围等；不合理运输的表现形式，以及运输合理化的概念和措施；运输方式决策和运输路线决策。

思考题

1. 运输的功能包括哪些内容？
2. 现代运输的主要方式有哪些？
3. 铁路运输的优缺点是什么？
4. 不合理运输的表现形式具体包括哪些？
5. 实现运输合理化的措施有哪些？
6. 运输路线选择的目标有哪些？

第 4 章

配送管理

学习目标

- 掌握配送的概念和特点
- 了解配送的功能和分类
- 理解配送的要素与模式
- 理解配送中心的功能和基本作业
- 了解配送中心的运作流程
- 掌握配送合理化的措施
- 掌握配送计划的制定方法

导引案例

全球最大的连锁便利店 7－11 在中国广东省的总店数达到 127 家，其中广州 91 家，深圳 36 家。在便利店数量扩张的同时，7－11 先进的物流管理系统也扩大了运作范围，为 7－11 带来了另一个利润增长点。

1. 物流路径集约化

对零售业而言，中国目前的物流服务水准在短期内主要是由处于上游的商品生产商和经销商来决定的，要改变它们的经营意识和方法无疑要比企业自身的变革困难、复杂并且漫长。这种情况与当初 7－11 在日本构筑物流体系时所处的环境类似。为此，7－11 改变了以往由多家特约批发商分别向店铺配送的物流经营方式，采用窗口批发制，由各地区的指定批发商统一收集该地区各生产厂家生产的同类产品，并向所辖区内的店铺实行集中配送。

2. 设立区域配送中心

对于盒饭、牛奶等每日配送的商品，各指定的窗口批发商向各店铺配送的费用依然很高。为此，7－11 开始将物流路径集约化转变为物流共同配送系统，即按照不同的地区和商品群划分，组成共同配送中心，由该中心统一集货，再向各店铺配送。地区划分一般是在中心城市商圈附近 35 公里，其他地方市场为方圆 60 公里，各地区设立一个共同配送中心，以实现高频度、多品种、小批量配送。实施共同物流后，其店铺每日接待的运输车辆从70多辆下降为12辆。此外，这种做法可以使共同配送中心充分获得商品销售、在途和库存的信息，7-11从而逐渐掌握了整个产业链的主导权。在连锁业价格竞争日渐激烈的情况下，7-11通过降低成本，为整体利润的提升争取了相当大的空间。

3. 度身打造物流体系

当然，经营规模的扩大以及集中化物流体制的确立虽然由7-11主导，但物流体系的建设却是由合作生产商和经销商根据7-11的网点扩张及其独特的业务流程与技术量身打造的。这些技术包括订发货在线网络、数码分拣技术、进货车辆标准化系统及专用物流条形码技术等。

4. 按分钟计算设置配送流程

从一个配送小组的物流活动时间看，一个店铺的备货时间大约为65秒，货物搬运时间5～6分钟。从店头分拣到结束需要15分钟，全部店铺整个物流活动时间大约4小时（不算货车在配送中心停留等待出发的时间）。货车一般在配送中心停留一晚，第二天早上4点半到5点半，根据从远到近的原则配送到各店。最早到店的货车时间应该是早上6点，运行无误的话，店铺之间的运行为15分钟，加上15分钟的停留时间，每个店铺商品配送需要的时间为半个小时。最迟在上午9点半或10点半，完成所有店铺的商品配送任务。

现在，7-11已经实现一日三次配送。其中包括一次特别配送，即当预计到第二天会发生天气变化时对追加商品进行配送。这些措施使7-11能及时向其所有店铺提供高鲜度、高附加值的产品，使消费者能更便利地购买到新鲜的食品，实现了与其他便利店的经营差异化。

资料来源：7-11便利店的物流配送管理. http//www.ceconlinebbs.com/FORUM_POST_900001_900006_897505_0.HTM.

第1节 配送概述

一、配送的概念

在《中华人民共和国国家标准物流术语》中，对配送的定义是：在经济合理区域范围内，根据客户要求，对物品进行拣选、加工、包装、分割、组配等作业，并按时送达指定地点的物流活动。

配送不能简单地理解为交货、运送。与配送相近的词汇有分送、投送、输送、供应、供给、发放等，从配送的实际形态来看，这些词汇都不能对配送给出满意的标注。

从配送活动的实施过程来看，配送包括两个方面的活动：“配”是对货物进行集中、分拣和组配，“送”是以各种不同的方式将货物送达指定地点或用户手中。配送有以下特点。

第一，配送不是一般概念的送货，也不是生产企业推销产品时直接从事的销售性送货，而是从物流节点至用户的一种特殊送货形式。从送货的功能看，其特殊性表现在：

（1）从事送货的是专职流通企业，而不是生产企业；

（2）配送是中转型送货，而传统意义上的送货，尤其是从工厂至用户的送货往往是直达型；

（3）一般送货是生产企业生产什么就送什么，有什么就送什么，而配送则是需要什么送什么，以用户为驱动源。

第二，配送不是一般的运输和输送，而是运输与其他活动共同构成的结合体。虽然配送活动离不开运输，但在整个运输过程中它处于“二次运输”“支线运输”“末端运输”的位置，即是最终资源配置，是接近顾客的配置，是从物流节点至用户的终端运输。

第三，配送不是供应和供给，它不是广义概念的组织资源订货、签约、进货、结算及对物资处理分配的供应，而是以供应者送货到用户的形式进行供应。从服务方式看，配送是一种门到门的服务，可以将货物从物流节点一直送到用户的仓库、营业现场、车间乃至生产线的起点。

第四，配送不是消极的送货发货，而是在全面配货的基础上，充分按照用户的要求进行服务，它将“配”和“送”有机地结合起来，完全按照用户要求的数量、种类、时间等进行分货、配货、配装等工作。

第五，配送是一项有计划的活动。配送根据客户的需要以及从事配送的企业的能力，有计划地进行送货。

二、配送的功能

在发达国家，配送是企业经营活动的重要组成部分，对优化经济结构、节约社会劳动及充分发挥物流功能起到了巨大的作用。配送的功能具体表现在：

（一）有利于物流运动实现合理化

配送不仅能够促进流通专业化、社会化，更重要的是，能以其特有的运动形态和优势调整流通结构，使物流活动达到规模经济，并以规模优势实现较低的运输成本，还减少了车辆的空驶，提高了运输效率和经济效益，并减少空气污染。

（二）完善运输和整个物流系统

20世纪下半叶以来，由于科学技术的进步和运输工具的改进，干线运输在多种运输方式中都达到较高的水平，长距离、大批量的运输实现了低成本化。但是，在干线运输完成之后需要支线运输和小型搬运来完成末端运输，这种支线运输及小型搬运成了物流过程的一个薄弱环节。采用配送方式，可以将支线运输和小型搬运活动统一起来，发挥灵活性、适应性和服务性，使运输过程得到进一步优化和完善。

（三）提高末端物流的效益

配送方式通过增大经济批量来实现经济地进货，同时通过将各种商品的用户集中在一起统一进行发货，代替分别向不同用户小批量发货，实现经济地发货，使末端物流经济效益得到提高。

（四）通过集中库存使企业实现低库存或零库存

准时制配送方式使生产企业可以依靠配送中心的准时配送进行准时化生产而无须保持自己的库存或仅需少量的库存。这样生产企业就可以实现“零库存”，极大地降低库存占用资金，从而改善企业的财务状况。实行集中库存后，库存总量会大大地低于各企业的分散库存之总量，同时也增加了调节能力，提高了社会经济效益。此外，集中库存还可以发挥规模经济优势，使单位存货成本下降。

（五）简化事务，方便用户

通过配送，用户只需向一处提出订货就能达到向多处采购的目的，因而极大地减少了工作量和负担，也节省了订货等一系列事务的开支。

（六）提高供应保证程度

生产企业自己保持库存来维持生产时，由于受库存费用的制约，提高供应的保证程度很难，保证供应和降低库存成本存在二律背反问题。若采取配送方式，由于配送中心的集中存货可以调节企业间的供需关系，同时库存量更大，可降低企业因断货、缺货影响生产的风险。

（七）为电子商务的发展提供基础和支持

电子商务的发展需要具备两个重要的条件：一是货款的支付；二是货物的配送。网上购物无论如何方便快捷或减少流通环节，都不能缺少货物配送，如配送服务不能相匹配，网上购物就不能发挥其方便快捷的优势。

三、配送的分类

（一）按配送组织者分类

1. 商店配送

商店配送是指配送组织者是商业零售网点的配送。这些网点主要承担商品的零售业务，规模一般不大，但经营品种较齐全。除日常零售业务，还可根据客户的要求将商店经营的品种配齐，或代客户订购一些本商店平时不经营的商品，然后和商店经营的品种一起配送给客户。这种配送组织者实力有限，往往只是小量、零星商品的配送。由于所配送的商品种类繁多，客户需用量不大，而且有些商品只是偶尔需要，很难与大配送中心建立计划配送关系，所以宜利用小零售网点从事此项工作。商业零售网点数量较多，配送距离较短，所以比较灵活机动，可承担生产企业非主要生产物资的配送以及对个人客户的配送。

商店配送有两种形式。

（1）兼营配送形式。

这种形式指商店在进行一般销售的同时兼具配送的职能。商店的备货可用于日常销售及配送，因此有较强的机动性，可以将日常销售与配送相结合，互相补充。这种形式在一定条件下可实现更多的销售额。

（2）专营配送形式。

这种形式指商店不进行销售而专门进行配送。在商店位置条件不好，不适合零售，又有某方面的经营优势及渠道优势时，可采取这种方式。

2. 配送中心配送

配送中心配送是指配送组织者是专职从事配送的配送中心。这种配送中心专业性强，与客户有固定的配送关系，一般实行计划配送。需配送的商品通常有一定的库存量，一般情况下很少超出配送中心的经营范围。配送中心的设施及工艺流程是根据配送需要专门设计的，配送能力强、配送距离较长、配送品种多、配送数量大，可以承担企业主要物资的配送及补充性配送等。

配送中心配送覆盖面较宽，是一种大规模的配送形式，需要有配套的大规模配送设施，如配送中心建筑、车辆、路线等，一旦建成很难改变，灵活机动性较差，投资较大。因此，这种配送形式有一定局限性。

3. 仓库配送

仓库配送是以一般仓库为节点进行配送的形式。可以是将仓库彻底改造成配送中心，也可以是以仓库原功能为主，增加一部分配送职能。由于仓库不是按配送中心要求专门设计和建立的，所以，仓库配送规模较小，配送的专业化程度较差，但仍可以充分利用原仓库的储存设施及能力、收发货场地、交通运输线路等，是开展中等规模的配送可选择的形式，也不需要大量投资。

4. 生产企业配送

生产企业配送的组织者是生产企业，尤其是进行多品种生产的生产企业。在运作时，直接由生产企业进行配送而无须将产品发运到配送中心再进行配送。由于生产企业配送避免了一次物流中转，所以有一定优势，在地域性较强的产品生产企业中应用较多。就地生产、就地消费的食品、饮料、百货等，某些不适于中转的化工产品及地方建材等都可采取这种方式。

（二）按配送对象的种类和数量分类

1. 少品种或单品种、大批量配送

当客户所需的商品品种较少，或对某个品种的商品需求量较大、较稳定时，可采用此种配送。这种配送由于数量大，不必与其他商品配装，即可使用整车运输。这种形式多由生产企业或专业性很强的配送中心直送客户。由于配送量大、品种单一或较少，可提高车辆利用率，而且配送中心内部的组织工作也较简单，故配送成本一般较低。

2. 多品种、少批量、多批次配送

在现代生产过程中，客户的需求在不断变化，市场的供求状况也随之变化，这就促使生产企业的生产朝多样化方向发展。生产的变化引起了企业对原材料需求的变化，企业在配送上也需按照客户的要求，随时改变配送品种、数量或增加配送次数。由此，就形成了多品种、少批量、多批次的一种配送形式。

多品种、少批量、多批次配送是按客户要求，将所需的各种商品配备齐全，凑整装车后由配送节点送达客户。这种配送作业要求较高的服务水平、使用设备较复杂、计划难度大，需要有高水平的组织工作来保证和配合。这种高水平、高技术的配送方式符合现代“消费多样化”“需求多样化”的新观念。

3. 设备成套、配套配送

设备成套、配套配送是为满足企业的生产需要，按其生产进度，将装配的各种零配件、部件、成套设备定时送达生产线进行组装的一种配送形式。这种配送方式完成了生产企业的大部分供给工作，使生产企业能够致力于生产，与多品种、少批量、多批次配送的效果相同。

（三）按配送时间和数量分类

1. 定量配送

定量配送是指每次按固定的数量（包括商品的品种）在指定的时间范围内进行配送。它的计划性强，每次配送的品种和数量固定，备货工作简单。由于可以按托盘、集装箱及车辆的装载能力规定配送，因此定量配送方式能有效利用托盘、集装箱等集装方式，配送效率较高，成本较低。由于时间不是严格限定的，配送时可以将不同客户所需商品凑整车后配送，从而提高车辆利用率，而客户每次接货都处理同等数量的货物，也有利于其人力、物力的准备。

2. 定时配送

定时配送是指按规定的时间间隔进行配送，如数天或数小时一次，每次配送的品种和数量均可按计划执行，或者按事先商定的联络方式下达配送通知，按客户要求的品种、数量和时间进行配送。这种方式由于时间固定，所以易于安排工作计划，客户也易于安排接货。但是，由于备货的要求下达较晚，配货和配装难度较大，在配送数量变化较大时，会使配送计划安排出现问题。

3. 定时定量配送

定时定量配送是指按规定时间和规定的商品品种及数量进行配送。它结合了定时配送和定量配送的特点，服务质量水平较高，但组织工作难度很大，通常只针对固定客户提供这项服务。

4. 定时定量定点配送

定时定量定点配送是指按照确定的周期、确定的商品品种和数量、确定的客户进行配送。这种配送方式一般事先由配送中心与客户签订协议，双方严格按协议执行。它有利于保证重点需要并降低企业库存，主要适用于重点企业和重点项目。

5. 定时定线配送

定时定线配送是指在规定的运行路线上制定到达时间表，按运行时间表进行配送，客户可按规定路线及规定时间接货。这种配送方式有利于安排车辆及驾驶人员，在配送客户较多的地区，配送工作组织相对容易。客户既可选择一定路线和一定时间，又可有计划地安排接货力量，如连锁商品配送活动可以采用这种方式。

6. 即时配送

即时配送即随要随送，按照客户提出的时间和商品品种、数量的要求，随时进行配送。这种方式是以某天的任务为目标，在充分掌握了这一天有需要的客户、客户的需要量及种类的前提下，及时安排最优的配送路线并安排相应的配送车辆进行配送。它能做到每天的配送都实现最优安排，因而是水平较高的配送方式。这种方式适合零星商品、临时需要商品或急需商品的配送。

采用即时配送方式时，可以在初期按预测的结果制定计划，以便统筹安排某一时期的任务，并准备相应的力量。实际的配送实施计划可在配送前一两天根据任务书制定。

（四）按配送的组织形态分类

1. 自营配送

自营配送是指由厂商（一般是生产商）自营配送中心，将物品送到各个用户，如图 4－1 所示。

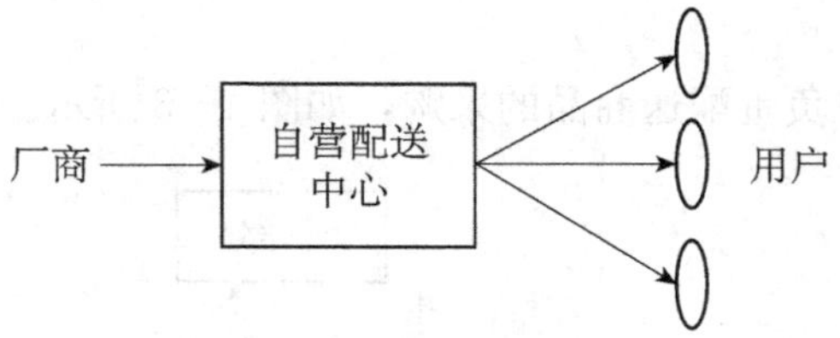

图 4－1　自营配送

2. 共同配送

共同配送是指生产、批发或零售连锁企业共同参与，由一家配送中心承担它们的配送作业的配送行为，如多家公司将各自的商品汇总装在同一辆卡车上，共同进行配送工作。由于配送是共同化的，所以这种方式可以提高配送车辆的利用率，从而降低物流成本，增加企业的经济效益。共同配送是发达国家广泛使用的一种配送方式。

3. 代理配送

代理配送是指交易双方将物流进行外包，由第三方物流服务企业承担货物的运输、仓储和配送的配送方式。社会物流服务企业依靠自身的专业优势、规模优势和信息优势为供需双方提供及时、准确、快速的门到门、门到库、门到点的配送服务，并附加包装或流通加工等增值服务，为企业快速响应市场变化创造有利的条件。例如，美国联合包裹运送服务公司（UPS）和美国 USCO 物流公司是北美较大的两家专业物流公司，公司内部有专业的医疗药品供应链，负责代理大型医药批发商向医院、诊所、研究所、公司、政府机构、零售药店等用户提供药品配送服务。

（五）按配送的经营权限分类

1. 物流模式的配送

物流模式的配送只进行物流作业，商品经营决策或者说商流的任务由相关部门来完成，如在实施自营配送的连锁企业，商流工作由连锁总部的商品部负责，配送中心只负责根据总部发来的进货和配送指令进行相关物流作业，如图 4－2 所示。

2. 授权模式的配送

授权模式的配送指一些企业或连锁企业总部将商品采购权及定价权授予配送中心，企业或连锁总部则保留商品组合、批发销售以及业务监管的权利。配送中心既负

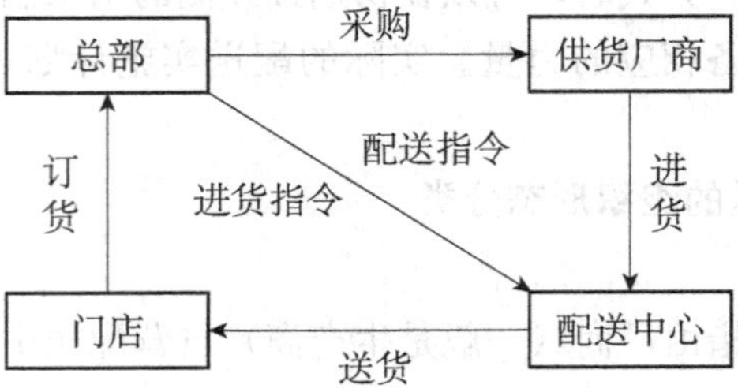

图 4-2 物流模式的配送

责商品配送，也负责配送商品的采购，如图 4-3 所示。

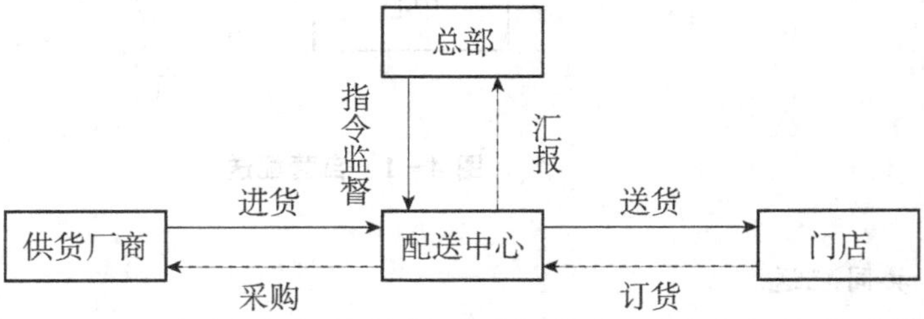

图 4-3 授权模式的配送

3. 配销模式的配送

配销模式的配送是指既负责商品采购，也可以向用户直接批发销售商品的配送。配销模式的配送中心一般也是相对独立的利润中心，如图 4-4 所示。

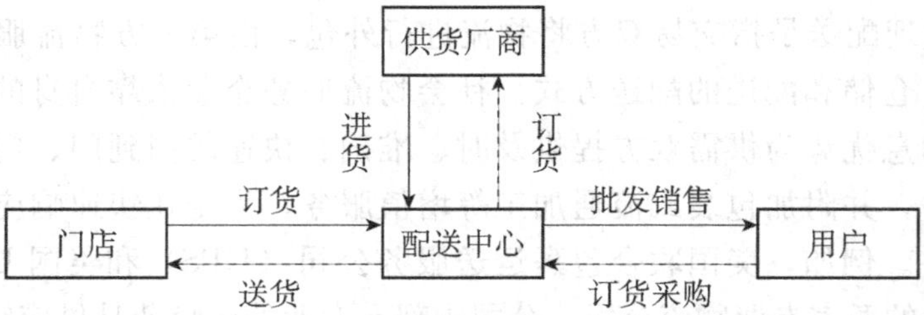

图 4-4 配销模式的配送

（六）按配送的功能分类

1. 转送模式的配送

转送模式的配送主要功能是中转，不具有商品保管、在库管理等功能，主要进行商品的周转、分拣等作业。采用这种模式的配送中心通常称为转送中心，一般与供货商关系密切，货源充足，商品在配送中心的储存时间较短，储存量也很少。

2. 分销模式的配送

分销模式的配送拥有商品保管、在库管理等功能，同时又进行商品周转、分拣和配送业务。采用这种模式的配送中心通常称为分销中心，一般设立在口岸或中心城市，以便对腹地和周边进行分拨或分销。

3. 储存模式的配送

储存模式的配送兼有储存和配送双重功能，以商品的储存、保管功能为主，商品在配送中心的储存时间比转送模式要长。采用这种模式的配送中心通常称为储存中心。此类配送中心拥有较大规模的仓储设施，具有强大的储存功能，可以把零售店铺的商品储存时间和空间缩减至最低限度。

4. 加工模式的配送

加工模式的配送将大批采购的半成品（多为生鲜食品）进行加工、解冻、分割、包装，然后分送各分店或用户。这种配送方式较适合超市生鲜食品部。采用这种模式的配送中心通常称为流通加工中心。此类配送中心的主要功能是对产品进行清洗、整理、包装、再生产，以保证其上市即可出售并消费。

（七）按配送专业化程度分类

1. 综合配送

综合配送是指配送商品种类较多，不同专业领域的产品在同一个配送节点组织对客户的配送。它可以减少客户为组织所需全部商品进货的负担，而只需通过和少数配送企业联系便可解决多种需求的配送问题。因此，它是对客户服务能力较强的配送方式。

由于产品性能、形状差别很大，在组织综合配送时技术难度较大，因此，一般只是在形状相同或相近的不同类产品方面实行综合配送，差别过大的产品难以实现综合配送。

2. 专业配送

专业配送是指按产品形状不同适当划分专业领域的配送方式。专业配送并非越细分越好，实际上在同一形状而类别不同的产品方面也具有一定的综合性。专业配送可按专业的共同要求优化配送设施、优选配送机械及配送车辆、制定适应性强的工艺流程，从而大大提高各配送环节的工作效率。

四、配送的要素

集货、分拣、配货、配装、配送运输、送达服务以及配送加工等是配送最基本的构成要素。

1. 集货

集货是指将各个用户所需要的各种物品按需要的品种、规格、数量，从仓库的各个货位拣选集中起来，以便进行装车配送。

2. 分拣

分拣是指将集货形成的集中物品按运输车辆（每辆车都代表一定的运输路线，装载这条路线上各个用户所需要的各种物品）分开来，分别堆放到指定的装卸点。分拣可以提高送货服务水平。

3. 配货

配货是指将各个配送车辆所要配送的各个客户所需要的各种货品，按用户需要的品种规格、按车辆的装载容量组配起来，以便装载和配送运输。集货、分拣实际上包含了配货活动。

4. 配装

配装是指在单个客户配送数量不能达到车辆的有效运载负荷时，就存在如何集中不同客户的配送货物，进行搭配装载以充分利用运能运力的问题，这就需要配装。配装跟一般送货的不同之处在于，通过配装送货可以大大提高送货水平，并降低送货成本，所以配装是现代配送不同于以往送货的重要区别之一。

5. 配送运输

配送运输是较短距离、较小规模、额度较高的运输形式，一般使用汽车作为运输工具。配送运输的路线选择问题是一般干线运输所没有的，干线运输的干线是唯一的运输线，而配送运输由于配送客户多，城市交通路线一般又较复杂，所以组合成最佳路线以使配装和路线有效搭配等是配送运输的特点。

6. 送达服务

圆满地实现货物的移交，并有效、方便地处理相关手续和完成结算，还应讲究卸货地点、卸货方式等。送达服务也是配送独有的特性。

7. 配送加工

配送加工是按照配送客户的要求进行的流通加工。在配送中，配送加工这一功能要素不具有普遍性，但往往是有重要作用的功能要素。这是因为配送加工可以大大提高客户的满意度。配送加工是流通加工的一种，但配送加工不同于流通加工，因为配送加工一般只取决于客户要求，其加工目的较为单一。

五、配送模式

配送模式是企业对配送所采取的基本战略和方法。根据国内外的发展经验及我国的配送理论与实践，主要介绍以下四种配送模式。

（一）自营配送模式

自营配送模式是指企业物流配送的各个环节由企业自身筹建并组织管理，实现对企业内部及外部货物配送的模式。这种模式有利于企业供应、生产和销售的一体化作业，系统化程度相对较高，既可满足企业内部原材料、半成品及成品的配送需要，又可满足企业对外进行市场拓展的需求。但是这种配送方式也有不足，主要表现在：企业为建立配送体系的投资规模将会大大增加；在企业配送规模较小时，配送的成本和费用相对较高。

一般而言，采取自营配送模式的企业大都是规模较大的集团公司。代表性的是连锁企业的配送，其基本上都是通过组建自己的配送系统来完成企业的配送业务，包括对内部各场、店的配送和对企业外部顾客的配送。

（二）共同配送模式

共同配送模式是物流配送企业之间为了提高配送效率以及实现配送合理化而建立的一种功能互补的配送联合体，如图4－5所示。它的优势在于有利于实现配送资源的有效配置，弥补配送企业功能的不足，促进企业配送能力的提高和配送规模的扩大，更好地满足客户需求，提高配送效率，降低配送成本。

共同配送模式的核心在于充实和强化配送的功能，提高配送效率，实现配送的合理化和系统化。因此，作为开展共同配送的联合体成员，首先要有共同的目标、理念和利益。

开展共同配送、组建联合体要坚持以下几个原则：功能互补；平等自愿；互惠互利；协调一致。需要注意的是，在开展共同配送、组建联合体的过程中，要避免行政干预。

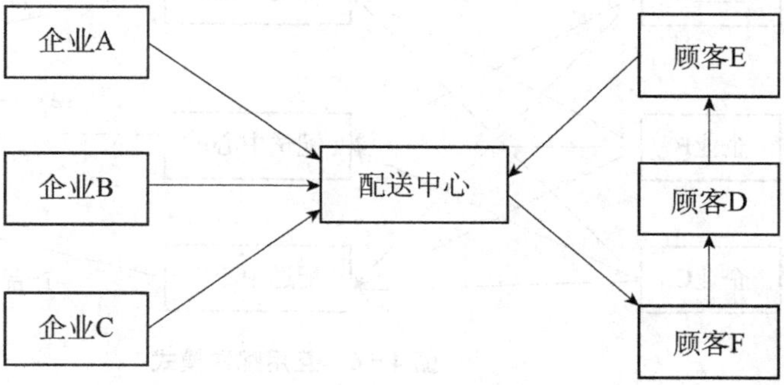

图 4－5　共同配送模式

通常企业在树立了共同配送的理念之后，要实施共同配送、组建共同配送联合体，就必须进行共同配送的可行性论证。论证可以从环境、服务对象、组织和技术四个方面进行。其中，环境分析主要包括宏观环境和微观环境分析。宏观环境主要包括经济环境、法律环境和自然环境等，重点是经济环境，还包括交通、通信及仓储等。微观环境主要包括对合作对象的分析，在共同配送的目标范围内，是否有可供选择的合作对象，着重对功能、区域及配送理念进行分析。服务对象论证主要从组建共同配送联合体，开展共同配送所提供的服务、形成的配送网络和竞争优势等方面加以探讨，确定目标市场及所要达到的目标。组织论证主要分析开展共同配送的组织管理模式、方法以及组织保证。技术论证主要包括与共同配送有关的技术及企业间资源、设备和管理技术的论证，同时，还包括与电子商务相关的安全技术、支付技术及网络技术的论证。

在实际运行过程中，共同配送的种类很多，大体可归纳为：紧密型、半紧密型和松散型；资源型、管理型和功能型；集货型、送货型和集送型，等等。

（三）互用配送模式

互用配送模式是几个企业为了各自的利益，以契约的方式达成某种协议，互用对方的配送系统而进行配送的模式，如图 4－6 所示。这种配送方式的优点在于企业不需要投入较大的资金和人力就可以扩大自身的配送规模和范围，但需要企业有较高的管理水平以及与相关企业组织协调的能力。互用配送模式与共同配送模式相比较，区别主要有：

（1）互用配送模式的目的在于提高企业自身的配送功能，以企业自身服务为核心；而共同配送模式旨在建立配送联合体，以强化配送功能为核心，为社会服务。

（2）互用配送模式主要强调企业自身的作用，共同配送模式主要强调联合体的共同作用。

（3）互用配送模式的稳定性较差，共同配送模式的稳定性较强。

（4）互用配送模式的合作对象既可以是经营配送业务的企业，也可以是非经营配送业务的企业，而共同配送模式的合作对象主要是经营配送业务的企业。

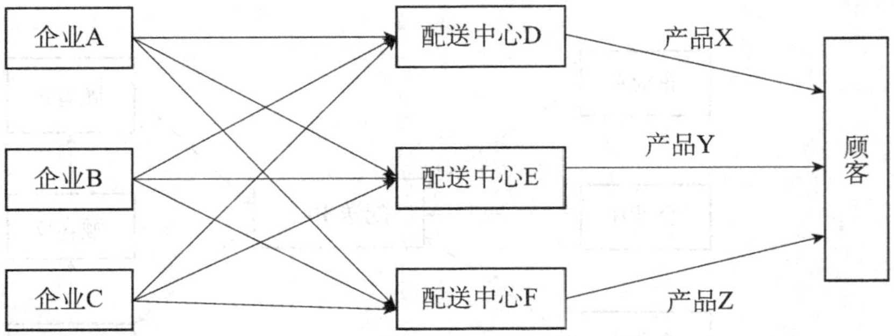

图4-6 互用配送模式

（四）第三方配送模式

第三方是指为交易双方提供部分或全部配送服务的一方。第三方配送模式就是指交易双方把自己需要完成的配送业务委托给第三方来完成的一种配送运作模式。第三方配送企业根据采购方的小批量和多频次的要求，按照地域分布密集情况，决定供应方的取货顺序，并应用一系列的信息技术和物流技术，保证准时取货和配送。

第2节 配送中心

一、配送中心的概念

配送中心是组织配送性销售或供应，专门从事实物配送工作的物流节点。配送中心是物流领域社会分工、专业分工细化的产物，它适应了物流合理化、生产社会化、市场扩大化的客观需求，集储存、加工、集货、分货、装运、情报等多项功能于一体，通过集约化经营取得规模效益。

具体来讲，配送中心是从事货物配备（集货、加工、分货、拣货、配货）和组织对用户的送货，以高水平实现销售或供应的现代流通设施。这个配送中心的定义要注意以下几个问题。

第一，定义中的“货物配备”是指配送中心按照生产企业的要求，对货物的数量、品种、规格、质量等进行的配备。这是配送中心最主要、最独特的工作，全部由其自身完成。

第二，定义中的“组织送货”是指配送中心按照生产企业的要求组织货物定时、定点、定量地送抵用户。由于送货方式较多，有的由配送中心自行承担，有的利用社会运输力量完成，有的由用户自提，因此就送货而言，配送中心是组织者而不是承担者。

第三，定义强调了配送活动和销售或供应等经营活动的结合，配送成为经营的一种手段，以此排除了它是单纯物流活动的看法。

第四，定义强调配送中心为现代流通设施，意在与以前的流通设施诸如商场、贸易中心、仓库等相区别。配送中心以现代装备和工艺为基础，不但处理商流，而且处理物流、信息流，是集商流、物流、信息流于一体的全功能流通设施。

二、配送中心的功能

配送中心综合了集货中心、分货中心、加工中心等的职能。因此，配送中心具有以下一些功能。

（一）备货

备货是配送中心根据客户的需要，为配送业务的顺利实施而从事的组织商品货源的活动。它是配送的准备工作或基础工作。备货工作包括采购订货、集货进货、合理配货及有关的质量检查、结算、交接等活动。配送的优势之一就是可以集中用户的需求进行一定规模的备货。备货是决定配送成败的初期工作，如果备货成本太高，会大大降低配送的效益。

（二）储存

配送中心的储存有储备及暂存两种形态。

配送储备是按一定时期的配送经营要求形成的对配送的资源保证。这种类型的储备数量较大，储备结构较完善，视货源到货情况可以有计划地确定周转设备及保险储备结构和数量。配送的储备保证有时在配送中心附近单独设库解决。

配送暂存是具体执行日常配送时，按分拣配货要求，在理货场地所作的少量储存准备。由于总体储存效益取决于储存总量，所以，这部分暂存数量只会对工作方便与否造成影响，而不会影响储存的综合效益，因而在数量上控制并不严格。还有一种形式的暂存，即分拣、配货之后形成的发送货载的暂存，这种暂存主要是调节配货与送货的节奏，暂存时间不长。

（三）分拣

分拣是依据顾客的订货要求或配送中心的送货计划，迅速、准确地将商品从其储位或其他区域拣取出来，并按一定的方式进行分类、集中，等待配装送货的作业过程。在配送作业的各环节中，分拣作业是非常重要的环节，是配送中心不同于其他物流形式的功能性要素。分拣是完善送货、支持送货的准备性工作，也是关系配送成败的一项重要支持性工作。同时，分拣技术水平的高低也是决定整个配送系统水平的关键因素。

（四）集散

在一个大的物流系统中，配送中心凭借其特殊的地位和拥有的各种先进设备、完善的物流管理信息系统，能够将分散在各个生产企业的产品集中在一起，通过分拣、配货等环节向多个用户发送。同时，配送中心也可以把各个用户所需要的多种货物有效地组合或配装在一起，形成经济合理的批量，实现高效率、低成本的商品流通。配送中心在流通实践中所表现出的这种功能称为货物的集散功能。

（五）加工

配送加工是有着重要作用的功能性要素，它可以大大提高客户的满意度。国内外许多配送中心都很重视提升自己的配送加工能力，通过按照客户的要求开展配送加工提高配送的效率和客户的满意度。配送加工有别于一般的流通加工，它取决于客户的要求，销售性配送中心有时也根据市场要求进行简单的配送加工。

（六）信息处理

配送中心有相当完整的信息处理系统，能有效地为整个流通过程的控制、决策和运转提供依据。无论是在集货、储存、拣选、流通加工、配送等一系列环节的控制，还是在物流管理和费用、成本、结算方面，均可实现信息共享。而且，配送中心通过与销售商店建立信息直接交流平台，可及时得到商店的销售信息，有利于合理组织货源，控制最佳库存。同时，还可将销售和库存信息迅速及时地反馈给制造商，以指导商品生产计划。配送中心因此成为这个流通过程的信息中枢。

三、配送中心的分类

（一）按经营主体分

1. 制造商主导型配送中心

这类配送中心是指制造型企业为满足本企业产品的生产和销售所建立的配送中心，一般专门服务于本企业的生产和销售活动，可降低企业产品销售费用，提高企业的客户服务水平。一般来说，这类配送中心只能为零售商配送一个生产企业的产品，难以满足销售的需要，是一种社会化程度较低的配送中心。

2. 批发商主导型配送中心

这类配送中心是批发商为实现产品的汇集和再销售而建立的配送中心。其基本运作流程是批发商先把多个制造商的产品集中起来，再向零售商配送。这类配送中心一方面可使批发商在集中采购时获得规模效益，从而降低采购价格、节省运输成本；另一方面可充分满足零售商的需求，实现多品种一次送货，因此是社会化程度较高的配送中心。

3. 零售商主导型配送中心

这类配送中心一般是指大型零售企业所属的配送中心。零售商先从批发商进货或从制造商直接进货，再向自己的网点直接送货。这类配送中心可以不断地向商店各部门送货，有利于减轻商店的库存压力。

4. 物流企业主导型配送中心

这类配送中心是由物流企业建立的为货主企业提供配送服务的配送中心。其服务对象一般比较固定，物流企业在与货主企业签订长期服务合同的基础上，代理货主企业开展配送服务，属于第三方服务形态。

这类配送中心具有较强的运输、配送能力，能按照货主企业的要求迅速地将货物送到指定地点，且物流设施的利用率高、成本低、服务范围广。

（二）按功能分

1. 储存型配送中心

储存型配送中心是充分强化了货物储存功能的配送中心，在充分发挥储存作用的基础上开展配送活动。我国目前建设的配送中心多为储存型配送中心，库存量较大。

储存型配送中心通常需要有较大规模的仓库和储存场地，以便储备丰富的资源。

2. 流通型配送中心

流通型配送中心是以暂存或随进随出方式进行配货和送货的配送中心，基本没有长期储存功能。其典型运作方式是大量货物整批进入，然后按一定批量运出。这类配送中心一般采用大型分货机进行分拣和配货作业，货物直接进入分货机传送带，然后分送到各用户货位或直接分送到配送车辆，货物在配送中心仅作短暂停留。

流通型配送中心通常用来向用户提供库存补充，其规模大小取决于用户要求的送货速度、平均订货的多少以及单位用地成本等。

3. 加工型配送中心

加工型配送中心是以流通加工为主要业务的配送中心，其主要功能是对货物进行清洗、分解、集装等加工活动，以加工为核心开展配送活动。因此，在加工型配送中心的配送作业流程中，储存作业和加工作业占主导地位。

（三）按服务范围分

1. 区域配送中心

区域配送中心是在省市、全国乃至国际范围内为用户配送货物的配送中心。其活动范围大、辐射能力强，经营规模与配送批量也较大，服务对象往往是下一级的城市配送中心、生产企业或零售商等。

区域配送中心在国外已经非常普遍，一般由大型连锁集团建立，负责某一区域范围内部分商品的集中采购，再配送给下一级配送中心。

2. 城市配送中心

城市配送中心是在城市范围内，向众多用户提供门到门配送服务的配送中心。一般来说，其辐射能力较弱，配送货物品种多、批量小，服务对象多为城市范围内的零售商、连锁店或生产企业等。

由于城市范围内货物的配送距离较短，因此往往与零售经营相结合。城市配送中心运送距离短、反应能力强，一般采用中小型厢式货车送货。

（四）按物的流向分

1. 供应型配送中心

供应型配送中心是专门为某个或某些客户组织供应的物流配送中心。例如，为大型连锁超市组织供应的物流配送中心；代替零件加工厂送货的零件物流配送中心，等等。

2. 销售型配送中心

销售型配送中心是以销售经营为目的、以配送为手段的配送中心、主要有三种类型：

（1）生产企业为将本企业产品直接销售给消费者建立的配送中心。

在国外，这种类型的配送中心很多。

（2）流通企业建立的配送中心。

作为自身经营的一种方式，流通企业通过建立配送中心以扩大销售。我国目前拟建的配送中心大多属于这种类型。

（3）流通企业和生产企业联合建立的协作型配送中心。

目前，国内外配送中心的发展趋势是朝以协作型配送中心为主的方向发展。

四、配送中心的运作流程

（一）配送中心的一般流程

这是配送中心的典型流程，其主要特点是：有较大的储存场所，分货、拣选、配货的场地及装备较大，对理货、分类、配货、配装的功能要求较强，流通加工功能相对较弱。

采用这种流程的配送中心有：以中小件杂货配送为代表的配送中心，固体化工产品的配送中心，没有保质期的食品的配送中心。由于货种多，为保证配送，配送中心需要有一定的储存量，属于有储存功能的配送中心。其流程如图4-7所示。

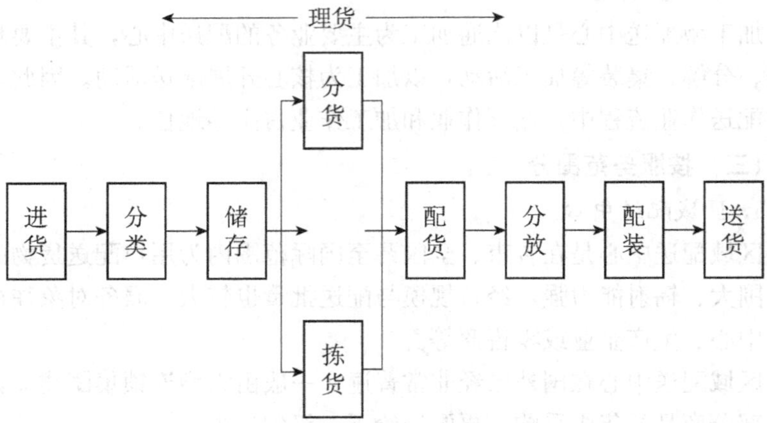

图4-7 配送中心的一般流程

（二）配送中心的特殊流程

配送中心的特殊流程又可以分成不带储存库的配送流程、加工配送型配送流程和批量转换型配送流程三种情况。

1. 不带储存库的配送流程

这种配送流程的特点是：配送中心无须大量储存，只有满足一时配送之需的备货暂存。暂存地点设在配货场地中，在配送中心不单设储存区。采用这种流程的配送中心以配送为专门职能，将大面积储存场所转移到中心以外。其流程如图4-8所示。

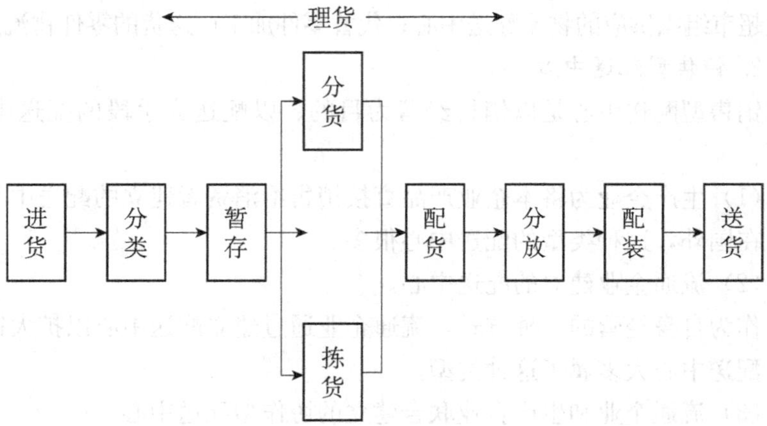

图4-8 不带储存库的配送流程

2. 加工配送型配送流程

加工配送型配送流程的特点是：(1) 进货商品批量大、品种单（少），分类工作不重或基本上无须分类。(2) 储存后进行的加工一般按用户要求进行，与生产企业的标准、系列加工有所不同；加工或加工后分放部分占配送中心较大面积。(3) 加工后产品直接按用户分放、配货，有的配送中心不单设分货、配货或拣选环节。

加工配送型配送流程不止一种模式，随加工方式不同，流程会有所区别。典型流程如图4-9所示。

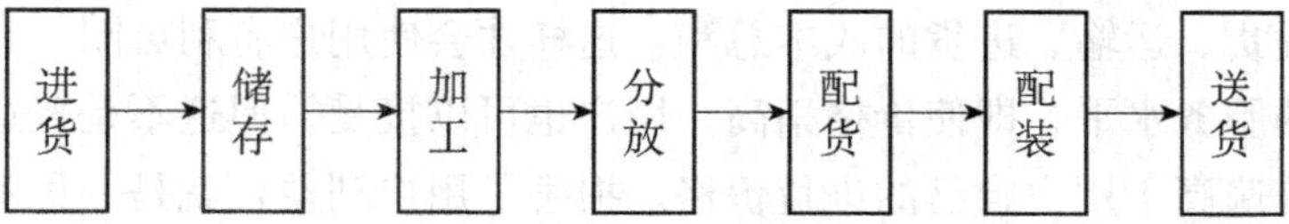

图4-9　加工配送型配送流程

3. 批量转换型配送流程

批量转换型配送流程的特点主要是：(1) 流程十分简单，基本不存在分类、拣选、分货、配货、配装等工序。(2) 进货批量大、品种单一，但发货时需转换成小批量。(3) 由于大量进货，储存能力较强，储存工序及装货工序是主要工序。采用这种流程的配送中心包括不需要再加工的煤炭、水泥、油料等产品的配送中心，其流程如图4-10所示。

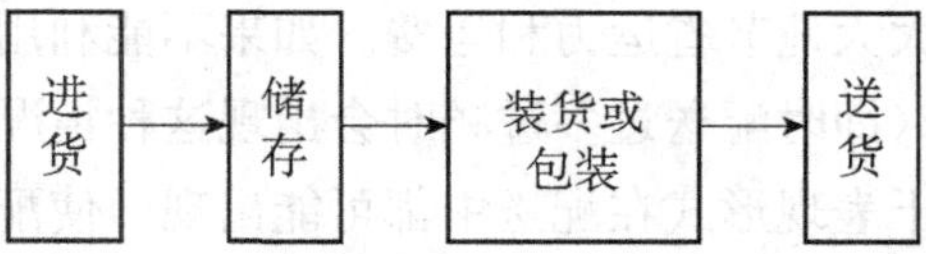

图4-10　批量转换型配送流程

第3节　配送合理化

一、不合理配送的表现形式

(一) 资源筹措不合理

配送要大批量筹措资源，通过筹措资源的规模效益来降低资源筹措成本，使配送资源筹措成本低于用户自己筹措资源的成本，从而取得优势。如果不是集中多个用户需要进行批量筹措资源，而仅仅是为一两个用户代购代筹，对用户来讲，就不仅不能降低资源筹措费，相反还要多支付一笔配送企业的代筹代办费，因而是不合理的。

资源筹措不合理还表现在配送量计划不准，资源筹措过多或过少，在资源筹措时未考虑建立与资源供应者之间长期稳定的供需关系，等等。

（二）库存决策不合理

配送应充分利用集中库存总量低于各用户分散库存总量的优势，从而极大地节约社会财富，同时降低用户实际平均分摊库存的负担。因此，配送企业必须依靠科学管理来实现一个低总量的库存，否则就会出现不合理的库存决策。配送企业库存决策不合理还表现在储存量不足，不能保证随机需求，失去了应有的市场。

（三）价格不合理

总的来讲，配送的价格应低于用户不实行配送、自己进货时的产品购买价格加上自己提货、运输、进货的成本总和，这样才会使用户有利可图。有时候，由于配送有较高的服务水平，即使价格稍高，用户也可以接受。但这不是普适的原则。如果配送价格普遍高于用户自己的进货价格，损害了用户利益，就是一种不合理的表现。价格制定得过低，使配送企业在无利或亏损状态下运行，也是不合理的。

（四）配送与直达的决策不合理

配送增加了环节，但是这个环节的增加，可降低用户平均库存水平，不但抵消了增加环节的支出，还能取得剩余收益。但是如果用户使用批量大，可以直接通过社会物流系统均衡地批量进货，比通过配送中转送货更能节约费用，在这种情况下，不直接进货而通过配送就属于不合理范畴。

（五）送货中的不合理运输

与用户自提比较，尤其对于多个小用户来讲，配送可以集中配装一车送几家，可比一家一户自提大大地节省运力和运费。如果不能利用这一优势，仍然一户一送，而车辆达不到满载（即时配送过多过频时会出现这种情况），就属于不合理配送。此外，不合理运输的若干表现形式在配送中都可能出现，使配送变得不合理。

（六）经营观念不合理

在配送实施中，有许多情况是因经营观念不合理，使配送优势无从发挥，反而损坏了配送的形象。这是在开展配送时尤其需要注意克服的不合理现象。例如，配送企业利用配送手段，向用户转嫁资金、库存问题：在库存过大时，强迫用户接货，以缓解自己的库存压力；在资金紧张时，长期占用用户资金；在资源紧张时，将用户委托资源挪做他用以获利，等等。

二、配送合理化的措施

（一）推行一定综合程度的专业化配送

通过采用专业设备、设施及操作程序，取得较好的配送效果并降低配送过分综合化的复杂程度及难度，追求配送合理化。

（二）推行加工配送

通过加工和配送结合，充分利用本来应有的中转，而不增加新的中转求得配送合理化。同时，借助配送，加工目的更明确，并且与用户联系更紧密，更避免了盲目性。这两者有机结合，投入不增太多即可获得两个优势、两种效益，是配送合理化的重要经验。

（三）推行共同配送

通过联合多个企业共同配送，可以充分利用运输工具的容量，提高运输效率，以最近的路程、最低的配送成本完成配送从而实现合理化。

（四）实行送取结合

配送企业与用户建立稳定、密切的协作关系，配送企业不仅成了用户的供应代理人，而且承担用户储存据点的作用，甚至成为产品代销人。在配送时，可将用户所需物资送到，再将用户生产的产品用同一车辆运回，这时这种用户生产的产品也成了配送中心的配送产品之一，或者作为代存代销品，免去了生产企业的库存包袱。这种送取结合的方式使运力得到充分利用，也使配送企业的功能有更好的发挥，从而实现合理化。

（五）推行准时配送系统

准时配送是配送合理化的重要内容。只有配送做到了准时，用户才有资源把握，才可以放心地实施低库存或零库存，有效地安排接货的人力、物力，实现高效率。另外，保证供应能力也取决于准时供应。准时供应配送系统是许多配送企业实现配送合理化的重要手段。

（六）推行即时配送

作为计划配送的应急手段，即时配送是最终解决用户断供之忧、大幅度提高供应保证能力的重要手段。即时配送是配送企业快速反应能力的具体化，是配送企业能力的体现。即时配送成本较高，但它是整个配送合理化的重要保证手段。此外，用户实行零库存，即时配送也是重要保证手段。

第 4 节　配送计划

一、配送计划概述

开展配送业务首先要做配送计划，因为配送往往涉及多种产品、多个用户、多辆车、各种车的载重量不同等多种因素，所以需要认真制定配送计划，实现科学组织，合理调配资源，达到既满足用户要求又实现总费用最省、车辆充分利用、效益最好的目的。

配送的业务程序关键在配送计划的制定。在配送活动中，临时配送、紧急配送和无计划的随时配送是降低配送效率和配送经济效益的主要因素。临时配送是因为事前计划不周，未能提前确定正确的配装方法和配送路线，到了临近配送截止日期，匆忙安排专车，进行单线配送，导致车辆装载亏吨、运输里程浪费等。紧急配送则是因顾客的紧急订货而发生，为保证按时送到货物，来不及认真安排货物配装及配送路线，造成运力的浪费。随时配送是对配送要求不作计划安排，有一批送一批，灵活性大，随机性强。这三种配送虽然难以用计划加以控制，但如果能认真核查并有调剂准备的余地，也可以纳入计划轨道并保证应有的效益。

要提高配送的效率，应尽可能平抑配送量的波动，使发货量稳定化，配送路线标准化、计划化。当一个配送中心要向多个用户配送时，可以选择一种被众多企业所采用的有效实施计划配送的方法，即节约里程法（或称车辆安排程序法）制定配送计划。当多个配送中心向多个用户配送时，可以按线性规划图上作业法制定配送计划。

二、节约法

（一）节约法的原理

节约法的原理如图4-11所示。假设从配送中心A到用户 P_1，P_2 的运输距离分别是 C_{01}，C_{02}，P_1 和 P_2 之间的运输距离是 C_{12}。如果不配送，则需对每个用户派一辆车来回送货。总运输距离为：

$$C=2C_{01}+2C_{02}$$

如果配送，则可以只派一辆车一次给两个用户顺序送货。总运输距离为：

$$C'=C_{01}+C_{02}+C_{12}$$

二者之间的节约量为：

$$\Delta C=C-C'=(2C_{01}+2C_{02})-(C_{01}+C_{02}+C_{12})=C_{01}+C_{02}-C_{12}$$

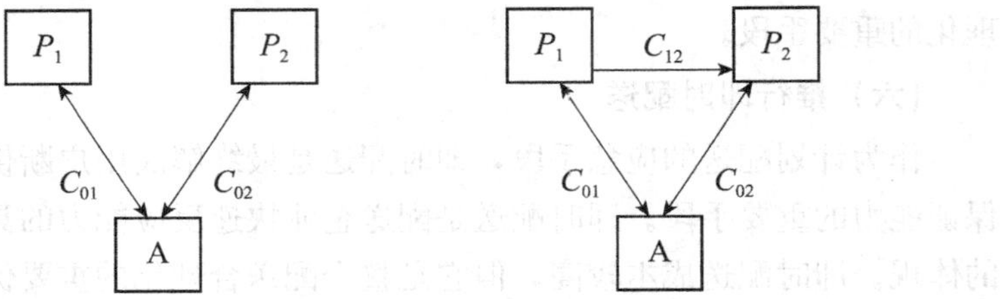

图4-11　节约法的原理图

（二）节约法例题

假设有一个配送中心P向13个客户配送货物，图4-12中表明了各客户的编号及其需求量。如果配送车辆的最大载重量为200吨，那么利用节约法优化配送路线的步骤如下。

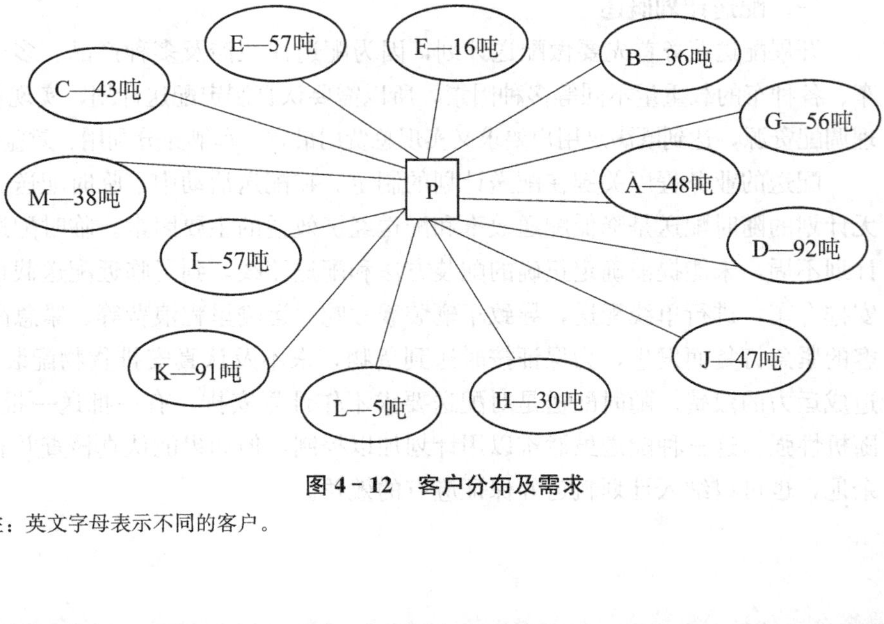

图4-12　客户分布及需求

注：英文字母表示不同的客户。

第一步，确定每两个节点间的最短距离，如图 4－13 所示。

	P	A	B	C	D	E	F	G	H	I	J	K	L
A	12												
B	8	9											
C	17	8	10										
D	15	9	8	4									
E	15	17	9	14	11								
F	20	23	15	20	16	6							
G	17	22	13	20	16	5	4						
H	8	17	9	19	16	11	14	10					
I	6	18	12	22	20	17	20	16	6				
J	16	23	14	22	19	9	8	4	8	14			
K	21	28	18	26	22	11	7	6	13	19	5		
L	11	22	14	24	21	14	16	12	5	7	9	13	
M	15	27	20	30	28	22	23	20	12	9	16	20	8

图 4－13　各客户间距离（单位：公里）

第二步，根据最短距离表计算出任意两个客户间的节约里程，如图 4－14 所示。例如，客户 A 和客户 B 的节约里程计算如下：

PA 的距离＝12

PB 的距离＝8

AB 的距离＝9

客户 A 和客户 B 的节约里程＝12＋8－9＝11

	A	B	C	D	E	F	G	H	I	J	K	L
B	11											
C	21	15										
D	18	15	28									
E	10	14	18	19								
F	9	13	17	19	29							
G	7	12	14	16	27	33						
H	3	7	6	7	12	14	15					
I	0	2	1	1	4	6	7	8				
J	5	10	11	12	22	28	29	16	8			
K	5	11	12	14	25	34	32	16	8	32		
L	1	5	4	5	12	15	16	14	10	18	19	
M	0	3	2	2	8	12	12	11	12	15	16	18

图 4－14　两个客户间的节约里程（单位：公里）

第三步，对两个客户间的节约里程按大小顺序进行排列，如表4-1所示。

表4-1 **节约里程顺序** 单位：公里

序号	路程	节约里程	序号	路程	节约里程	序号	路程	节约里程
1	FK	34	10	EK	25	19	JL	18
2	FG	33	11	EJ	22	20	CF	17
3	GK	32	12	AC	21	21	KM	16
4	JK	32	13	KL	19	22	HJ	16
5	GJ	29	14	DE	19	23	GL	16
6	EF	29	15	DF	19	24	DG	16
7	CD	28	16	AD	18	25	HK	16
8	FJ	28	17	CE	18	26	BC	15
9	EG	27	18	LM	18	…	…	…

第四步，根据节约里程顺序表和配送约束条件，制定配送路线。其具体步骤如下：首先选择最节约里程的路线（F→K），然后是（F→G），由于配送路线必须包含P，且每条循环路线上的客户需求量之和小于200吨，在其后的选择中满足该条件的只有路段（H→K），此时载重总量为193吨，因为在余下的选择中没有满足条件的客户，所以第一回合的配送路线为（P→G→F→K→H→P）。按此方法类推，其余的配送路线分别是（P→A→C→D→P），（P→E→J→L→M→P），（P→B→I→P）。

（三）节约法的优缺点

节约法的优点是：简单易行，在优化运输过程的同时缩短了运输的路程。另外，它体现了物流配送网络的优势，实现了企业物流活动的整合，而且思路简单、清晰，便于执行，正因为如此，它在国内外物流活动中备受青睐。

节约法的缺点是：

（1）利用节约法选择配送路线过于强调节约里程，而没考虑行程中的时间因素，在许多情况下，时间更能决定物流配送的成本与服务质量。

（2）利用节约法选择配送路线不能对客户的需求进行灵活多变的处理，由于消费者的需求倾向于个性化，导致企业的生产、销售和配送越来越倾向于小批量、多品种、多批次，而节约法更适合需求稳定或是需求时间不紧迫的配送情况，然而这明显不能满足现在多变的市场环境。

（3）节约法所计算出的最终结果并不能保证总路程的最小。如上述举例中配送方案改为（P→A→C→D→P），（P→B→E→F→P），（P→J→G→K→P），（P→H→L→M→I→P），总路程为165公里，比采用节约法的计算结果少5公里。原因是节约法一方面要缩短总路程，另一方面要充分利用车辆的运输能力（载重/空间），减少配送车次。而且在前一条预设路线上正在运行的配送车辆的运输能力能够允许，下一运输路线就必须按照节约里程多少的顺序选择节约里程多的线路，而不考虑其他的线路，因此在实际情况下选择的路线并不一定能节约路程和有效利用运输空间，而且车辆的运输能力也不一定能达到最高利用率。

本章小结

本章介绍了配送的概念、功能、分类、要素以及模式；对配送中心进行了详细的介绍，包括配送中心的概念、功能、分类以及运作流程；介绍了不合理配送的表现形式以及实现配送合理化的措施；给出了节约法的原理和例题。

思考题

1. 配送的功能具体有哪些？
2. 配送的要素包括哪些？
3. 配送中心的功能具体有哪些？
4. 配送中心是如何运作的？
5. 不合理配送的表现形式有哪些？
6. 实现配送合理化的有效措施有哪些？

第 5 章

仓储管理

学习目标

- 了解仓储的概念、功能及分类
- 了解仓储的规划与设计
- 掌握仓库宏观规划与设计的内容
- 掌握仓储作业的基本流程
- 了解仓储合理化的概念及内容
- 了解不合理仓储的表现形式
- 掌握仓储合理化的措施

导引案例

北京邮政器材公司是北京市邮政局下属二级单位，公司组织结构包括各处、仓库及科室。

公司业务活动主要是围绕仓储的一系列业务，包括采购、销售、仓库等各种活动，主要存在以下弊端：

(1) 手工操作，如手工开单等，效率低，易出错；

(2) 多品种、多货物的集中管理困难，难以实现货物种类、数量、价格在公司范围内的完整性；

(3) 不能实时监控各点的现场业务活动；

(4) 实物与账面往往不相符；

(5) 月末统计耗时费力。

随着业务量的不断增长和客户需求的不断提升，北京邮政器材公司的仓储管理面临越来越大的挑战，加强货物控制，降低物流和配送费用，提高空间、人员和设备的使用率，缩短配送流程和时间，成为整个公司的共识。

经过认真的准备，北京邮政器材公司采用了在 E-delivery 基础平台上开发的适用于仓储行业的 E-logistics 物流软件。该软件包括产品入库、出库、库存保管以及相关的一系列过程。

从北京邮政器材公司整个经营流程来讲，在仓储部分物流所占用的时间较长，所占用的企业资金较多，因此这套仓储管理系统的目的是在节省物流成本的同时，提高仓储效率，及时、准确、迅速地满足仓储服务的需求。

E-logistics 物流软件利用北京邮政器材公司的网络系统，构建了系统管理、收料管理、发料管理、仓库管理、报表中心、远程数据通信、财务接口等主要模块。

系统能够按照常规和用户自行确定的优先原则来优化仓库的空间利用和全部仓储作业。对上，它通过电子数据交换（EDI）等电子媒介，与企业的计算机主机联网，由主机下达收货和出货的原始数据。对下，它通过网络等信息技术与仓库的员工联系。上下相互作用，传达指令、反馈信息并更新数据库，同时，生成所需的标签和单据文件。

北京邮政器材公司采用现代仓储管理系统以后，收到了明显的经济和社会效益。仓库空间利用率提高了20%，物理盘点的执行成本大幅度降低，发运准确度超过99.9%，劳动力成本节约了至少20%。这些最终都为公司带来巨大的经济效益。公司不仅提高了管理水平，增强了核心竞争力，而且借助信息化平台，实现了从传统管理到现代管理模式的转变，大大提高了客户服务水平。

资料来源：北京邮政器材公司仓储管理系统案例分析 .http：//blog. sina. com. cn/s/blog _ 5aee77e40100fhvl. html.

第1节 仓库概述

一、仓库的概念

仓库是储存、保管物品的建筑物和场所的总称。可以理解为用来存放货物（生活资料、生产资料、商品、工具或其他财产），并对其数量和状态进行保管的场所或建筑物等设施，还包括用于减少或防止货物损坏而进行作业的土地或水面。仓库还应包括设置在仓库内，为仓储作业服务的设备和设施，如地坪、货架、衬垫、固定式提升设备、通风照明设备等。

二、仓库的功能

仓库的最基本功能就是储存物资，并对储存的物资实施保管和控制。但随着对仓库概念的深入理解，人们发现仓库还担负着物资处理、流通加工、物流管理和信息服务等功能，其含义远远超出了单一的储存功能。

以系统的观点来看，仓库应该具备以下功能。

1. 储存和保管

仓库用于储存物品，并根据储存物品的特性配备相应的设施，以保持储存物品的完好性。例如，储存精密仪器的仓库需防潮、防尘、恒温，因此，应设立空调等恒温设备；储存挥发性溶剂的仓库必须设有通风设备，以防止空气中挥发性物质含量过高而引起爆炸。在仓库作业时，还有一个基本要求，就是要防止搬运和堆放时碰坏或压坏物品，为此要求搬运机具和操作方法不断改进和完善，使仓库真正起到储存和保管的作用。

2. 调节供需

创造物资的时间效用是物流的基本职能之一，它是由物流系统中的仓库来完成的。现代大生产的形式多种多样，从生产和消费的连续性来看，每种产品都有不同的特点，有些产品的生产是均衡的，而消费是不均衡的；有一些产品的生产是不均衡的，而消费却是均衡的。要使生产和消费相协调，就需要仓库来起到“蓄水池”的调节作用。

3. 调节货物运输能力

各种运输工具的运输能力是不一样的。船舶的运输能力很大，海运船一般是万吨级，内河船也有几百吨至几千吨的。火车的运输能力较小，每节车皮能装运 30～60 吨，一列火车的运量最多可达几千吨。汽车的运输能力很小，一般每辆车能装 4～10 吨。各种运输工具之间的运输衔接是很困难的，这种运输能力的差异可通过仓库进行调节和衔接。

4. 流通配送加工

现代仓库正处在由保管型向流通型转变的过程中，从储存、保管货物中心向流通、销售中心转变。仓库不仅要有储存、保管货物的设备，还要增加分拣、配套、捆装、流通加工、信息处理等设施。这既扩大了仓库的经营范围，提高了物资的综合利用率，又方便了消费，提高了服务质量。

5. 信息传递

仓库功能的转变对信息传递提出了更高的要求。在处理与仓储活动有关的各项事务时，需要依靠计算机和互联网，通过电子数据交换和条形码等技术来提高仓储物品信息的传递速度，及时准确地了解仓储信息，如仓库利用水平、进出库的频率、仓库的运输情况、顾客的需求以及仓库人员的配置等。

6. 产品生命周期的支持

根据美国物流管理协会的定义，物流是在供应链运作中，以满足客户要求为目的，对货物、服务和相关信息在产出地和销售地之间实现高效率和低成本的正向和逆向的流动与储存而进行的计划执行和控制的过程。可见现代物流包括了产品的整个生产、流通和服务过程，因此，仓储系统能对产品生命周期提供支持。

随着强制性质量标准的贯彻和环保法规约束力度的加大，制造商和配送商要负责包装材料的回收，这必然导致退货和回收等逆向物流的产生。逆向物流与传统供应链方向相反，是将最终顾客持有的不合格产品、废旧物品回收到供应链中的各个节点。作为供应链中的重要一环，仓库在逆向物流中承担着退货管理中心的职能，负责及时确定问题商品，通知所有相关方面，发现退回商品的潜在价值，为企业增加预算外或抢救性收入。

三、仓库的分类

（一）按使用范围分

1. 营业仓库

营业仓库是指企业按照仓库业管理条例取得营业许可，专门为了经营储运业务而修建的仓库。和自有仓库相比，营业仓库效率更高，面向社会，并以经营为手段、以盈利为目的。

2. 自用仓库

自用仓库是指生产或流通企业为了保管本公司的物品而建设的仓库。企业所保管的物品确定后，企业可选择适合这些物品的仓库结构和装卸设备。

3. 公共仓库

公共仓库是由国家或某个主管部门修建的为社会服务的仓库。

4. 出口监管仓库

出口监管仓库是指经海关批准，在海关监管下存放已按规定领取了出口货物许可证或批件，已对外买断结汇并向海关办理了全部出口手续的货物的专用仓库。

5. 保税仓库

保税仓库是根据有关法律和进出口贸易的规定取得许可，经海关批准，在海关监管下专供存放未办理关税手续而入境或过境货物的场所。

（二）按保管目的分

1. 流通中心型仓库

流通中心型仓库是指具有发货、配送和流通加工功能的仓库。

2. 储存中心型仓库

储存中心型仓库是指以储存为主的仓库。

3. 物流中心型仓库

物流中心型仓库是指具有储存、发货、配送和流通加工功能的仓库。

（三）按仓库专业性质分

1. 普通仓库

普通仓库对于仓库的储存条件没有要求，一般指具有常温保管、自然通风的无特殊功能的仓库，用于存放一般的物资。

2. 冷藏仓库

具有冷却设备并能隔热的仓库（一般温度在10℃以下），称为冷藏仓库，是专门用来储存冷冻物资的仓库。

3. 恒温仓库

恒温仓库即能够保持一定温度和湿度的仓库。

4. 特种仓库

特种仓库用于储存具有特殊性质、要求特殊保管条件的物品，比如危险品、石油等。

（四）按结构和构造分

1. 平房仓库

平房仓库是指结构很简单，有效高度一般不超过5～6米的仓库。

2. 多层仓库

多层仓库是指两层以上的由钢筋混凝土建造的仓库。

3. 高层货架仓库

高层货架仓库是一种自动化程度较高、存货能力较强的仓库。在作业方面，高层货架仓库主要使用电子计算机控制，能实现机械化和自动化操作。

4. 罐式仓库

罐式仓库是指以各种罐体为储存库的大型容器型仓库，如球罐库、柱罐库等，主要用来储存石油、天然气和液体化工品等。

（五）按库内形态分

1. 地面型仓库

地面型仓库通常是指单层地面库，多使用非货架型的保管设备。

2. 货架型仓库

货架型仓库通常是指单层地面库，多使用货架型的保管设备。

3. 自动化立体仓库

自动化立体仓库通常是指出入库时采用运送机械存放或取出，用堆垛机等设备进行机械化、自动化作业的高层货架仓库。

（六）按仓库选址分

1. 内陆仓库

在内陆地区建造的仓库统称为内陆仓库。

2. 港口仓库

与内陆仓库相对应，港口仓库是指为了保管进出口货物在海港、空港附近建立的仓库。

3. 枢纽站仓库

为了发展现代化运输，把货运枢纽站和仓库集中在一起，在流通业务集散地建造的仓库称为枢纽站仓库。

第2节　仓储规划与设计

一、仓库宏观规划与设计

合理设计仓库系统的宏观布局需要做到以下几点：第一，确定设立仓库的数量，即仓库数量决策；第二，确定各个仓库的规模，即仓库规模决策；第三，确定各个仓库分别选择什么样的类型，即仓库类型决策；第四，确定布局的方式，即仓库布局模式决策；第五，确定仓库的选址，即仓库选址决策。

（一）仓库数量决策

仓库数量决策要考虑以下几种因素。

第一，市场需求因素。仓库要能够满足各个分市场的需要量。一般把企业的市场分成若干个地区市场，根据各个地区市场需求量的大小，考虑分别在各个地区市场中设置一个或几个仓库。

第二，成本因素，包括仓储成本、存货成本、运输成本和丧失销售的成本。仓库数量对物流系统各项成本都有重要的影响。一般而言，随着物流系统仓库数量的增加，运输成本和丧失销售的成本会减少，而存货成本和仓储成本将增加。各种成本的总和即总成本。由图 5－1 可以看出，总成本曲线是一条 U 形曲线。仓库数量很少时，总成本很高；仓库数量增加到某一点时，总成本达到最低点；仓库数量继续增加时，总成本又不断增长。因此，与总成本最小的仓库数量相对应的应当是最佳的仓库数量。

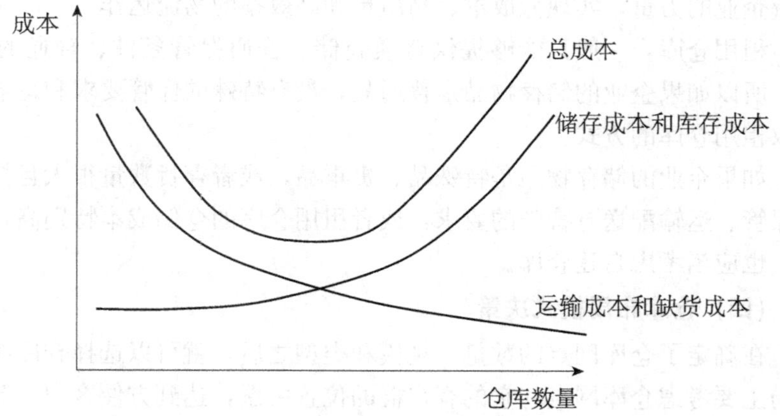

图 5－1　物流成本与仓库数量的关系

在考虑运输成本时，还要考虑运输方式的多样性和它们分别对于其他成本的影响。不同的运输方式和运输路径对于仓储成本等其他成本的影响不同，要选择总成本最小的运输方式和运输路径。例如，一个或两个具有战略性选址的仓库结合空运就能在全国范围内提供快速服务。尽管空运成本相对较高，但却降低了仓储的库存成本。由于运输方式多样，还要考虑其他仓储决策因素，这使得仓库数量决策变得非常复杂。

第三，服务水平因素。一般来说，仓库规模越大，仓库数量就可以越少，建设成本和物资处理成本就会越低，仓库的规模效益可以明显降低物流成本。但是，除了考虑规模经济，还要考虑服务水平。一般而言，仓库地点越少，顾客响应程度越不灵敏，服务水平越低；仓库地点越多，顾客响应程度越灵敏，服务水平越高。应兼顾仓库规模与服务水平进行适当选择。

（二）仓库规模决策

仓库规模是指仓库能够容纳的货物的最大数量或总体积。直接影响仓库规模的因素是本地市场对仓库商品的需求量和需求速率。需求量越大，则仓库的规模也应越大。需求速率越大，说明出库速率越大，因而商品周转的速度也越快，仓库规模就可以小一些。因此要综合考虑市场的需求量和需求速率，确定仓库合适的规模。

（三）仓库类型决策

确定了仓库数量和规模以后，就要逐个确定仓库的类型。企业选择仓库类型时，如是自建仓库还是租用仓库，主要考虑以下因素：(1) 在本地还是在外地；(2) 存货的种类；(3) 存货的数量；(4) 存货的持久性、稳定性；(5) 存货保管的特殊性；(6) 仓储成本。

如果是本地仓库，特别是在企业内部的仓储，由于储存的数量大，而且持久和稳定，直接与生产过程联系，为便利生产和存储，一般考虑自建仓库。如果是外地仓库，由于存货量小，而且不一定持久和稳定，如果货品保管和使用没有特别要求，而且租用成本低，则一般可以租用当地的营业仓库。租用仓库还可以利用当地的第三方物流企业的力量，实现低成本、高质量和高效率的物流运作。

租用仓库，一般只能够提供普通仓储、普通保管条件、普通的物流运输配送服务，所以如果企业的储存物品是普通品，没有特殊的保管要求和运输配送要求，可以采取租用仓库的方式。

如果企业的储存物品是特殊品、贵重品，或者存货数量很大且持久和稳定，货品的保管、运输配送有特殊的要求，或者租用仓库的仓储成本特别高，则即使是外地仓库，也应当考虑自建仓库。

（四）仓库布局模式决策

在确定了仓库网点的数量、规模和类型之后，就可以选择仓库布局的模式。仓库布局主要考虑仓库网点和它的客户群的位置关系，达到方便客户、节省运输费用的目的。仓库布局模式分为辐射型、吸收型、聚集型和扇型四种类型。

(1) 辐射型仓库布局。

辐射型仓库布局指仓库位于许多用户之间的一个居中位置，物品由仓库向各个方向的用户运送，如辐射状，如图5-2所示。它适用于用户相对集中的经济区域。这种仓库布局能够对其辐射范围内的用户提供有效供货和物流服务，而且物流成本低。

(2) 吸收型仓库布局。

吸收型仓库布局指仓库位于许多货主之间的某一居中位置，货物从各个货主向此中心运送，如图5-3所示。这种仓库属于集货中心，它能够有效地将各个货主的货物运输集中到仓库，而且总的物流成本低。

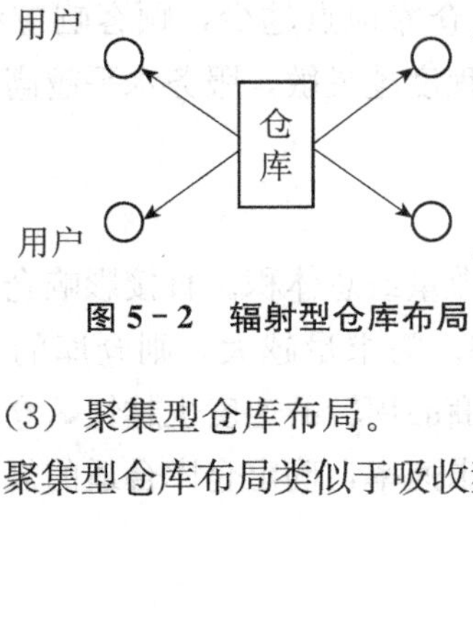

图5-2　辐射型仓库布局

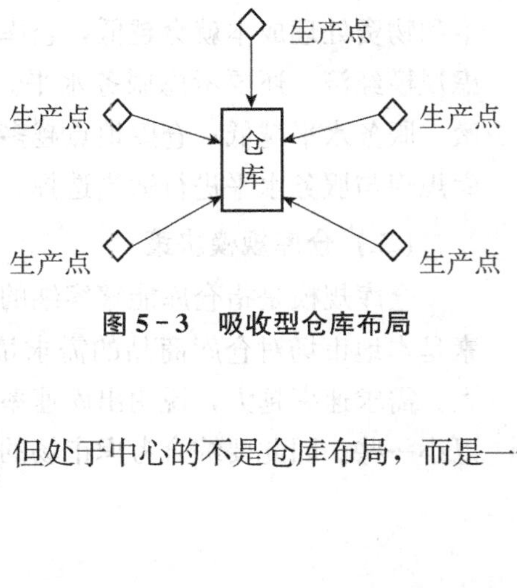

图5-3　吸收型仓库布局

(3) 聚集型仓库布局。

聚集型仓库布局类似于吸收型仓库布局，但处于中心的不是仓库布局，而是一个用户聚集的经济区域，四周分散的是仓库，而不是货主和用户，如图5-4所示。这种仓库适用于经济区域中生产企业十分密集，不可能设置若干仓库的情况。用户周围环状分布的仓库群，能够有效地保障对于用户区用户的物资供应，而且总的物流成本低。

（4）扇型仓库布局。

扇型仓库布局指产品从仓库朝一个方向运送，这种单向辐射称为扇型仓库布局。辐射方向与运输干线上的运动方向一致，如图5-5所示。这种仓库一般处于运输干线的末端，适宜在运输主干线运输方向上的用户的物资供应，同样可以达到服务水平高和物流成本低的目的。

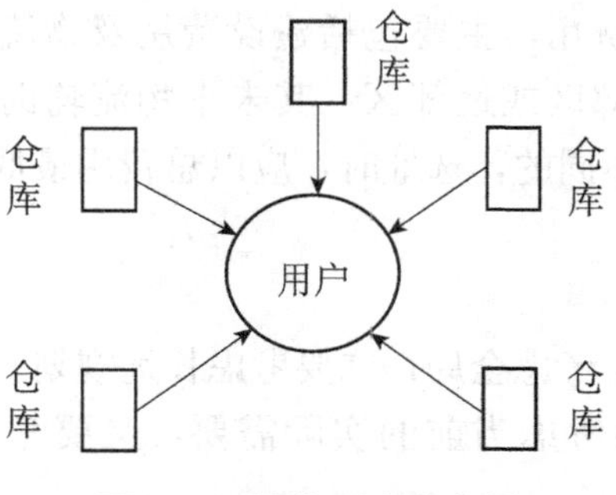

图5-4　聚集型仓库布局

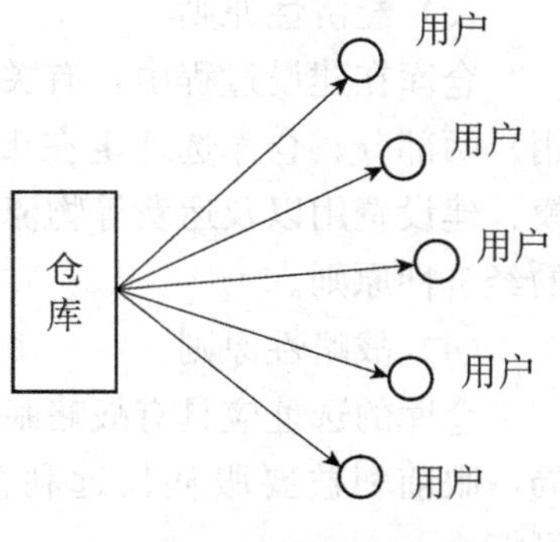

图5-5　扇型仓库布局

常用的仓库布局方式有三种，即以市场定位的仓库布局、以制造定位的仓库布局和以中间定位的仓库布局。

（1）以市场定位的仓库布局。

以市场定位的仓库布局，其仓库布置靠近用户区，属于辐射型仓库布局，通常用来向周围用户提供物资供应。其服务的市场区域的地理区域大小取决于被要求送货的响应时间和单位运输成本。以市场定位的仓库一般由零售商、制造商与批发商共同运作或者委托第三方物流公司单独运作。

（2）以制造定位的仓库布局。

以制造定位的仓库布局，其仓库布置靠近商品生产区或多家生产厂，属于吸收型布局。它向生产区或多家生产厂提供物资集中储存和外运服务，可以起到各个生产厂的成品库的作用。这些企业可以不设成品库，也不需要亲自对外运输产品，产品生产出来就直接存放到集运仓库中，再由仓库向市场发运。这样既提高了产品的储存发运效率，降低了物流成本，又有利于企业集中精力发展自己的核心竞争力。

（3）以中间定位的仓库布局。

以中间定位的仓库布局，其仓库布置既不靠近生产区，也不靠近用户区，而是在其间某个位置。这个位置通常是交通运输的中转枢纽位置。仓库布置在运输中转枢纽位置实际上起到了一种因势利导的作用，因为产品从产区到用户区必须经过这个中转点进行卸货、暂存，再重新组配分别装运到各个用户区。因此，可在这里设置一个仓库，直接进行货物的集散。这个仓库处在交通枢纽位置，道路既通向用户区，又通向生产区，为货物的集散提供了极大的便利。

（五）仓库选址决策

1. 仓库选址的原则

（1）适应性原则。

仓库地址的选择必须与国家及地区的经济发展方针、政策相适应，与国家物流资源分布和需求分布相适应，与国民经济和社会发展相适应。

（2）协调性原则。

仓库的选址应将区域物流网络作为一个大系统来考虑，使仓库的设施设备在地域分布、物流作业生产力、技术水平等方面互相协调。

（3）经济性原则。

仓库在建设过程中，有关选址的费用，主要包括建设费用及物流费用（经营费用）两部分。仓库选址定在市区、近郊区或远郊区，其未来物流辅助设施的建设规模、建设费用以及运费等物流费用是不同的，选址时，应以总费用最低作为仓库选址的经济性原则。

（4）战略性原则。

仓库的选址应具有战略眼光：一要考虑全局；二要考虑长远规划。局部要服从全局，眼前利益要服从长远利益，既要考虑当前的实际需要，又要考虑以后发展的可能。

（5）可行性原则。

仓库的选址要充分考虑到建设的可行性，在兼顾以上四条原则的同时考虑选址最终的可操作性。仓库选址一定要建立在现有的生产发展水平基础上，要考虑到实际的需要，使规划能够最终实现既定目标。

2. 仓库选址的基本思路

（1）影响仓库选址的因素。

影响仓库选址的因素可以划分为成本因素与非成本因素。成本因素是指那些与成本直接有关的可以用货币单位直接度量的因素；非成本因素主要是指与成本无直接关系，但能够影响成本和企业未来发展的因素。

成本因素主要包括运输成本、原材料供应成本、劳动力成本、建筑成本和土地成本等。

非成本因素主要包括经营环境、当地政策法规、自然环境、时间限制等。

（2）仓库选址注意事项。

大中城市的仓库应采用集中与分散相结合的方式选址；在中小城镇，因仓库的数目有限且不宜过于分散，故宜选择独立地段；在河（江）较多的城镇，货品集散大多利用水运，仓库可选择沿河（江）地段。应当注意的是，要防止将占地面积较大的综合型仓库放在城镇中心地带，以免产生交通不便等问题。下面简要分析几种仓库在选址时的注意事项。

1）存储中心型仓库。存储中心型仓库主要经营国家或所在地区的中长期储备物资，应设置在城镇边缘或城市郊区的独立地段，且具备直接和方便的水路运输条件。

2）流通中心型仓库。流通中心型仓库大多经营倒装、转载或短期储存的周转类商品，使用多式联运方式，应设置在城市边缘地区交通便利的地段，以方便转运和减少短途运输。

3）果蔬食品仓库。果蔬食品仓库应选择在入城干道处，以免运输距离拉得过长，商品损耗过大。

4）建筑材料仓库。建筑材料仓库的物流量大、占地多，可能产生某些环境污染问题，有严格的防火等安全要求，应选择在城市边缘的对外交通运输干线附近。

5）燃料及易燃品仓库。石油、煤炭及其他易燃物品仓库应满足防火要求，选择城郊的独立地段。在气候干燥、风速较大的城镇，还必须选择大风季节的下风位或侧风位，特别是油品仓库选址应远离居住区和其他重要设施，最好选在城镇外围的地形低洼处。

3. 仓库选址的方法

（1）优缺点比较法。

优缺点比较法是一种最简单的库址选择分析方法，尤其适用于非经济因素的比较。当几个库址方案在费用和效益方面比较接近时，非经济因素就可能成为考虑的关键因素，这时可采用优缺点比较法对若干方案进行分析比较。

（2）综合因素评价法。

综合因素评价法是基于影响设施选址的诸多因素而设计出的选址的定量分析方法。

1）加权因素法。首先对设施的每项因素规定一个从1到10的权数，表示它的相对重要性；然后按每个因素用符号（A＝4分，E＝3分，I＝2分，0＝1分，U＝0分）对每个备选方案进行优劣评级，乘上它们各自的因素权数，得出该因素的分数；每个方案各因素的分数总和就是该方案的总分，将各方案的总分加以比较。

本方法适用于各种非经济因素比较。运用本方法的关键是合理确定权数和等级，重要的是要征询决策者的意见。如果有若干个决策部门，则可取它们的平均值。加权因素法可以用于地区选择和地点选择，也可以用于分级计分，即先后对若干地区方案和相应的地点方案计分，然后将地区得分和地点得分相加，按总分进行比较。

2）因次分析法。因次分析法是把备选方案的经济因素（有形成本因素）和非经济因素（无形成本因素）同时加权并计算出优异性加以比较的方法。

3）重心法。本方法适用于运输费率相同的产品，使求得的库址位置离各个原材料供应点（或需求点）的距离乘以各点供应量（或需求量）之积的总和为最小。按重心法求得的重心位置是否适合建仓库，还要根据其他条件分析确定。

4）量本利分析法。任何选址方案都有一定的固定成本和变动成本，不同的选址方案的成本和收入会随仓库储量的变化而变化。利用量本利分析法，可采用作图或通过计算比较数值进行分析。计算比较数值要求计算各方案的盈亏平衡点的储量及各方案总成本相等时的储量。最后，在同一储量点上选择利润最大的方案。

二、仓库内部规划与设计

仓库布置的主要任务就是如何合理地利用仓库面积。仓库面积的利用率越高，就会越有效地降低仓储成本。仓库内部布置是指根据库区场地条件、仓库的业务性质和规模、商品储存要求以及技术设备的性能和使用特点等因素，对仓库主要的以及辅助的建筑物、货场、站台等固定设施及库内运输路线进行合理的安排和配置，以最大限度地提高仓库的储存与作业能力，降低各项仓储作业费用。仓库内部布置主要包括仓库总平面布置、仓库作业区布置以及库房内部布置。

（一）仓库总平面布置

（1）仓库总平面布置应该满足以下要求。

1）适应仓储作业的作业流程，以保证仓库内物资流动方向的合理性、运输距离最短、作业环节与次数最少、仓库面积利用率最高。

2）有利于提高仓库的经济效益。

3）符合安全卫生要求。

（2）仓库总平面一般可以划分为仓储作业区、辅助作业区、行政生活区。除上述区域外，还包括铁路专用线和库内道路。

（二）仓库作业区布置

仓库作业区布置要求以主要库房和货场为中心对各个作业区域加以合理布置。在有铁路专用线的情况下，专用线的位置与走向制约着整个库区的布局。合理地安排各个区域，力求实现最短的作业路线，减少库内运输距离及道路占用面积，以降低作业费用和提高面积利用率是仓库作业区布置的主要任务。布置时应主要考虑以下几个方面。

1. 商品吞吐量

在仓储作业区内，各个库房、货场储存的商品品种和数量不同，且不同商品的周转快慢也不同，这些都直接影响库房、货场的吞吐作业量或出入库作业量。在进行作业区布置时应根据各个库房和货场的吞吐作业量确定它们在作业区内的位置。对于吞吐量较大的库房与货场，应使它们尽可能靠近铁路专用线或库内运输干线，以减少搬运及运输距离。但是也要避免使这类库房过分集中，造成交通运输相互干扰与组织作业方面的困难，降低仓储作业的及时性。

2. 机械设备的使用特点

根据储存商品的特点与装卸搬运要求，矿物货场要适当配备各种作业设备，如输送带、叉车、桥式起重机及汽车等。为了充分发挥不同设备的使用特点，提高作业的效率，在布置库房、货场时就需要考虑所配置的设备情况。每种设备各有其不同的使用要求以及合理的作业半径，因此，必须从合理使用设备的角度出发，确定库房、货场在作业区内及与铁路专用线的相对位置。

3. 库内道路

库内道路的配置与仓库主要建筑设施的布置是相互联系、相互影响的。在进行库房、货场和其他作业场地布置的同时就应当结合对库内运输路线的分析，制定不同方案，通过调整作业场地和道路的配置，尽可能地减少运输作业的混杂、交叉和迂回。另外，在布置时还应当根据具体要求合理确定干支线的配置，适当确定道路的宽度，最大限度减少道路的占地面积（减少道路所占面积，即使不增加仓库面积也可以相应扩大储存面积）。

4. 仓库业务过程

仓库业务过程可以归纳为两种形式：一是整进整出，商品基本按原包装入库和出库，其业务过程比较简单。二是整进零出、零进整出，商品整批入库，拆零付货，或者零星入库，成批出库，其业务过程比较复杂。除了接收、保管、发运外，还有拆包、挑选、编配与再包装等项业务。为了以最小的人力物力耗费在最短的时间完成各项作业，就必须按各个作业环节之间的内在联系对作业场地进行合理布置，使作业环节之间密切衔接，环环相扣。

(三) 库房内部布置

库房内部布置的主要目的是提高库房内作业的灵活性并有效利用库房内部的空间。库房内部布置应当在保证商品储存需要的前提下，充分考虑库内作业的合理组织，协调储存和作业的不同需要，合理利用库房空间。

商品保管和出入库作业是在库房内进行的两种基本作业形式。按库房作业的主要内容划分，库房可以分为储备型与流通型两大类。这两类库房由于主要作业内容不同，库房的布置特点也就不同。

1. 储备型库房的布置特点

储备型库房是以商品保管为主的库房。在储备型库房中储存的商品一般周转较为缓慢，且以整进整出为主。库房布置的重点就是在尽可能压缩非储存面积的基础上，增加储存面积。

储备型库房的布置特点是突出强调提高储存面积占库房总面积的比例。为此，必须严格地核定各种非储存区域的占用面积。库房内非储存面积一般包括商品出入库作业场地、作业通道、墙距以及垛距。在核定作业场地，即检验区和集结区时，要根据库房平时出入库的商品数量来确定。一般来说，库房出入库作业量增大，这些区域也应当相应地扩大，以保证及时、有效地组织商品出入库作业。若库房一次收发货量较少，可以利用主通道作为收发货场地时就不需要另外开辟场地。一方面，核定作业通道所需面积时，应当注意合理安排出入库作业通道的宽度；另一方面，确定作业通道的宽度时，主要应考虑使用机械设备的类型、尺寸、灵活性以及操作人员的熟练程度等。

2. 流通型库房的布置特点

流通型库房是以商品收发为主的库房，例如批发及零售仓库、中转仓库和储运公司以组织商品运输业务为主的库房等。在这类库房中，储存商品一般周转较快，频繁地进行出入库作业。

与储备型库房相比，流通型库房的布置有不同的特点。流通型库房布置缩小了储存区，增加了拣货及出库准备区。在流通型库房里，备货往往是一项复杂且工作量大的作业。拣货及出库准备区的作用就是方便商品出库作业。

在这个区域内，各种商品按一定次序分别安排在各个货位上。进行备货作业时，作业人员或者机械在货位间的通道内巡回穿行，将需要的商品不断拣出，送往集结区发运。

在流通型库房中，商品经过验收后首先进入储存区。在储存区内，按照一定要求进行密集堆码。随着商品的出库，拣货区的商品不断减少，然后从储存区向拣出货位上进行补充。通过设置一个拣货及出库准备区出库，可以提高作业效率和灵活性。

确定拣货以及出库准备区面积的大小时主要考虑商品出库作业的复杂程度与作业量的大小。由于作业复杂、作业量大，作业区域也应当扩大，以避免作业过程中作业场地过于拥挤、相互干扰，降低作业效率。

对于流通型库房来说，库房布置不是以提高面积利用率为主，而是综合考虑各种需要。实际上，库房储存的商品周转越快，储存所需的面积相对越小。这是促使库房向空间发展，以争取储存空间的主要原因之一。

第3节　仓储作业流程管理

仓储作业流程是指以保管活动为中心，从仓库接收商品入库开始到按需要把商品全部完好地发送出去的全部过程。

仓储作业流程主要由入库、保管、出库三个阶段组成。按作业顺序来看，还可以细分为接运、内部交接、验收、保管、出库、点交清理与发运七个作业环节，如图5-6所示。

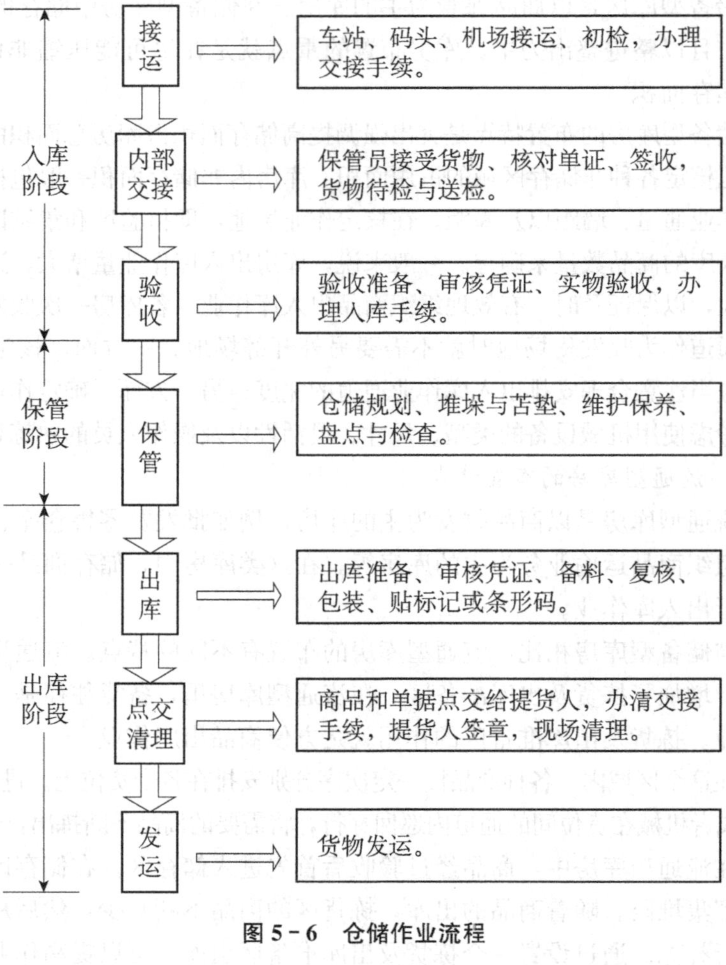

图5-6　仓储作业流程

一、入库管理

商品入库一般要经过接运、内外交接、验收三个环节。

接运是从供应商或者运输商手中接收货物的过程。交接完毕后，货物正式转入仓库中。接运有专用线接货、车站码头接货、仓库自行提货和库内接货四种方式。

无论采用何种方式，交接的基本任务都一样，即确认货物的数量和质量，处理好事故责任，做好商务记录，办好交接手续。

接运的货物要经过卸载、分类（分标记）、点验、签发入库凭证、入库堆码、登记入账等一系列作业。对这些作业活动要进行合理安排和组织，尤其要做好以下几项工作。

（一）入库前的准备工作

做好入库前的准备是保证商品入库快而不乱的重要条件。入库准备一般包括：

（1）仓位准备，即根据商品的性能、数量、体积、重量等确定商品堆放地点，并进行清理、消毒等工作；

（2）接货人员、设备等物质准备；

（3）作业操作顺序的安排，即根据商品入库的数量、时间、品种做好接货、验收、搬运、堆码等各环节的协调配合；

（4）在机器操作条件下，要事先安排好定人、定机的作业序列。

（二）核对资料

核对资料就是要核对合同、发票、运单、货物清单、质量证明、产品说明书等。主要是确认供货商、运输商以及入库商品品种、规格和质量，只有单据齐全无误，才能接收货物。

（三）检验实物

检验实物是指对入库的商品按规定的程序和手续进行数量和质量的检验。

1. 数量检验

商品运到后，收货人员要按商品入库单清点商品数量。商品数量的计量分计数与计重两种。计数可采取大数点收、逐件计总，或集中堆码点数等方法。计重的商品若需要验收净重，可根据商品包装的具体情况，采用扣除平均皮重或除皮核实等方法。

2. 质量检验

质量检验是指鉴定商品的质量指标是否符合规定，分理化鉴定和感官鉴定两种方法。理化鉴定一般由技术检验部门进行取样测定。感官鉴定一般由仓库保管员在验收商品时凭感官检查商品的包装、外观等，如检查商品有无破损、渗漏、污染、变形、干裂及沉淀、混淆、霉烂等异常现象。

3. 商品检验方式

商品检验方式有全验和抽验两种。全验主要是数量的全验，在批量小、规格尺寸和包装不整齐以及验收质量严格时采用。它需要较多的人力、物力和时间，但可以保证验收质量。抽验是在批量大、规格尺寸和包装尺寸整齐、商品质量信誉较高以及验收条件有限的情况下，特别是进行商品的理化性能检验时，通常采用的方式。近年来，商品质量的提高和数理统计学的发展为抽验方式提供了物质条件和理论根据。商品检验方式一般由供货方和接货方通过签订协议或合同加以规定。

4. 验收中发生问题的处理

为了准确划分储存单位、运输部门的职责和保证入库商品的质量，对验收中出现的问题要严格按照制度规定处理。

（1）商品入库凭证不齐或不符时，仓库有权拒收或要求重办入库凭证，将送到的商品另行堆放，暂作待验处理。

（2）当验收中发现商品质量不符合规定时，应立即会同交货单位或有关人员作出详细记录，将有问题商品单独存放，同时采取必要措施防止损失扩大，并迅速通知有关单位到现场查看，共同协商，及时处理。

（3）在数量检查中，计数商品一般不允许有短缺；对计重商品所发生的损益，凡在规定标准以内的，仓库可按实际数量验收入库，超过规定时，应会同交货人员作出记录，分清责任，及时处理。

（4）在验收中对有索赔期的商品应及时检验，发现问题时必须按照规定的程序，在规定的期限内向有关部门提出索赔要求。否则，责任部门对所造成的损失将不予受理。

（四）建立账、卡、档案

在实物检验中，会产生原始记录，如磅码单、入库验收单等，要根据这些原始记录，建立入库台账、货卡和物资档案。入库台账又叫物资保管台账，是按品种分页记录的物资品种入库、出库流水明细账。货卡是类似明细账的一种卡片，挂在货垛或货架上，作入库、出库的流水记录，供保管员巡视清点时方便地查看货品变动情况。档案是物资与所有供应商、运输商相关的单据、凭证、质量说明书等的集合。建立了账、卡、档案后，入库阶段结束。

二、在库管理

（一）配分和堆码苫垫

配分就是要把所进的货物合理分配到合适的货位，包括货位规划和分拣。

货位规划就是要在仓库整体规划的基础上，具体安排货物的存放货位。因为仓库中存放的货物出出进进，是动态变化的，货位的存满和取空也是随时变化的，所以每次新到货物都有一个货位选择和调整的问题。货位的选择和调整主要考虑以下五个因素。

（1）服从仓库整体布置规划和存放系列化原则。

（2）考虑现有货位的空闲情况。

（3）考虑该种物品的周转速率。

（4）先进先出（或者后进先出）原则。

（5）方便作业原则。

确定好货位以后，就要将待入库存放的货物流进行分拣和入位。分拣，可以是人工分拣，也可以是自动分拣。自动分拣可以是传输线自动识别、自动拣选、自动入位，也可以是智能叉车自动识别、自动拣选、自动入位。

配分完毕，就要做好堆码苫垫工作。堆码苫垫就是要妥善堆码，安全、合理、可靠地存放。堆码苫垫的基本要求是：

（1）合理，即货垛的宽度、高度、垛间距等要合理。

（2）牢固，即货垛垫脚、格架、桩柱、层间堆码以及篷盖等要结实可靠。

（3）定量，即做到“五五”堆码、过目成数，便于清点。

（4）整齐，即外观整齐好看。

（5）节省，即提高空间利用率，节省空间，节省搬运强度。

（6）方便，即方便搬运作业、方便清点。

（二）在库商品的数量管理——商品的盘点

商品的保管是指商品在储存过程中所进行的保养和管理。广义上，商品在离开生产领域而又未进入消费领域之前这段时间的保养和管理工作都称为商品的保管。商品保管的目的是通过盘点确保商品的数量准确。

1. 商品盘点的概念

因为货物不断地进出库，在长期的累积下库存资料容易与实际数量产生不符的现象，或者有些产品因存放过久、存放不恰当，致使品质机能受影响，难以满足客户的要求。为了有效地控制货品数量而对各储存场所进行数量清点的作业称为盘点作业。

2. 盘点作业的目的

盘点的最终目的是保证账实相符。具体表现在以下几个方面。

（1）查清实际库存数量。

由于多种原因，如收发中记录库存数量时多记、误记、漏记，作业中导致商品损坏、遗失，验收与出货时清点有误，盘点时误盘、重盘、漏盘等，往往导致账面库存数量与实际库存数量不符。通过盘点清查实际库存数量与账面库存数量的异同，可发现问题，查明原因，及时调整。

（2）计算企业资产的损益。

库存商品的数额能够直接反映出企业流动资金的周转情况，库存量过高，企业流动资金的正常运转将受到威胁，盘点可以准确地计算出企业的实际损益。

（3）发现商品管理中存在的问题。

通过盘点确定是盘亏还是盘盈后，可采取相应措施，提高库存管理水平，减少损失。

3. 盘点作业的步骤

（1）事先准备。

盘点前的准备工作是否充分，直接关系到盘点作业能否顺利进行，甚至关系到盘点是否成功。盘点的基本要求是必须做到快速准确，为了达到这一基本要求，盘点前的充分准备十分必要，应做的准备工作如下。

1）确定盘点的具体方法和作业程序；

2）配合财务会计做好准备；

3）设计印制盘点用表单；

4）准备盘点用基本工具。

（2）盘点时间的确定。

为了保证账物相符，盘点次数越多越好，但盘点需投入大量人力、物力、财力，有时大型全面盘点还可能引起生产的暂时停顿。为此，合理地确定盘点时间非常重要。事实上，引起盘点结果盈亏的关键在于出入库过程中票据的输入和查点数目的错误，或者出入库搬运形成了商品损失。出入库越频繁，引起的误差越大。

在确定盘点时间时，要根据仓库周转的速度来确定。若商品流动速度不快，可以半年至一年进行一次盘点。对于商品流动速度较快的仓库，既要防止长期不盘点造成重大经济损失，又要防止盘点频繁造成经济损失。在实际运行中可以根据商品的不同特性、价值大小、流动速度、重要程度来分别确定不同的盘点时间，盘点可以每天、每周、每月、每年一次不等。

（3）确定盘点方法。

1）账面盘点法。账面盘点法是将每一种货品分别设账，然后将每一种货品的入库与出库情况详加记载，不必实地盘点即能随时从电脑或账册上查悉货品的存量。通常量少而单价高的货品适合采用此方法。

2）现货盘点（实地盘点）法。现货盘点法依其盘点时间频度的不同分为期末盘点法及循环盘点法。期末盘点法是指在期末一起清点所有货品数量的方法，而循环盘点法则是在每天或每周都作少种少量的盘点，到了月末或期末则每项货品至少完成一次盘点的方法。

（4）培训盘点人员。

大规模的全面盘点必须增派人员协助进行，这些人员通常来自管理部门，主要是对盘点过程进行监督，并复核盘点结果，因此必须对他们进行熟悉盘点现场与盘点商品的训练；培训的另一个方面是针对所有盘点人员进行盘点方法及盘点作业流程的训练，盘点作业人员对盘点的基本要领、表格、单据的填写等必须十分清楚，这样盘点工作才能顺利进行。

（5）清理盘点现场。

盘点现场即储位管理包括的区域。盘点作业开始之前必须对其进行整理，以提高盘点作业的效率和盘点结果的准确性。

（6）盘点工作。

盘点工作可分为两部分：一是预盘阶段；二是复盘阶段。

（7）查清差异原因。

造成盘点差异的主要原因有以下几个方面：

1）记账员素质不高，登录数据时发生错登、漏登等情况；

2）账务处理系统管理制度和流程不完善，导致货品数据不准确；

3）盘点时发生漏盘、重盘、错盘现象，导致盘点结果出现错误；

4）盘点前数据未结清，使账面数不准确；

5）出入作业时产生误差；

6）由于盘点人员不尽责导致货物损坏、丢失等。

（8）盘点结果处理。

查清原因后，为了通过盘点使账面数与实物数保持一致，需要对盘点盈亏和报废品一并进行调整。

（三）在库商品的质量管理——商品的养护

1. 商品养护的概念

商品养护是指在储存过程中为了保证商品质量、减少商品损耗、防止商品变质所进行的维护和保养。

2. 商品质量变化的表现形式

（1）物理变化。

商品的物理变化是指只改变物质本身的外部形态而不改变其本质，在变化过程中不会形成新物质，并且可以反复变化的现象。例如，挥发、溶化（尿素、食盐、食糖等）、熔化（蜡烛、香脂等）、渗漏（牛奶、天然气等）、串味（茶叶等）、玷污（针织品等）、破碎与变形（玻璃、陶瓷、铝制品等）、沉淀（饮料、墨水等）等。

（2）化学变化。

化学变化不仅改变物质的外表形态，也改变物质的本质，并生成新物质。商品中常见的化学变化有氧化、化合、分解、聚合、老化、风化、燃烧与爆炸等。

（3）生化变化。

生化变化是指有生命活动的有机体在生长过程中，为了维持生命，其自身发生的一系列变化。例如粮食、水果、蔬菜、鲜鱼、鲜肉、鲜蛋等有机物受到外界环境的影响发生的种种变化。这些变化主要有呼吸作用、发芽、胚胎发育、后熟作用等。

（4）生物学变化。

生物学变化是指商品在外界有害生物的作用下遭到破坏的现象，如虫蛀、霉腐、鼠咬等。

3. 商品养护的基本任务

商品养护的基本任务是根据商品的种类及特性、发生质量变化的速度、危害程度、季节变化等，制定相应的技术措施，保证商品质量，以求最大限度地避免或减少商品损失，降低商品损耗。

养护是经常性的工作，应结合商品质量变化的表现形式展开商品养护工作，主要包括温度和湿度调节控制、通风、除潮、除湿、去污染、清扫卫生、防虫、防暑、防盗、防火、货垛货架维护等。

三、出库管理

（一）出库作业流程

商品出库业务是商品储存业务的最后一个环节，是仓库根据使用单位或业务部门开出的商品出库凭证（提货单、领料单、调拨单等），按其所列的商品名称、规格、数量、时间和地点等项目，组织商品出库、登账、配货、复核、点交清理和送货等一系列工作的总称。

1. 商品出库的依据

商品出库必须依据货主开出的商品出库凭证进行。在任何情况下，仓库都不得擅自动用、变相动用或者外借货主的库存商品。

货主的出库通知或出库请求的格式不尽相同，不论采用何种形式，都必须是符合财务制度要求的有法律效力的凭证，要坚决杜绝凭信誉或无正式手续的发货。仓库业务部门根据提货人的提货凭证办理提货手续，并签发出库单，指示仓库保管部门交货。

2. 商品出库方式

商品出库方式是指仓库用什么样的方式将商品交付用户。选用哪种方式出库，要根据具体条件，由供需双方事先商定。

（1）客户自提。

这种发货形式是由收货人或其代理持取货凭证直接到库取货，仓库凭单发货。仓库发货人与提货人可以在仓库现场划清交接责任，当面交接并办理签收手续。

（2）仓库送货。

仓库根据货主单位的出库通知或出库请求，通过发货作业把应发物品交由运输部门送达收货单位或使用仓库自有车辆把物品运送到收货地点的发货形式，就是通常所称的仓库送货。

仓库实行送货有多方面的好处：仓库可预先安排作业，缩短发货时间；收货单位可避免因人力、车辆等不便而产生的取货困难；可合理使用运输工具，减少运费。

（3）过户。

过户是一种就地划拨的形式，物品实物并未出库，但是所有权已从原货主转移到新货主。仓库必须根据原货主开出的正式过户凭证办理过户手续。

（4）取样。

货主由于商检或样品陈列等需要，到仓库提取货样（通常要开箱拆包、分割抽取样本）。仓库必须根据正式取样凭证发出样品，并做好账务记载。

（5）转仓。

转仓是指货主为了业务方便或改变储存条件，将某批库存自甲库转移到乙库。仓库也必须根据货主单位开出的正式转仓单，办理转仓手续。

3. 出库业务程序

（1）出库前的准备工作。

可分为两个方面：一方面是计划工作，即根据货主提出的出库计划或出库请求，预先做好物品出库的各项安排，包括货位、机械设备、工具和工作人员，提高人、财、物的利用率；另一方面是要做好出库物品的包装和标志标记。发往异地的货物需经过长途运输，其包装必须符合运输部门的规定，如捆扎包装、容器包装等。将成套机械、器材发往异地事先必须做好货物的清理、装箱和编号工作，在包装上挂签（贴签）、书写编号和发运标记（去向），以免错发和混发。

（2）出库程序。

出库程序包括核单备货、复核、包装、点交、登账、清理等过程。出库必须遵循“先进先出，推陈储新”的原则，使仓储活动的管理实现良性循环。

不论是哪种出库方式，都应按以下程序做好管理工作。

1）核单备货。

如属自提物品，首先要审核提货凭证的合法性和真实性；其次核对品名、型号、规格、单价、数量、收货单位、有效期等。

出库物品应附有质量证明书或副本、磅码单、装箱单等，机电设备、电子产品等物品应随货附说明书及合格证。备料时应本着“先进先出，推陈储新”的原则，易霉易坏的先出，接近失效期的先出。

备货过程中，凡计重货物，一般以入库验收时标明的重量为准，不再重新计重。需分割或拆捆的应根据情况进行。

在接到出库单据后，要根据出库单据生成拣货单或分货单，然后进行拣货作业，拣货作业主要通过大量的人工作业来完成，高效、准确地完成拣货工作对仓储从业人员是一项重要的职业技能要求。

2）复核。

为了保证出库物品不出差错，备货后应进行复核。出库的复核形式主要有专职复核、交叉复核和环环复核三种。除此之外，在发货作业的各道环节上，都贯穿着复核工作。例如，理货员核对货单，守护员（门卫）凭票放行，账务员（保管会计）核对账单（票）等。这些分散的复核形式，起到了分头把关的作用，都有助于提高仓库发货业务的工作质量。

复核的内容包括：品名、型号、规格、数量是否同出库单一致；配套是否齐全；技术证件是否齐全；外观质量和包装是否完好。只有加强出库的复核工作，才能防止错发、漏发和重发等事故的发生。

3）包装。

出库物品的包装必须完整、牢固，标记必须正确清楚，如有破损、潮湿、捆扎松散等不能保障运输中安全的，应加固整理，破包破箱不得出库。各类包装容器上若有水渍、油迹、污损，也不能出库。

出库物品如需托运，包装必须符合运输部门的要求，选用适宜的包装材料，其重量和尺寸便于装卸和搬运，以保证货物在途的安全。

包装是仓库生产过程的一个组成部分。包装时，严禁互相影响或性能互相抵触的物品混合包装。包装后，要写明收货单位、到站、发货号、本批总件数、发货单位等。

4）点交。

商品经复核后，如果是本单位内部领料，则将商品和单据当面点交给提货人，办清交接手续；如系送料或将商品调出本单位办理托运的，则与送料人员或运输部门办理交接手续，当面将商品点交清楚。交清后，提货人员应在出库凭证上签章。

5）登账。

点交后，保管员应在出库单上填写实发数、发货日期等内容，并签名。然后将出库单连同有关证件资料，及时交货主，以便货主办理货款结算。保管员把留存的一联出库凭证交实物明细账登记人员登账。

6）现场和档案的清理。

现场清理包括清理库存商品、库房、场地、设备和工具等。档案清理是指对收发、保养、盈亏数量和垛位安排等情况进行分析。

（二）出库中发生问题的处理

出库过程中出现的问题是多方面的，应分别情况处理。

1. 出库凭证（提货单）上的问题

(1) 凡出库凭证超过提货期限，用户前来提货，必须先办理手续，按规定缴足逾期仓储保管费，然后才可发货。任何非正式凭证都不能作为发货凭证。提货时，用户发现规格开错，保管员不得自行调换规格发货。

(2) 凡发现出库凭证有疑点，以及出库凭证发现有假冒、复制、涂改等情况时，应及时与仓库保卫部门以及出具出库单的单位或部门联系，妥善处理。

(3) 商品进库未验收，或者期货未进库的出库凭证，一般暂缓发货，并通知货主，待货到并验收后再发货，提货期顺延。

(4) 如客户将出库凭证遗失，客户应及时与仓库发货员和账务人员联系挂失；如果挂失时货已被提走，保管人员不承担责任，但要协助货主单位找回商品；如果货还没有被提走，保管人员和账务人员查实后，做好挂失登记。将原凭证作废，缓期发货。

2. 提货数与实存数不符

若出现提货数量与商品实存数不符的情况时，一般是实存数小于提货数。造成这种问题的原因主要有以下几方面。

(1) 商品入库时，由于验收问题，增大了实收商品的签收数量，从而造成账面数大于实存数。

(2) 仓库保管人员和发货人员在以前的发货过程中因错发、串发等差错，而形成实际商品库存量小于账面数。

(3) 货主单位没有及时核减开出的提货数，造成库存账面数大于实际储存数，从而开出的提货单提货数量过大。

(4) 仓储过程中造成了货物的毁损。

当遇到提货数量大于实际商品库存数量时，无论是何种原因造成的，都需要和仓库主管部门以及货主单位及时取得联系后再处理。

3. 串发货和错发货

所谓串发货和错发货，主要是指发货人员由于对物品种类规格不很熟悉，或者由于工作中的疏漏把错误规格、数量的物品发出库的情况。

如果物品尚未离库，应立即组织人力，重新发货。如果物品已经离开仓库，保管人员应及时向主管部门和货主通报串发货和错发货的品名、规格、数量、提货单位等情况，会同货主单位和运输单位共同协商解决。一般在无直接经济损失的情况下由货主单位重新按实际发货数冲单（票）解决。如果形成直接经济损失，应按赔偿损失单据冲转调整保管账。

4. 包装破漏

包装破漏是指在发货过程中，因物品外包装破损引起的渗漏等问题。这类问题主要是在储存过程中因堆垛挤压、发货装卸操作不慎等情况引起的，发货时都应经过整理或更换包装方可出库，否则造成的损失应由仓储部门承担。

5. 漏记账和错记账

漏记账是指在出库作业中，由于没有及时核销明细账而造成账面数量大于或小于实存数的现象。错记账是指在商品出库后核销明细账时没有按实际发货出库的商品名称、数量等登记，从而造成账实不相符的情况。

无论是漏记账还是错记账，一经发现，除及时向有关领导如实汇报情况外，同时还应根据原出库凭证查明原因调整保管账，使之与实际库存保持一致。如果由于漏记账和错记账给货主单位、运输单位和仓储部门造成了损失，应予赔偿，同时应追究相关人员的责任。

6. 退货管理

退货是指仓库已经发货出库并已办理出库手续的商品，由于某种原因而要退回仓库。通常这是厂商售后服务的一项工作。商品退货到仓库有多种原因，有的是仓库按出库凭证发错了货，有的是运输途中商品受到损坏经客户单位同意退回，有的是收货人订货的错误，还有的是由于商品存在质量问题等。

退货处理的一般流程是：

(1) 要求退货人填写退货申请表，且该申请表必须经客户单位确认同意。

(2) 仓库方面认真清点退货，详细做好记录。

(3) 仓库方面核对退回的商品与退货申请表所列的内容是否相符，若有异议必须以书面形式提出。

(4) 仓库方面将退回的商品根据退货原因，分别存放和标记，登记入账，并及时向业务部门或客户单位反馈有关信息。

第 4 节　仓储合理化

一、仓储合理化的概念

仓储合理化就是用最经济的办法实现仓储的功能，这是合理化的前提和本质。实现合理化的仓储首先要明确仓储合理化的标志及实现仓储的功能。其次，如果过分强调仓储功能的实现，又会导致仓储的数量过大。所以，合理仓储的实质是尽量保证在低成本的投入下实现仓储功能。

二、仓储合理化的标志

实现最低成本而又能充分满足客户需求的仓储数量是衡量仓储管理中合理化的一项原则。具体仓储合理化标志见表 5-1，包括质量标志、数量标志、时间标志、结构标志、费用标志和分布标志六项。

表 5-1　　**仓储合理化标志**

标志类型	仓储合理化内容
质量标志	保证仓储物的质量是完成仓储功能的根本要求。只有这样，商品的使用价值才能经过物流得以最终实现。在仓储中增加了多少时间价值或是得到了多少利润，都是以保证质量为前提的。所以，仓储合理化的主要标志中，为首的应是反映使用价值的质量。

续前表

标志类型	仓储合理化内容
数量标志	仓储管理中的物品数量控制体现出整个仓储管理的科学化和合理化程度。合理的仓储数量应该是既满足需求又能做到成本最低。
时间标志	在保证仓储功能实现的前提下，寻求合理的储存时间。在仓储管理中，物品的管理应该处于动态的周转状态。资金的周转率高，运作的成本就低。因此，仓储的时间标志反映出仓储的动态管理制度。
结构标志	从所储存物品不同品种、不同规格、不同花色的仓储数量的比例关系可以对仓储合理性进行判断。
费用标志	从仓储费、维护费、保管费、损失费、保险费和资金占用利息支出费用等实际费用判断储存合理与否。
分布标志	从不同地区仓储的数量比例关系可以判断当地需求比例，以及对需求的保障程度，也可以判断对整个物流的影响。

三、不合理仓储的表现形式

（一）仓储时间过长

仓储时间从两个方面影响仓储这一功能要素的效果，两者彼此消长的结果是形成仓储的最佳时间区域。一方面是经过一定时间，仓储的商品可以获得时间效用；另一方面是随着仓储时间的增加，商品有形及无形损耗会加大，这是时间效用的一个逆反因素。从时间效用角度来考察，储存一定时间，效用可能增大，如储存时间继续增加，其效用会出现增加减缓甚至降低，时间效用甚至可能出现周期性波动。因而仓储的总效果是确定仓储最优时间的依据。

（二）仓储数量过大

仓储数量主要从两个方面影响仓储这一功能要素的效果，这两个方面利弊的消长使仓储数量有一个最佳的区域，超过这个数量区域的储存量就是不合理的仓储。储存数量对仓储效果的影响是：一方面储存一定数量以形成保证供应、保证生产、保证消费的能力。一般地，单就保证的技术能力而言，数量大可以有效提高这一能力，但保证能力的提高，不是与数量成比例，而是遵从边际效用，每增加一单位储存数量，总能力虽会随之增加，但所增加的保证供应能力却逐渐降低，以致最终再增加储存量对保证能力基本不产生影响。另一方面，仓储的各种有形和无形损失是随着储存数量的增加基本上成比例增加，仓储量越大，损失量也越大。如果仓储管理力量不能按比例增长，甚至还可能出现储存量增加到一定程度，损失陡增的现象。储存数量的增加会引起仓储损失无限增加，而保证能力增加却是有限的，因而可以肯定地说，超出一定限度的储存数量是有害无益的。

（三）仓储数量过小

仓储数量过小会严重降低对供应、生产、消费的保证能力，储存数量越小，仓储的各种损失就会越少。两者彼此消长的结果是储存数量降到一定程度，由于保证能力的大幅度削弱会引起巨大损失，其损失远远超过由于减少储存量防止库损、减少利息支出损失等带来的收益。所以，仓储数量过小，也是一种会极大损害仓储总效果的不合理现象。

（四）仓储条件不足或过剩

仓储条件也从两个方面影响仓储这一功能要素的效果，这两个方面利弊消长的结果决定了仓储条件的恰当范围。仓储条件不足或过剩，都会使仓储的总效益下降，因而是不合理的。仓储条件不足，指的是仓储条件不足以为仓储物提供良好的仓储环境及必要的仓储管理措施，因此往往造成仓储物的损失或整个仓储工作的混乱。仓储条件不足主要反映在仓储场所简陋、仓储设施不足以及维护保养手段及措施不力，不足以保护仓储物。仓储条件过剩，指的是仓储条件大大超过实际需要，使仓储物过高负担仓储成本，使仓储物的实际劳动投入大大高于社会平均必要劳动量，从而出现亏损。

（五）仓储结构失衡

仓储结构是指仓储物的比例关系，仓储物的比例在宏观和微观上都会出现失调，这种失调表现在仓储物的品种、规格、花色等方面的失调，例如，总量正常，但不同品种、规格、花色此有彼无；仓储物不同品种、规格、花色的储存期失调、储存量失调，存在此长彼短或此多彼少的失调现象。仓储结构失调也导致了短缺的物资出现供应的不连续或者缺货，而多余的物资又浪费了资源。

四、仓储合理化的措施

（一）选址合理

仓储离不开仓库，仓库建设要求布局合理。仓库的位置对于商品流通速度的快慢和流通费用的大小有直接的影响。仓库的布局要与工农业生产布局相适应，应尽可能靠近供货单位，这就是“近厂近储”原则，否则就会造成工厂远距离送货的矛盾。商品供应外地的，仓库选址要考虑邻近的交通运输条件，力求靠近车站码头，以利于商品发运，这就是“近运近储”原则；如果储存的商品主要供应本地区，则宜建于中心地区，与各销售单位呈辐射状。总之，在布局时应掌握物流距离最短的原则，尽可能避免商品运输的迂回倒流，在选择建设大型仓库的地理位置时，最好能具备铺设铁路专用线或兴建水运码头的条件，同时，还应具有大型集装箱运输车进出的条件，附近的道路和桥梁要有相应的通过能力。

（二）储存量合理

储存量合理是指储存有合理的数量。在新的产品运到之前，有一个正常的能保证供应的库存量。影响合理储存量的因素很多：首先是社会需求量，社会需求量越大，库存储备量就越多；其次是运输条件，运输条件好、运输时间短，则储存数量可以相应减少；最后是物流管理水平和技术装备条件（如进货渠道、中间环节、仓库技术作业等），都将直接或间接地影响商品库存量的水平。

（三）储存结构合理

储存结构合理是指对不同品种、规格、型号的商品，根据消费要求，在库存数量上确定彼此之间有合理的比例关系，它反映了库存商品的齐备性、配套性、全面性和供应的保证性，储存结构主要是根据消费需要和市场需求的变化等因素确定。

（四）储存时间合理

储存时间合理是指每类商品要有恰当的储备保管天数。储备天数不能太长也不能太短，储备天数过长，会延长资金占用；储备天数过短则不能保证供应。储存时间主要应根据流通销售速度来确定，其他如运输时间、验收时间等也是应考虑的影响因素。此外，某些商品的储存时间还受到该商品的性质和特点影响，如储存时间过长产品就会发生物理变化、化学变化、生化变化等，造成变质或损坏。

本章小结

本章主要介绍了仓储管理的基本知识。首先介绍了仓库的概念、功能以及分类；接着介绍了仓储规划与设计，包含两个方面内容，一个是仓库宏观规划与设计，另一个是仓库内部规划与设计；然后介绍仓储作业流程，包括入库管理、在库管理、出库管理；最后介绍了仓储合理化的概念、标志，不合理仓储的表现形式以及实现仓储合理化的具体措施。

思考题

1. 仓库具体有哪些分类？
2. 仓库的功能有哪些？
3. 入库前的准备工作有哪些？
4. 仓储合理化的标志是什么？
5. 不合理仓储的表现形式具体有哪些？
6. 如何实现仓储合理化？

第6章

库存管理

学习目标

- 了解库存的概念
- 掌握库存的二重性及优缺点
- 了解库存管理的概念
- 了解库存管理的方法
- 掌握定量订货法及定期订货法

导引案例

海尔是全球大型家电第一品牌，1984年创立于青岛，在全球建立了21个工业园、5大研发中心、19个海外贸易公司，全球员工超过8万人。

海尔以前与现在库存管理状况对比

以前，厂家生产的产品难免有大量库存，产品如果卖不出去，就要折价出售，而在新的合作模式下，厂家可以实现成品零库存，库存的不再是成品，而是模块，顾客需要什么产品，厂家就将这些模块快速组装后生产所需产品，然后以最快的速度送到顾客手中。

海尔库存管理

海尔集团过去是基于传统观念的库存管理，库存在功能上仅仅相当于纯粹意义上的仓储。在确立了新的重组战略，对集团内组织作了相应创新之后，就可以对具体的物流层面进行创新了。对海尔集团来说，这主要体现在库存作业的现代化和库存管理方法的创新。

1. 库存作业现代化

（1）1999年，海尔在青岛海尔信息园建立了一座立体仓库。

（2）2000年，海尔在青岛海尔开发区工业园建造了国际化全自动物流中心。

（3）海尔开发区工业园国际化全自动物流中心全部实现自动化，效率高，通过物流和大型的计算机数据库管理能够最大限度地降低物流成本，包括销售、生产、采购供应、售后服务过程中的成本。

2. 库存管理方法的创新

(1) 实施ERP（企业资源计划）。海尔在整个物流的供应链中实施了ERP。海尔在实施过程中采取了分步进行的方法。

第一步，应用于库存管理。

第二步，应用于车间的生产计划管理。

第三步，逐步应用于供应链的全过程管理。

通过实施ERP，实现信息化管理，海尔大大减少了重复的简单劳动，提高了工作效率和工作质量。

(2) 实施JIT（准时生产方式）。

(3) 实施3PL（第三方物流）。

(4) 物流标准化。

海尔零库存

为了实现零库存，海尔将各道生产工序标准化，并使每道工序的产能实现精确计算。通过工程部门、维修部门、质检部门等的全力配合，消除安全、质量、故障等方面的隐患，实现每一道工序的产品全部流入下一道工序。

这些创新库存方法使海尔提高了运作效率，节省了库存面积，减少了储备量和资金占用，提高了生产计划保障率，降低了运作成本，提高了管理水平等。

资料来源：海尔实施库存控制分析．http：//wenku.baidu.com/view/5765402be2bd960590c6778a.html.

第1节 库存管理概述

一、库存的概念

（一）库存的定义

库存是指在仓库中处于暂时停滞状态、用于未来的有经济价值的物资。广义的库存还包括处于制造加工状态和运输状态的物品。

一般地，库存是指暂时闲置的用于将来目的的资源。资源的闲置就是库存，与这种资源是否存放在仓库中没有关系，与它们是否处于运动状态也没有关系。汽车运输的货物处于运动状态，但这些货物是为了满足未来需要而暂时闲置的，这也是库存，是一种在途库存。这里所说的资源，不仅包括工厂里的各种原材料、毛坯、工具、半成品、成品，而且包括银行里的现金，医院里的药品、病床，运输部门的车辆等。一般地，人、财、物、信息各方面的资源都有库存问题。专业人才的储备就是人力资源的库存，计算机硬盘存储的大量信息则是信息的库存。

（二）库存的二重性

库存具有二重性。一方面，库存是企业生产和经营活动的前提条件，没有库存，企业的生产和经营就无法正常进行；另一方面，库存也是一种负担，它需要占用企业大量的资金，成本较高。由于库存的二重性，企业在最大限度地追求利润的同时，必须最大限度地消除浪费和减轻负担，这就要求企业取消一切不必要的库存。

(三) 库存的优缺点

库存的优点体现在：

(1) 获得大量购买的价格折扣。

(2) 应对涨价、政策改变以及延迟交货等情况的发生。

(3) 通过大量运输降低运输成本。

(4) 避免由于紧急情况而发生停产。

(5) 有助于提高客户服务水平。

库存的不足之处表现为：

(1) 占用企业大量资金。通常情况下会达到企业总资产的20%～40%。

(2) 增加了企业的产品成本与管理成本。

(3) 掩盖了企业众多的管理问题，如计划不周、采购不力、生产不均衡、产品质量不稳定及市场销售不力等。

二、库存管理的概念

(一) 库存管理的定义

库存管理是指为了满足企业生产经营的需要而对计划储存、流通的有关物料进行管理的活动。其主要内容包括库存信息管理及在此基础上所进行的决策与分析工作。库存管理是物流管理的重要内容之一，其核心问题是如何保证在满足用户或企业对库存需要的前提下，保持合理的库存水平，即在防止缺货的情况下，将库存总成本控制在合理的范围内。

库存的目的主要是为了防止缺货成本的发生。一般地，在防止缺货成本发生的同时，库存也带来了资金的占用并导致机会成本（即资金占用成本）的产生，同时也增加了储存管理成本。因此，这里就产生一个悖论，当库存增加时，缺货成本发生的概率减小，而库存的资金占用成本和管理成本增加；当库存减少时，虽然库存的资金占用成本和管理成本减少，但是缺货成本发生的概率却增加了。库存管理就是要解决这个悖论。

- 库存管理与储存保管的区别。库存管理是从物流管理的角度出发强调库存管理的经济性和合理化，储存保管则是从物流作业的角度出发强调储存保管的效率化。

- 库存管理与仓库管理的区别。仓库管理主要针对仓库或库房的布置、物料运输与搬运，以及储存自动化等要素进行管理；而库存管理的主要功能是在供应与需求之间建立缓冲区，缓解用户需求与企业生产能力之间、最终装配需求与零配件之间、零件加工工序之间、制造商需求与原材料供应商供给之间的矛盾。库存管理的对象是库存项目，即企业中的所有物料，包括原材料、零部件、在制品、半成品、产成品以及辅助物料。

(二) 库存管理的目标

库存好比一把双刃剑，库存水平过高会增加企业的库存持有成本，库存水平过低又会使缺货成本上升。因此，库存管理的目的是，在保证满足顾客需求的前提下，通过对企业的库存水平进行合理控制，达到降低库存总成本，提高服务水平，增强企业竞争力的目的。

库存管理的总目标是通过适量的库存达到合理的供应，使得总成本最低。具体包括以下分目标：

（1）合理控制库存，有效运用资金。

（2）以最低的库存量保证企业生产经营活动的正常进行。

（3）及时把握库存状况，维持适当的库存水平。

（4）减少不良库存，节约库存费用。

总之，有效的库存管理应使物流均衡顺畅，既能保障生产经营活动的正常进行，又能合理压缩库存占用资金，取得良好的经济效益。

（三）库存管理的方法

1. ABC分类法

ABC分类法又称重点管理法或ABC分析法，该方法根据巴雷特曲线所揭示的关键的少数和次要的多数，以库存物资单个品种的库存资金占整个库存资金的累积百分数为基础将存货分为A类、B类和C类，针对不同类型级别的货物进行分别管理和控制，如表6-1所示。

建立在ABC分类基础上的库存管理策略：购买A类库存的资金应远高于购买C类库存的资金；对A类库存的现场管理应更严格，应将A类库存存放在更安全的地方，而且为了保证它们的记录准确性，应频繁地进行检验；预测A类库存应比预测其他类库存更为仔细。

表6-1　　不同类型库存的管理策略

库存类型	特点（按货币量占用）	管理方法
A类	品种数占库存总数的5%～15%，成本占60%～80%	进行重点管理。现场管理更加严格，应放在更安全的地方；为了保持库存记录的准确性要经常检查和盘点；预测要更加仔细
B类	品种数占库存总数的20%～30%，成本占20%～30%	进行次重点管理。现场管理不必投入比A类更多的精力；库存检查和盘点的周期比A类要长一些
C类	品种数占库存总数的60%～80%，成本仅占5%～15%	只进行一般的管理。现场管理可以更粗放一些；但是由于品种多，出现差错的可能性比较大，因此也必须定期进行库存检查和盘点，周期比B类长一些

ABC分类法是储存管理中常用的分析方法，其应用步骤一般如下。

（1）收集数据。

按分析对象和分析内容，收集有关数据。

（2）处理数据。

对收集来的数据资料进行整理，按要求计算和汇总。以平均库存乘以单价，计算各种物品的平均资金占用额。

（3）编制ABC分析表。

(4) 根据ABC分析表确定分类。

按ABC分析表，观察累计品目百分数和平均资金占用额累计百分数，将累计品目（品种数）百分数为5%～15%而平均资金占用额（成本）累计百分数为60%～80%的物品，确定为A类；将累计品目百分数为20%～30%，而平均资金占用额累计百分数也为20%～30%的物品，确定为B类；其余为C类。

(5) 绘制ABC分析图。

以累计品目百分数为横坐标，以累计资金占用额百分数为纵坐标，绘制ABC曲线。

2. CVA方法

尽管ABC分类法在库存管理实践中取得了一定的成效，例如使企业库存总量降低，库存资金占用减少，库存结构得以优化，管理资源得到节约等，但ABC分类管理法也有不足，通常表现为C类物资得不到应有的重视，而C类物资的缺乏往往也可导致整个装配线的停工。为此，人们开发出了关键因素分析法（CVA），并在一些企业中成功应用。

CVA方法把库存物品按照关键性分为3～5类，分别给予不同的优先级，并采取不同的管理策略，如表6-2所示。

表6-2　　CVA库存种类及管理措施

库存类型	特点	管理措施
最高优先级	经营管理中的关键物品或A类重点客户的存货	不许缺货
较高优先级	生产经营中的基础性物品或B类客户的存货	允许偶尔缺货
中等优先级	生产经营中比较重要的物品或C类客户的存货	允许合理范围内的缺货
较低优先级	生产经营中需要但可替代的物品	允许缺货

CVA方法比ABC分类法有更强的目的性。但在使用时要注意，人们往往倾向于制定较高的优先级，结果高优先级的物资种类很多，最终哪种物资也得不到应有的重视。在实务中，将上述两种方法结合使用，可以达到分清主次、抓住关键环节的目的。特别是在对成千上万种物资进行优先级分类时，需要借助ABC分类法。

3. 供应商管理库存（VMI）

供应商管理库存（VMI）是指按照双方达成的协议，由供应链的上游企业根据下游企业的物料需求计划、销售信息和库存量，主动对下游企业的库存进行管理和控制的库存管理方式。

供应商库存管理能够突破传统的条块分割的库存管理模式，以系统的、集成的管理思想进行库存管理，使供应链系统实现同步化的运作。这种库存管理方式能较好地适应市场变化的要求，是一种新的库存管理思想。

4. 联合库存管理（JMI）

联合库存管理（JMI）是在VMI的基础上发展起来的上游企业和下游企业权责平衡和风险共担的一种库存管理模式。

联合库存管理强调供应链中各个节点同时参与，共同制定库存计划，使供应链过程中的每个库存管理者都从相互之间的协调性考虑，保持供应链各个节点之间的库存管理者对需求的预期保持一致，从而消除了需求变异放大现象。

第2节 库存控制管理

一、定量订货法

定量订货法可控制库存物品的数量。若采用这种方法，当库存数量下降到某个值时，立即补充库存来保证库存的供应。采用这种控制方法时，必须连续不断地检查库存物品的库存数量，所以这种方法有时也称为连续库存检查控制法。假设每次订货的订货批量是相同的，采购的提前期也是固定的，并且物料的消耗是稳定的，那么定量订货法的模型如图6-1所示。

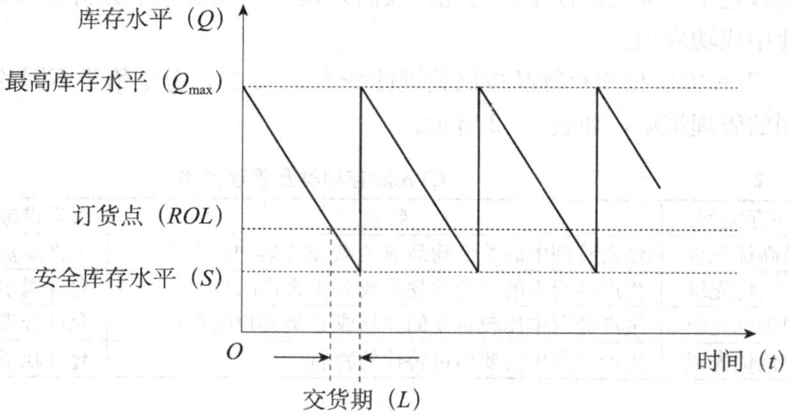

图6-1 定量订货法

定量订货法的基本原理是：预先确定一个订货点 ROL 和订货批量 Q（一般取经济订货批量 EOQ），在销售过程中，随时检查库存，当库存下降到 ROL 时，就发出一个订货批量 Q。该方法主要靠控制订货点 ROL 和订货批量 Q 两个参数来控制订货，达到既最好地满足库存需求，又能使总费用最低的目的。

（一）订货点的确定

在定量订货法中，发出订货时仓库里该品种保有的实际库存量叫做订货点。订货点是直接控制库存水平的关键。

（1）在需求量和订货提前期都确定的情况下，不需要设置安全库存，可直接求出订货点。公式如下：

订货点＝订货提前期的平均需求量
＝每个订货提前期的需求量
＝每天需求量×订货提前期（天）
＝（全年需求量/360）×订货提前期（天）

即

$$ROL=R_d \times L$$

式中，R_d 为需求或使用速度；L 为订货提前期。

（2）需求量变化，订货提前期固定时，公式如下：

订货点＝订货提前期的平均需求量＋安全库存

＝单位时间的平均需求量×订货提前期＋安全库存

即

$$ROL=\bar{R}_d \times L+S$$

式中，$\bar{R}_d$ 为单位时间的平均需求量；S 为安全库存。

在这种情况下，安全库存的计算公式为：

$$S=zQ_d\sqrt{L}$$

式中，Q_d 为提前期内的需求量的标准差；L 为订货提前期（月/天/周）；z 为预定客户服务水平下需求量变化的安全系数，它可以根据预定的服务水平，由表 6-3 查出。

表 6-3　客户服务水平与安全系数对应关系的常用数据

服务水平	0.999 8	0.99	0.98	0.95	0.90	0.80	0.70
安全系数	3.50	2.33	2.05	1.65	1.29	0.84	0.53

（3）需求量固定，订货提前期变化时，公式如下：

订货点＝订货提前期的需求量＋安全库存

＝单位时间的需求量×平均订货提前期＋安全库存

即

$$ROL=R_d \times \bar{L}+S$$

式中，$\bar{L}$ 为平均订货提前期。

在这种情况下，安全库存的计算公式为：

$$S=zR_dQ_t$$

式中，Q_t 为提前期的标准差。

（4）需求量和提前期都随机变化时，公式如下：

订货点＝订货提前期的需求量＋安全库存

＝单位时间的平均需求量×平均订货提前期＋安全库存

即

$$ROL=\bar{R}_d \times \bar{L}+S$$

在这种情况下，安全库存的计算公式为：

$$S=z\sqrt{Q_d{}^2\bar{L}+\bar{R}_d{}^2Q_t{}^2}$$

（二）订货批量的确定

经济订货批量（EOQ）是通过平衡采购进货成本和保管仓储成本核算，实现总库存成本最低的最佳订货量。

订货批量就是一次订货的数量。它直接影响库存量的高低，同时也直接影响物资供应的满足程度。在定量订货法中，对每一个具体的品种而言，每次订货批量都是相同的，通常以经济订货批量作为订货批量。

为便于讨论，作如下假设：

（1）需求量确定并已知，整个周期内的需求是均衡的；

（2）供货周期固定并已知；

（3）集中到货，而不是陆续入库；

（4）不允许缺货，能满足所有需求；

（5）购买价格或运输费率等是固定的，与订购的数量和时间无关；

（6）没有在途库存；

（7）只有一项商品库存，或虽有多种库存，但各不相关；

（8）资金可用性无限制。

在以上假设前提下，简化模型只考虑两类成本，即库存持有成本与订货成本。总库存成本与订货批量的关系如图 6－2 所示。

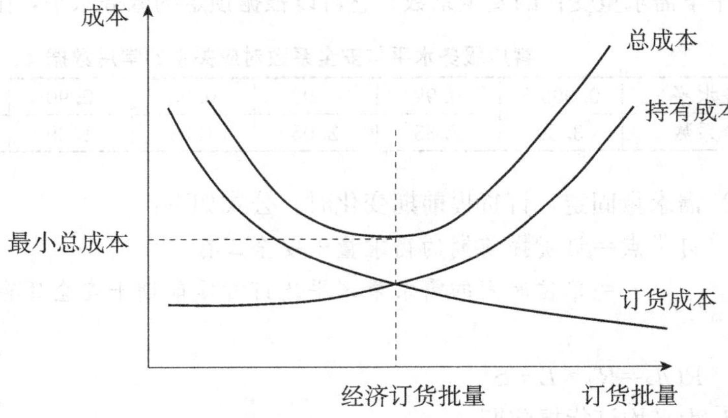

图 6－2　总库存成本与订货批量的关系

基于上述假设，年总库存成本可由下面的公式表示：

$$TC = DP + \frac{DC}{Q} + \frac{QK}{2}$$

式中，TC 为年总库存成本；D 为年需求量；P 为单位产品价格；C 为每次订货成本；Q 为订货批量；K 为单位产品持有成本。

为了获得使总成本最小的 Q，即经济订货批量 EOQ，将 TC 函数对 Q 求微分：

$$EOQ = \sqrt{\frac{2CD}{K}} \quad 或 \quad EOQ = \sqrt{\frac{2CD}{PF}}$$

式中，F 为年持有成本率。

下面举例说明。

例 1： A 仓库甲商品年需求量是 52 000 个，单位商品的购买价格为 15 元，每次订货成本为 130 元，单位商品的年保管费为 8 元，求该商品的经济订货批量、最低年总库存成本、每年的订货次数及平均订货间隔周期。

解： 由题意，$D=52\ 000$，$P=15$，$C=130$，$K=8$，代入公式：

经济批量：$EOQ=\sqrt{\frac{2CD}{K}}=\sqrt{\frac{2\times130\times52\ 000}{8}}=1\ 300$(个)

每年的订货次数：$N=52\ 000/1\ 300=40$(次)

平均订货间隔周期：$T=365/40=9.125$(天)

最低年总库存成本：$TC=DP+\frac{DC}{EOQ}+\frac{EOQ\cdot K}{2}$

$$=52\ 000\times15+\frac{52\ 000\times130}{1\ 300}+\frac{1\ 300\times8}{2}=790\ 400(\text{元})$$

上述模型是较理想的假设，在实际订货过程中，会涉及很复杂的情况，满足的假设条件也会越来越少。如在订货的过程中会有一定的价格折扣，补货的速度会有一定的变化等，不同的企业和不同的商品都会有一定的差别。

对于订购商品价格随批量不同有折扣时，有必要确定在各种减价水平的持有成本和订货成本。通过比较不同价格水平下发生的总成本的大小来确定批量。

当库存被连续补充时，库存一方面逐渐补充，另一方面又在逐渐被提取，以满足企业生产需求。此时要求库存供应速度必须大于内部及外部用户的需求速度，否则会造成供应中断。其计算公式如下：

$$EOQ=\sqrt{\frac{2CD}{PF\left(1-\frac{R_d}{R_s}\right)}}$$

式中，R_d 为需求速度；R_s 为合约约定的供应速度。

例 2： B 仓库甲商品年需求量是 45 000 个，单位商品的购买价格为 20 元，每次订货成本为 230 元，单位商品的年保管费为 10 元。该仓库在采购中发现，甲商品供应商为了促销，采取以下折扣策略：一次购买 1 000 个以上打 9 折；一次购买2 000个以上打 8 折。求在保证供应的条件下，甲商品的经济订货批量应为多少？

解： 由题意，$D=45\ 000$，$P=20$，$C=230$，$K=10$，$F=K/P=10/20=0.5$。

根据题意列出多重折扣价格表，见表 6 - 4。

表 6 - 4　　**多重折扣价格表**

折扣区间	0	1	2
折扣点（个）	0	1 000	2 000
折扣价格（元/个）	20	18	16

(1) 计算折扣区间 1 的经济订货批量：

$$EOQ_1=\sqrt{\frac{2CD}{PF}}=\sqrt{\frac{2\times230\times45\ 000}{18\times0.5}}=1\ 517(\text{个})$$

因为 1 000<1 517<2 000，所以取 1 517 个。

(2) 计算折扣区间 2 的经济订货批量：

$$EOQ_2=\sqrt{\frac{2CD}{PF}}=\sqrt{\frac{2\times230\times45\ 000}{16\times0.5}}=1\ 609\ (\text{个})$$

因为 1 609<2 000，所以取 2 000 个。

（3）计算 TC_1 和 TC_2 对应的年总库存成本：

$$TC_1 = DP_1 + DC/EOQ_1 + EOQ_1PF/2 = 45\ 000 \times 18 + 45\ 000 \times 230/1\ 517 + 1\ 517 \times 18 \times 0.5/2 = 823\ 649(\text{元})$$

$$TC_2 = DP_2 + DC/EOQ_2 + EOQ_2PF/2 = 45\ 000 \times 16 + 45\ 000 \times 230/2\ 000 + 2\ 000 \times 16 \times 0.5/2 = 733\ 175(\text{元})$$

由于 $TC_1 > TC_2$，所以在批量折扣的条件下，经济订货批量 EOQ 为 2 000 个。

二、定期订货法

定期订货法是按预先确定的订货时间间隔按期进行订货，以补充库存的一种库存控制方法。其决策思路是：预先确定一个订货周期 T^* 和一个最高库存量 $Q_{\max}$，周期性地检查库存，发出订货。订货批量的大小应使得订货后的名义库存量达到额定的最高库存量 $Q_{\max}$。定期订货法模型如图 6-3 所示。

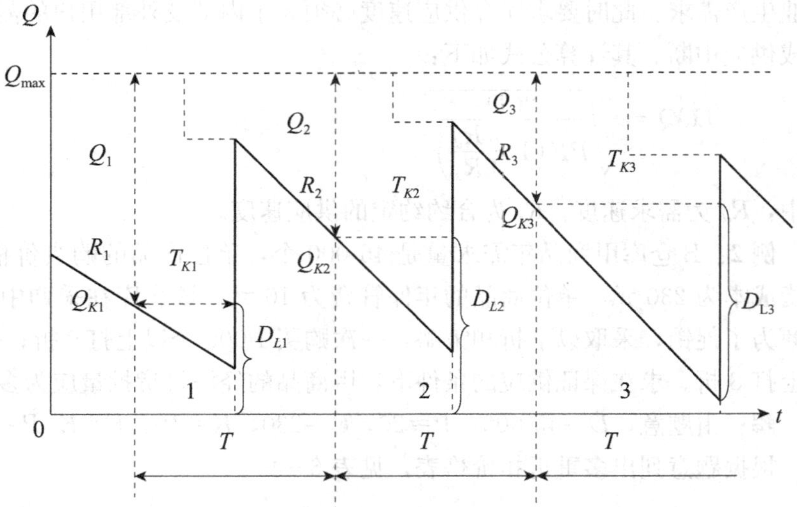

图 6-3 定期订货模型

定期订货法的实施主要取决于以下三个控制参数。

（一）订货周期

定期订货法中，订货周期决定了订货时机，它也是定期订货法的订货点。订货间隔期的长短直接决定了最高库存量的大小，也决定了仓库的库存水平的高低，因而决定了库存费用的大小。订货周期若太长，就会使库存水平过高；若太短，则订货批次太多，会增加订货费用。其计算公式为：

$$T^* = \sqrt{\frac{2C_0}{C_1\bar{R}}}$$

式中，$\bar{R}$ 为单位时间内库存商品需求量的平均值；C_0 为每次订货成本；C_1 为单位物资单位时间的保管费。

（二）最高库存量

定期订货法的最高库存量（Q_{max}）是用以满足（$T+T_K$）期间内的库存需求的，所以以（$T+T_K$）期间的库存需求量为基础。考虑到随机发生的不确定库存需求，应设置一定的安全库存。最高库存量的计算公式如下：

$$Q_{max}=\overline{D_{T+}T_K}+Q_S=\overline{D_{T+}T_K}+Z\sigma_D$$

$$Q_{max}=\bar{R}(T+\overline{T_K})+z\sqrt{(T+\overline{T_K})\sigma_R{}^2+\bar{R}^2\sigma_T{}^2}$$

式中：Q_{max}——最高库存量；

$\bar{R}$——（$T+T_K$）期间的库存需求量平均值；

T——订货周期；

$\overline{T_K}$——平均订货提前期；

Q_S——安全库存量；

z——安全系数。

（三）订货量

定期订货法没有固定不变的订货批量，每个周期的订货量的大小由当时的实际库存量大小确定，等于当时的实际库存量与最高库存量的差值。其计算公式为：

$$Q_i=Q_{max}-Q_{Ki}-I_i+B_i$$

式中，Q_{Ki} 为现有库存量；I_i 为在途库存量；B_i 为已经售出但尚未提货的库存量。

下面举例说明。

例 3：某企业过去 8 个月的销售数量（单位：吨）分别为：12，13，11，11，14，15，17，19，该公司订货提前期是 1 个月，每次订货费是 28 元，1 吨物资 1 个月的保管费是 1 元。若公司要求库存满足率达到 95%（安全系数=1.65），且该公司用户的需求满足正态分布，基于以上情况应当如何制定定期订货法策略？在实施定期订货法策略后，第一次订货检查时，发现现有库存量为 18 吨，已定未到物资为 6 吨，已经售出但尚未提货的物资为 4 吨，第一次订货时应该订多少？

由题可以得到如下信息：$R\sim(\bar{R},\sigma_R)$，$T_K=1$ 个月，为常数。$C_0=28$ 元，$C_1=1$ 元/吨·月，$z=1.65$。第一次检查结果：$Q_{Ki}=18$ 吨，$I_i=6$ 吨，$B_i=4$ 吨（$i=1$）。

先计算需求速率的平均值 $\bar{R}$ 和标准偏差 σ_R：

$$\bar{R}=\frac{\sum_{i=1}^{8}R_i}{8}=14(\text{吨}/\text{月})$$

$$\sigma_R=\sqrt{\frac{\sum_{i=1}^{8}(R_i-\bar{R})^2}{8}}=2.7$$

再求订货周期 T^*：

$$T^*=\sqrt{\frac{2C_0}{C_1\bar{R}}}=2(\text{个月})$$

由于 $z=1.65$，所以

$$Q_{max}=\bar{R}(T+\overline{T_K})+z\sqrt{(T+\overline{T_K})\sigma_R{}^2+\bar{R}^2\sigma_T{}^2}$$

因为 $T=2$，所以 $\sigma_T=0$，则

$$Q_{max}=14\times(2+1)+1.65\times\sqrt{3}\times2.7\approx48(\text{吨})$$

因此制定具体的定期订货法策略时，设置订货周期 T 为 2 个月，最高库存量 Q_{max} 为 48 吨，周期性地检查库存，发出订货。订货量的大小应使得订货后的名义库存量达到 Q_{max}，所以第一次检查库存发出订货量为：

$$Q_i=Q_{max}-Q_{Ki}-I_i+B_i=48-18-6+4=28(\text{吨})$$

本章小结

本章首先介绍了库存的概念，包括库存的定义、种类、二重性及优缺点；接着介绍了库存管理的概念，包括定义、目标及方法，主要介绍了 ABC 分类法和 CVA 方法，其中供应商管理库存（VMI）和联合库存管理（JMI）会在后面章节具体介绍；最后介绍了库存控制管理的方法，包括定量订货法和定期订货法。

思考题

1. 库存的二重性指什么？
2. 库存的优缺点有哪些？
3. 库存管理的目标是什么？
4. ABC 分类法的步骤是什么？
5. 定量订货法和定期订货法的原理是什么？

第7章

装卸搬运、包装和流通加工管理

学习目标

- 了解装卸搬运的定义
- 了解装卸搬运的特征
- 了解装卸搬运设备的分类
- 理解包装常用技术
- 掌握包装标准化和包装合理化的内容
- 掌握流通加工的概念、目的、类型
- 掌握实现流通加工合理化的途径

导引案例

云南省烟草烟叶公司作为云南烟草行业的重点骨干企业，是云南省最大的云烟原料加工基地，是集收购、加工、储存、销售为一体的国有中型企业，公司总的仓储、复烤能力达到150万担，承担云南省烤烟15%的复烤加工任务，担负云南省内烟厂及全国40多家烟厂的烟叶调拨任务。在烟草行业新的机遇与挑战面前，云南省烟草烟叶公司在继续发挥企业各种优势的同时，不断强化管理，采取行之有效的措施降低成本，提高企业利润。该公司为了降低物流成本，真正实现物流系统管理，改进现有的生产物流系统，采取的主要措施有：

1. 取消合并装卸搬运环节和次数。

公司在生产物流系统设计中研究了各项装卸搬运作业的必要性，千方百计地取消、合并装卸搬运环节和减少装卸搬运次数。

2. 实现生产物流作业的集中和集散分工。

公司在安排储存保管物流系统的卸载点和装载点时就做到尽量集中。在货场内部，同一等级、产地的烟叶尽可能集中在同一区域进行物流作业，如建立专业货区、专业卸载平台等。

3. 进行托架单元化组合，充分利用机械进行物流作业。

公司在实施物流系统作业过程中充分利用和发挥机械作业，如叉车、平板货车等，增大操作单位，提高作业效率和生产物流活性，实现物流作业标准化。

4. 合理分解装卸搬运程序，改进装卸搬运各项作业，提高装卸搬运效率，力争在最短时间内完成烟草加工的所有工艺流程。

5. 提高生产物流的快速反应能力。

公司通过烟叶数据库的建设，促进网络信息的发展，将物流的各个环节连成一个整体，按照统一的生产计划准时地实现烟叶物资的流动。

通过建立物流管理体系，公司逐渐加强了现场管理，减少和简化了生产工艺流程，从而达到降低综合损耗以及物流相关成本的目的。

资料来源：云南烟叶生产物流降低装卸搬运成本．http：//www.doc88.com/p-9723771185664.html.

第1节 装卸搬运

一、装卸搬运的定义

装卸搬运，是指在同一场所内，以改变物品的存放状态和空间位置为主要目的的物流作业。装卸是指将物品装上运输机具或从运输机具卸下；搬运是指使物品在较短的距离内移动，一般是在同一场所内进行。两者既有区别又有联系，因为在空间上发生绝对的、完全的垂直位移与水平位移的情况是少有的，多数情况下是两者的结合。装卸是改变物的存放、支撑状态的活动，主要指物体上下方向的移动；而搬运是改变物的空间位置的活动，主要指物体横向或斜向的移动，它们统称为装卸搬运。

二、装卸搬运的特征

1. 装卸搬运是附属性的活动

装卸搬运是物流每一项活动开始及结束时必然发生的活动，因而时常被人忽视，有时则被看作其他操作中不可缺少的组成部分。例如，常说的运输实际上就伴随着装卸搬运，仓库中泛指的保管活动也含有装卸搬运。

2. 装卸搬运是支持、保障性活动

装卸搬运的附属性不能理解成被动的，而是对其他物流活动有一定决定性。装卸搬运会影响其他物流活动的质量和速度。

例如，装车不当会引起运输过程中的损失；卸放不当会引起货物下一步运送活动的困难。物流活动只有在有效的装卸搬运支持下才能实现高水平、高效率。

3. 装卸搬运是衔接性的活动

任何其他物流活动的衔接都是以装卸搬运来进行的，装卸搬运往往成为整个物流的瓶颈。建立一个有效的物流系统，关键看这一衔接是否有效。

4. 装卸搬运是增加物流成本的活动

对于传统物流而言，物流过程中多次的装卸搬运活动，不仅延长了物流时间，而且需要投入大量的活劳动和物化劳动，这些劳动不能给物流对象带来附加价值，只是增大了物流的成本。当装卸搬运反复进行的次数很多时，累计成本不可忽视。

三、装卸搬运方式的分类

（一）按装卸搬运施行的物流设施、设备对象分类

可分为仓库装卸、铁路装卸、港口装卸、汽车装卸、飞机装卸等。

仓库装卸配合出库、入库、维护保养等活动进行，并且以堆垛、上架、取货等操作为主。

铁路装卸是对火车车皮的装进及卸出，特点是一次作业就实现一车皮的装进或卸出，很少有像仓库装卸时出现的整装零卸或零装整卸的情况。

港口装卸包括码头前沿的装船，也包括后方的支持性装卸搬运，有的港口装卸还采用小船在码头与大船之间过驳的办法，因而其装卸的流程较为复杂，往往经过几次的装卸及搬运作业才能最后实现船与陆地之间货物过渡的目的。

汽车装卸一般一次装卸批量不大，由于汽车的灵活性，可以少量或根本减去搬运活动，而直接、单纯利用装卸作业达到车与物流设施之间货物转移的目的。

机场的飞机装卸至少需两次装卸、一次搬运才能完成，即货物从仓库装上搬运车，再从搬运车装上飞机。

（二）按装卸搬运的机械及机械作业的方式分类

可分为吊上吊下方式、叉上叉下方式、滚上滚下方式、移上移下方式、散装散卸方式等。

1. 吊上吊下方式

采用各种起重机械将货物吊上吊下，依靠起吊装置的垂直移动实现装卸，并在吊车运行的范围内或回转的范围内实现搬运并依靠搬运车辆实现小搬运。由于吊起及放下属于垂直运动，因此，这种装卸方式属垂直装卸。

2. 叉上叉下方式

采用叉车从货物底部托起货物，并依靠叉车的运动进行货物位移，搬运完全靠叉车本身，货物可不经中途落地直接放置到目的地。这种方式垂直运动不大而主要是水平运动，属水平装卸方式。

3. 滚上滚下方式

滚上滚下方式主要指港口装卸的一种水平装卸方式。这种方式利用叉车或半挂车、汽车承载货物并将车辆开上船，到达目的地后车辆再从船上开下，因此称滚上滚下方式。在船上卸货后，叉车、半挂车或汽车必须离船。滚上滚下方式需要有专门的船舶，对码头也有不同要求，这种专门的船舶称滚装船。

4. 移上移下方式

这种方式是在两车之间（如火车及汽车）进行靠接，然后利用各种方式，不使货物垂直运动，而靠水平移动从一个车辆上推移到另一个车辆上，所以称移上移下方式。移上移下方式需要使两种车辆水平靠接，因此，需对站台或车辆货台进行改造，并配合移动工具实现这种装卸。

5. 散装散卸方式

散装散卸方式指对散装物进行装卸时，一般从装点直到卸点货物中间不再落地，这是集装卸与搬运于一体的装卸方式。

（三）按被装物的主要运动形式分类

可分垂直装卸、水平装卸两种形式。

（四）按装卸搬运对象分类

可分为散装货物装卸、单件货物装卸、集装货物装卸等。

（五）按装卸搬运的作业特点分类

可分为连续装卸、间歇装卸两种形式。

1. 连续装卸

连续装卸主要是指同种大批量散装或小件杂货通过连续输送机械，连续不断地进行作业，中间无停顿，货间无间隔。在装卸量较大、装卸对象固定、货物对象不易出现大包装的情况下，适用这种方式。

2. 间歇装卸

间歇装卸有较强的机动性，装卸地点可在较大范围内变动，主要适用于货流不固定的各种货物，尤其适用于包装货物、大件货物，散粒货物也可采取此方式。

四、装卸搬运设备的选择原则及分类

（一）选择原则

1. 根据作业性质和作业场合进行配置、选择

装卸搬运作业性质和作业场合不同，需配备不同的装卸搬运设备。根据作业是单纯的装卸或单纯的搬运，还是装卸、搬运兼顾，可选择更适合的装卸搬运设备；作业场合不同，也需配备不同的装卸搬运设备。

2. 根据作业运动形式进行配置、选择

装卸搬运作业运动形式不同，需配备不同的装卸搬运设备。水平运动，可配备或选用卡车、牵引车、小推车等装卸搬运设备；垂直运动，可配备或选用提升机、起重机等装卸搬运设备；倾斜运动，可配备或选用连续运输机、提升机等装卸搬运设备；垂直加水平运动，可配备或选用叉车、起重机、升降机等装卸搬运设备；多平面式运动，可配备或选用旋转起重机等装卸搬运设备。

3. 根据作业量进行配置、选择

装卸搬运作业量大小关系到设备应具有的作业能力，从而影响到所需配备的设备类型和数量。作业量大时，应配备作业能力较高的大型专用设备；作业量小时，最好采用构造简单、造价低廉又能保持相当生产能力的中小型通用设备。

4. 根据货物种类、性质进行配置、选择

货物的物理性质、化学性质以及外部形状和包装千差万别，有大小、轻重之分，有固体、液体之分，有散装、成件之不同，对装卸搬运设备的要求也不尽相同。

5. 根据搬运距离进行配置、选择

长距离搬运一般选用牵引车和挂车等装卸搬运设备，较短距离搬运可选用叉车、

跨运车等装卸搬运设备，短距离搬运可选用手推车等装卸搬运设备。为了提高设备的利用率，应当结合设备种类和特点，使行车、货运、装卸、搬运等工作密切配合。

6. 装卸搬运设备配套

成套地配备装卸搬运设备，使前后作业相互衔接、相互协调，是保证装卸搬运工作持续进行的重要条件。因此，需要对装卸搬运设备在生产作业区、数量吨位、作业时间、场地条件、周边辅助设备上作适当协调。

（二）分类

1. 按作业性质分类

按装卸及搬运两种作业性质的不同可分为装卸机械、搬运机械及装卸搬运机械三类。

有些机械功能比较单一，只满足装卸或搬运这一功能，这种单一作业功能的机械有很大优点，即机械结构较简单，多余功能较少，专业化作业能力强，因而作业效率高，作业成本较低，但使用上受限。有时，从这种机械的单独操作来看效率确实很高，但由于其功能单一，作业前后需要烦琐的衔接，又会降低系统的效率。具有单一装卸功能的机械种类不多，手动葫芦最为典型，固定式吊车如卡车吊、悬臂吊等虽然也有一定的移动半径，也有一些搬运效果，但基本上还是被看作单一功能的装卸机械。单一功能的搬运机械种类较多，如各种搬运车、手推车及斗式输送机、刮板式输送机之外的各种输送机等。物流领域很注重装卸、搬运两种功能兼具的机械，这种机械可将两种作业操作合二为一，因而有较好的系统效果。属于这类机械的主要是叉车、港口用的跨运车、车站用的龙门吊以及气力装卸输送设备等。

2. 按机具工作原理分类

按装卸搬运机具的工作原理可将其分为叉车类、吊车类、输送机类、作业车类和管道输送设备类。

（1）叉车类，包括各种通用和专用叉车。

（2）吊车类，包括门式、桥式、履带式、汽车式、岸壁式、巷道式各种吊车。

（3）输送机类，包括辊式、轮式、皮带式、链式、悬挂式等各种输送机。

（4）作业车类，包括手车、手推车、搬运车、无人搬运车、台车等各种作业车辆。

（5）管道输送设备类，包括液体、粉末体的装卸搬运一体化的由泵、管道为主体的一类设备。

3. 按有无动力分类

按有无动力可将其分为重力式装卸输送机、动力式装卸搬运机具、人力式装卸搬运机具。

（1）重力式装卸输送机，辊式、滚轮式等输送机属于此类。

（2）动式装卸搬运机具，又有内燃式及电动式两种，大多数装卸搬运机具属于此类。

（3）人力式装卸搬运机具，用人力操作进行作业，主要是小型机具和手动叉车、手车、手推车、手动升降平台等。

五、装卸搬运合理化

由于装卸搬运作业仅是衔接运输、保管、包装、配送、流通加工等多个物流环节的活动，本身不创造价值，所以应尽量节约时间和费用，在装卸搬运作业合理化方面，可遵循以下七项原则。

（一）省力化原则

所谓省力，就是节省动力和人力。因为货物装卸搬运不产生价值，作业的次数越多，货物破损和发生事故的频率越大，费用越高，因此首先要考虑尽量不装卸搬运或尽量减少装卸搬运次数。集装化装卸、多式联运、集装箱化运输、托盘一贯制物流等都是有效的做法。

具体包括：利用货物本身的重量和落差原理，如使用滑槽、滑板等工具；减少从下往上的搬运，多采用斜坡式，以减轻负重；水平装卸搬运，如仓库的作业台与卡车车厢处于同一高度，手推车直接进出；卡车后面带尾板升降机，仓库作业月台设装卸货升降装置等。总之，省力化装卸搬运的原则是：能往下则不往上、能直行则不拐弯、能用机械则不用人力、能水平则不要上斜、能滑动则不摩擦、能连续则不间断、能集装则不分散。

（二）活性化原则

这里所说的活性化是指从物的静止状态转变为装卸状态的难易程度。如果容易或适于下一步装卸搬运作业，则活性化高。例如，仓库中的货物摆放乱七八糟与整齐堆码的差别；散乱状态与放在托盘上的差别等。此外，在装卸机械灵活化方面的例子有：叉车、铲车、带轨道的吊车、能转动360度的吊车和带轮子、履带的吊车，等等。

（三）顺畅化原则

货物装卸搬运的顺畅化是保证作业安全、提高作业效率的重要方面，所谓顺畅化，就是作业场所无障碍，作业不间断、作业通道畅通。如叉车在仓库中作业，应留有安全作业空间，转弯、后退等动作不应受面积和空间限制；人工进行货物搬运，要有合理的通道，脚下不能有障碍物，头顶留有空间，不能人撞人、人挤人；用手推车搬运货物，地面不能坑坑洼洼，不应有电线、工具等杂物影响人员和小车走行；人工操作电葫芦吊车时，地面防滑、行走通道两侧的障碍等问题均影响到作业顺畅与否。机械化、自动化作业途中停电、线路故障、作业事故的防止等都是确保装卸搬运作业顺畅和安全的因素。

（四）短距化原则

短距化，即以最短的距离完成装卸搬运作业，最明显的例子是生产流水线作业。它把各道工序连接在输送带上，通过输送带的自动运行，使各道工序的作业人员以最短的动作距离完成作业，从而大大地节约了时间，减少了人的体力消耗，大幅度提高了作业效率。转动式吊车、挖掘机等是短距化装卸搬运机械。短距化在人们生活中也能找出实例，如转盘式餐桌，各种美味佳肴放在转盘上，人不必站起来就能夹到菜。缩短装卸搬运距离，不仅省力、省能，又能使作业快速、高效。

（五）单元化原则

单元化装卸搬运是提高装卸搬运效率的有效方法，如集装箱、托盘等单元化设备的利用等都是单元化的例证。

（六）标准化原则

为了促进物流各环节的协调，装卸作业各工艺阶段间的工艺装备、设施、效率与组织管理工作需要相互协调。装卸作业的工艺、装备、设施、货物单元或包装、运载工具、集装工具、信息处理等作业的标准化、系列化、通用化，是装卸作业实现机械化、自动化的基本前提。

第 2 节　包　装

一、包装概述

（一）包装的定义

包装为在流通过程中保护产品、方便储运、促进销售，按一定的技术方法所用的容器、材料和辅助物等的总体名称；也指为达到上述目的在采用容器、材料和辅助物的过程中施加一定技术方法等的操作活动。盛装没有进入流通领域物品的用品不能称为包装，只能称为包裹、箱子、盒子、容器等。因为除了盛装功能外，包装对物品进行修饰，使其获得受众的青睐也是包装的重要作用。

在社会再生产过程中，包装处于生产过程的末尾以及物流过程的开头，既是生产的终点，又是物流的起点。

而作为生产的终点，包装必须根据产品的性质、形状与生产工艺来进行，必须满足生产的要求。作为物流的起点，包装完成后，产品也就有了进入物流环节的条件，在整个物流过程中，包装可以发挥对产品的保护作用以及方便进入物流的作用，最后实现销售。

在现代物流观念形成以前，包装被自然地看作生产的终点。因而一直是生产领域的活动，包装的设计往往是从生产终结的要求出发，所以常常不能满足流通的要求。物流研究认为，包装与物流的关系比包装与生产的关系密切得多，其作为物流起点的意义比作为生产终点的意义大得多。因此，包装应当进入物流系统，这是现代物流的新观念之一。

（二）包装的功能

1. 保护功能

（1）防止商品破损变形。

这要求包装能够承受在装卸、运输、保管过程中的各种力的作用，如冲击、振动、颠簸、压缩等，防止商品物理性的损坏。

（2）防止商品发生化学变化。

也就是要防止商品吸潮发霉、变质、生锈，这要求包装能在一定程度上起到阻隔水分、溶液、潮气、光线、空气中的酸性气体的作用，对商品进行保护。

（3）防止腐败、虫咬等破损。

这要求包装不仅要能防止由外到内的损伤，也要防止由内到外的破坏。

2. 便利功能

（1）提高装载率。

在运输活动中，与运输设备容积利用率有关的运输包装件因素有两个：一是尺寸；二是结构材料。商品运输包装的尺寸主要是指底面尺寸。如果它能与运输设备间有模数配合，就能大大提高设备容积利用率。

（2）缩短运输时间。

例如，采用几何包装有利于运输活动的有效管理，减少差错，大大缩短运输时间。

3. 销售功能

在市场竞争日益激烈的今天，包装的作用与重要性越来越为厂商重视。如何让自己的产品畅销，如何让自己的产品从琳琅满目的货架中脱颖而出，只靠产品自身的质量与媒体的轰炸是远远不够的。好的包装能直接吸引消费者的视线，让消费者产生强烈的购买欲，从而达到促进销售的目的。

（三）包装的分类

1. 按包装在流通中的作用分类

按包装在流通中的作用分类，可以将其分为运输包装和商业包装。

（1）运输包装。

运输包装是指以保护运输和保管过程中的物品为主要目的的包装，也称为工业包装。

（2）商业包装。

商业包装是以促进商品销售为主要目的的包装，也称零售包装或消费包装。

2. 按包装层次及防护要求分类

按包装层次及防护要求分类，可以将其分为个装、内包装和外包装三类。

（1）个装。

个装又称小包装，指单个商品为一个销售单位的包装形式。如香烟盒、火柴盒等。

（2）内包装。

内包装又称中包装，指商品的内层包装。在流通过程中内包装与个体包装共同起到促进销售、方便使用的作用，所以个装和内包装也称为销售包装。内包装一般是由若干个单位商品的小包装组成小的整体包装。如十盒卷烟为一条，十盒火柴为一包等。

（3）外包装。

外包装是指商品的外部包装，在流通中主要起到保护商品、方便运输的作用，又称运输包装或大包装。如包装纸箱、包装木箱等。

3. 根据包装容器分类

（1）按包装容器的抗变形能力可分为硬包装和软包装。

硬包装又称刚性包装，包装体有固定形状和一定强度，如油桶；软包装又称柔性包装，包装体有一定程度的变形，有弹性，如包装袋。

（2）按包装容器形状可分为包装袋、包装箱、包装盒、包装瓶、包装罐等。

（3）按包装容器结构形式可分为固定式包装和拆卸折叠式包装。

（4）按包装容器的使用次数可分为一次性包装和多次周转包装。

4. 按包装的通用性分类

按包装的通用性可分为专用包装和通用包装。

5. 根据包装使用的次数分类

根据包装使用的次数可分为一次性包装、多次用包装和周转用包装。

6. 按包装商品种类划分

按包装商品种类可分为食品包装、药品包装、机械包装、危险品包装等。

此外，包装还可以根据物品的状态和性质分为液体包装、粉末体包装、颗粒体包装；根据物品的流通阶段划分为生产者包装、集货地包装、店铺包装等。

二、包装常用材料

包装材料是指用于制造包装容器、包装装潢、包装印刷、包装运输等满足产品包装要求所使用的材料，它既包括金属、塑料、玻璃、陶瓷、纸和纸板、木材、天然纤维、化学纤维、复合材料等主要包装材料，又包括涂料、黏合剂、捆扎带、装潢印刷材料等辅助材料 。

（一）金属

金属包装材料包括低碳薄钢板、镀锡薄钢板、非镀锡薄钢板、铝合金等金属。金属包装的优点是：强度高；有独特的光泽，便于印刷、装饰；良好的综合保护性；金属包装材料资源丰富，加工性能好；金属罐生产历史悠久，工艺比较成熟。但是，金属材料及焊接用料中的铅、钟等易渗入食品中，污染食品，金属离子还会影响食物口味；当金属容器采用酚醛树脂作为内壁涂料时，若加工工艺不当，也会影响食品的质量。

（二）玻璃

玻璃坚固耐用，化学性质稳定，是包装的优秀原材料。它的优点是：具有良好的阻隔性能，可以很好地阻止氧气等气体对内装物的侵袭，同时可以阻止内装物的可挥发性成分的挥发；可以重复使用，降低包装成本；易于进行颜色和透明度的改变；安全卫生，有良好的耐腐蚀性和耐酸蚀性，适合进行酸性物质（如果蔬汁饮料等）的包装；由于玻璃包装材料适合自动灌装生产线的生产，国内的玻璃瓶自动灌装技术和设备发展也较成熟，采用玻璃瓶包装果蔬汁饮料在国内有一定的生产优势；玻璃原材料资源丰富，价格较稳定。玻璃包装材料最大的缺点就是材质比较脆，耐冲击强度不大。

（三）塑料

塑料在包装中可用于个体包装、内包装、外包装，用于运输包装时可制成各种塑料容器。聚乙烯塑料袋是最常见的包装物，可以替代包装用纸袋。聚乙烯和聚丙烯塑料编织袋（俗称蛇皮袋）可以替代包装用麻袋。在箱袋结合的运输包装中，将塑料制成各种盛液体的容器，可以替代玻璃瓶、金属罐、木桶等，再把塑料容器放入瓦楞纸箱内。成型容器（塑料罐、箱）也是塑料包装的重要领域，受价格和成型难易影响，多数用聚乙烯材料制成，国家在容量、尺寸、强度等方面都有规定。另外，用于替代木箱的运输用塑料箱也使用广泛，一般用在食品、饮料等物品的运输包装方面。

（四）纸和纸板

纸和纸板在包装材料中的应用最为广泛。纸属于软性薄片材料，所以无法形成固定形状的容器，常用作裹包衬垫和口袋。纸板属于刚性材料，能形成固定形状的容器。纸与纸板用于包装的优点有：成型性和折叠性优良，便于加工并能高速连续生产；容易达到卫生要求；易于印刷，便于介绍和美化商品；价格较低，不论是单位面积价格还是单位容积价格，与其他材料相比都是经济的；本身重量轻，能够降低运输费用；质地细腻、均匀、耐摩擦、耐冲击、容易黏合，不受温度影响，无毒、无味、易于加工，所以适合不同包装的需要；废弃物容易处理，可回收使用和再生，不造成公害，节约资源。但是，纸和纸板也有一些缺点，如受潮后强度下降，气密性、防潮性、透明性差等。

（五）木材

木材是一种容易获得的包装材料，但由于树种不同、生长环境不同，在性质上有很大的差别，因此使用时应当合理地选择和处理。木材用于包装的主要优点有：木材具有优良的强度/重量比，有一定的弹性，能承受冲击、振动、重压等；木材资源广泛，可以就地取材；木材加工方便，不需要复杂的加工机械设备；木材可加工成胶合板，不仅外观好，可以减轻包装重量，而且可以提高材质的均匀性，因此扩大了木材的应用范围。但是，木材有易吸收水分、易变形开裂、易腐朽、易受白蚁蛀蚀等缺点，再加上资源有限、价格高等因素，木材在包装中的应用受到限制。

（六）复合包装材料

复合包装材料是将两种或者两种以上具有不同特性的材料，通过各种方法复合在一起，以改进单一材料的性能，发挥更多材料优点的包装材料。复合包装材料在包装领域有着广泛的应用。目前已经开发研制出的复合材料有三四十种，使用较多的是塑料与玻璃复合材料、塑料与金属箔复合材料等。另外，还有纸基复合材料、塑料基复合材料、金属基复合材料等。

三、包装常用技术

（一）防震保护技术

防震包装又称缓冲包装，在各种包装方法中占有重要地位。产品从生产出来到开始使用要经过一系列的运输、保管、堆码和装卸过程，并置于一定的环境中。在任何环境中都会有外力作用在产品上，并使产品发生机械性损坏。为了防止产品遭到破坏，就要设法减小外力的影响，所谓防震包装就是指为减缓内装物受到的冲击和振动，保护其免受损坏所采取的具有一定防护措施的包装。防震包装方法主要有以下三种。

(1) 全面防震包装方法。

全面防震包装方法是指内装物和外包装之间全部用防震材料填满进行防震的包装方法。

(2) 部分防震包装方法。

对于整体性好的产品和内装容器的产品，只在产品或内包装的拐角或局部使用防震材料进行衬垫即可。所用包装材料主要有泡沫塑料防震垫、充气型塑料薄膜防震垫和橡胶弹簧等。

(3) 悬浮式防震包装方法。

对于某些贵重易损的物品，为了有效地保证在流通过程中不被损坏，外包装容器比较坚固，然后用绳、带、弹簧等被装物悬吊在包装容器内。在物流中，无论在哪个操作环节，内装物都被稳定悬吊而不与包装容器发生碰撞，从而减少损坏。

(二) 防破损保护技术

缓冲包装有较强的防破损能力，因而是防破损包装技术中比较有效的一类。此外，还可以采取以下几种防破损保护技术。

(1) 捆扎及裹紧技术。

捆扎及裹紧技术的作用是使杂货、散货形成一个牢固的整体，以增加整体性，便于处理及防止散堆来减少破损。

(2) 集装技术。

利用集装技术，减少与货体的接触，从而防止破损。

(3) 选择高强度保护材料。

主要指通过外包装材料的高强度来防止内装物受外力作用破损。

(三) 防油气包装技术

(1) 防油防蚀包装技术。

大气蚀是空气中的氧、水蒸气及其他有害气体作用于金属表面引起电化学作用的效果。如果是金属表面与引起大气蚀的各种因素隔绝（即将金属表面保护起来），就可以达到防止金属大气蚀的目的。防油防蚀包装技术是根据这一原理将金属涂封以防止腐蚀。

用防油封装金属制品，要求油层有一定厚度，油层的连续性好，涂层完整。不同类型的防油要采用不同的方法进行涂覆。

(2) 气相防锈包装技术。

气相防锈包装技术就是利用气相缓蚀剂（挥发性缓蚀剂），在密封包装容器中对金属制品进行防腐蚀处理技术。气相缓蚀剂是一种能减慢或完全停止金属在侵蚀性介质中被破坏的物质，它在常温下具有挥发性，在密封包装容器中，在很短的时间内挥发或升华的缓蚀气体能充满整个包装容器，同时吸附在金属制品的表面，从而起到抑制大气对金属腐蚀的作用。

(四) 防霉腐包装技术

在运输包装内装运食品和其他有机碳水化合物类货物时，货物表面可能生长霉菌，在流通过程中如遇潮湿，霉菌生长繁殖极快，甚至延伸至货物内部，使其腐烂、发霉、变质，因此要采取特别防护措施。

包装防霉烂变质的措施，通常是采用冷冻包装、真空包装或高温灭菌方法。冷冻包装的原理是减慢细菌活动和化学变化的过程，以延长储存期，但不能完全防止食品变质；高温杀菌法可消灭引起食品腐烂的微生物，可在包装过程中用高温处理防霉。有些经干燥处理的食品包装应防止水汽进入以防霉腐，可选择防水汽和气密性好的包装材料，采取真空和充气包装。

真空包装法也称减压包装法或排气包装法。这种包装可阻挡外界的水汽进入包装容器内，也可防止在密闭的防潮包装内部存有潮湿空气，在气温下降时结露。采用真空包装法，要注意避免过高的真空度，以防损伤包装材料。

为防止运输包装内货物发霉，还可使用防霉剂。防霉剂的种类很多，用于食品的必须选用无毒防霉剂。

机电产品的大型封闭箱，可酌情开设通风孔或通风窗等相应的防霉措施。

（五）防虫包装技术

防虫包装技术，常用的是驱虫剂，即在包装中放入有一定毒性和气味的药物，利用药物在包装中挥发气体杀灭和驱除各种害虫。常用的驱虫剂有萘、对二氯化苯、樟脑等。也可采用真空包装、充气包装、去氧包装等技术，使害虫无生存环境，从而防止虫害。

（六）危险品包装技术

危险品包装技术就是按照危险品的性质、特点，按照有关法令、标准和规定专门设计的包装技术与方法。危险品的运输包装上必须表明不同性质、类别的危险货物标志以及装卸搬运的要求标志。

易燃易爆物品，如过氧化氢有强烈的氧化性，遇微量不纯物质或受热就会急剧分解引起爆炸。防爆包装方法是采用塑料桶包装，然后将塑料桶装入铁桶或木箱中。每件净重不超过50千克，并有自动放气的安全阀，当桶内的压力达到一定气体压力时，能自动放气减压。

腐蚀性物品应注意避免与包装容器的材料发生化学反应。如金属类的包装容器，要在容器内壁涂上涂料，防止腐蚀。

对有毒物品防毒的主要措施是严密包装，不透气。包装上要有明显的有毒标志，并标明装卸搬运的要求。

（七）集合包装技术

集合包装是指将若干包装件或商品组合在一起形成一个适合运输的单元。它能促使装卸合理化、包装合理化，方便运输及保管，有利于管理，有效利用运输工具和保管场地的空间，改善环境。

集合包装技术以集装箱为主，可以将装满货物的托盘和集装容器、集装货捆一起装进大型的集装箱内，以便搬运、装卸和运输。

（1）托盘包装。

托盘包装是指为了有效地装卸、运输、保管，将商品按一定的数量组合放置于一定形状的台面上。这种台面有供叉车从下部插入并将台板托起的插入口。以这种结构为基本结构的平板台板和各种在这种基本结构基础上所形成的各种形式的集装器具都叫托盘包装。

（2）集装箱包装。

集装箱包装是一种用于货物运输、便于货物用机械装卸的一种集合包装。集装箱适用于多种运输工具，为大型包装箱，具有安全、迅速、简便、节省等优点。集装箱运输是一种较好的运输方式。

（八）收缩包装与拉伸包装技术

（1）收缩包装技术。

收缩包装技术是用收缩薄膜将包装物品裹包，然后，对收缩薄膜进行相关处理（如适当加热处理，使薄膜收紧紧贴于物品）的包装技术。

其作用主要有两方面：有利于销售，使内装物品形体突出，形象鲜明，质感好；有利于提高装卸搬运效率。如使用收缩包装技术把物品固定于托盘，不仅有利于提高物流过程效率，而且有利于保管与使用。

（2）拉伸包装技术。

拉伸包装技术是用机械装置在常温下将弹性薄膜拉伸后，将待包装件紧裹的一种包装技术。拉伸包装技术可提高物流效率，方便仓储与使用。

四、包装标准化

（一）标准化概念

为在一定的范围内获得最佳秩序，对实际或潜在的问题制定共同的和重复使用的规则的活动，称为标准化。包装标准化工作就是制定、贯彻实施包装标准的全过程的活动。

目前，我国的产品包装标准主要包括建材、机械、电工、轻工、医疗机械、仪器仪表、中西药、食品、农畜水产、邮电、军工等大类，计 500 多项。包装标准是以包装为对象制定的标准。

（二）包装标准化分类

（1）包装基础标准，主要包括包装术语、包装尺寸、包装标志、包装基本试验、包装管理标准。

（2）包装材料标准，包括各类包装材料的标准和包装材料试验方法。

（3）包装容器标准，包括各类容器的标准和容器试验方法。

（4）包装技术标准，包括包装专用技术、包装专用机械、防毒包装技术方法、防锈包装等标准。

（5）产品包装标准。

（6）相关标准，主要指与包装关系密切的标准，诸如集装箱技术条件、尺寸，托盘技术条件、尺寸，叉车规格等。

（三）包装标准化具体内容

1. 包装材料标准化

商品包装应尽量选择标准材料，少用或不用非标准材料，以保证材料质量和材料来源的稳定。要经常了解新材料的发展情况，结合企业生产的需要，有选择地采用。

包装材料主要有纸张、塑料、金属、木材、玻璃、纤维织物等。对这几大类包装材料的强度、伸长每平方米重量、耐破程度、水分等技术指标应作标准规定，以保证包装材料制成包装容器后能够承受流通过程中损害商品的外力和其他条件。

2. 包装容器标准化

包装容器的外形尺寸与运输车辆的内部尺寸和包装商品所占的有效仓库容积有关。因此应对包装外形尺寸作严格规定。运输包装的内尺寸和商品中包装的外尺寸也有类似的关系，因此对运输包装的内尺寸和商品中包装的外尺寸，也应作严格规定。为了节约包装材料和便于搬运、堆码，一般情况下，包装容器的长与宽之比为3∶2，高与长相等。

3. 包装工艺标准化

凡是包装箱、桶等，必须规定内装商品数量、排列顺序、合适的衬垫材料，并防止包装箱、桶内空隙太大、商品游动。如为木质包装箱，必须规定箱板的木质、箱板的厚度、装箱钉子的规格、相邻钉子距离、包角的技术要求及钉子不得钉在夹缝里等。纸箱必须规定如何封口、腰箍的材料、腰箍的松紧及牢固度等。布包则要规定针距及捆绳的松紧度等。回收复用的木箱、纸箱及其他包装箱也都必须制定标准。

4. 装卸作业标准化

在车站、港口、码头、仓库等处装卸货物时，都要制定装卸作业标准。要做到文明操作。机械化装卸要根据商品包装特点选用合适的机具，如集装箱、托盘等。工业、商业、交通运输部门交接货物时，要实行验收责任制，以做到责任分明。

5. 集合包装标准化

集合包装既适合机械化装卸，又能保护商品安全。我国集合包装近几年有较快的发展，并制定了部分国家标准，其中，20吨以上的集装箱采用国际标准。托盘的标准应与集装箱的标准规定的尺寸相配套。

五、包装合理化

包装合理化既包括包装总体的合理化，也包括包装材料、包装技术的合理组合及运用。做好包装合理化工作，应注意以下几方面。

（一）不合理包装的表现形式

（1）包装不足。

包装不足指的是：包装强度不足；包装材料水平不足；包装容器的层次及容积不足；包装成本过低，不能保证有效的包装。

（2）包装过剩。

包装过剩指的是：包装物强度设计过高；包装材料选择标准过高；包装技术过高；包装层次过多，包装体积过大；包装成本过高可能使包装成本支出大大超过减少损失可能获得的效益，或者包装成本在商品成本中比重过高，损害了消费者利益。根据日本的调查，目前发达国家包装过剩问题很严重，过剩率约在20%以上。

（二）包装合理化的途径

1. 包装的轻薄化

包装只是起保护作用，对产品使用价值没有任何意义，因此在强度、寿命、成本相同的条件下，更轻、更薄、更短、更小的包装可以提高装卸搬运的效率。而且轻薄短小的包装一般价格比较便宜，如果用作一次性包装还可以减少废弃包装材料的浪费。

2. 包装的单纯化

为了提高包装作业的效率，包装材料及规格应力求单纯化，包装规格还应标准化，包装形状和种类也应单纯化。

3. 包装的标准化

包装的规格和托盘、集装箱关系密切，因此应考虑到和运输车辆、搬运机械的匹配，从系统的观点制定包装的尺寸标准。

4. 包装的机械化

为了提高作业效率和包装现代化水平，各种包装机械化的开发和应用十分重要。

5. 包装的绿色化

绿色包装是指无害、少污染的符合环保要求的各类包装物品。主要包括：纸包装、可降解塑料包装、生物包装和可食用包装等。包装的绿色化是包装合理化的发展主流。

第 3 节　流通加工

一、流通加工的概念

（一）流通加工的定义

流通加工是为了提高物流速度和物品的利用率，在物品进入流通领域后，按客户的要求进行的加工活动，即在物品从生产者向消费者流动的过程中，为了促进销售、维护商品质量和提高物流效率，对物品进行一定的加工。流通加工通过改变或完善流通对象的形态来实现桥梁和纽带的作用，因此流通加工是流通中的一种特殊形式。随着经济增长，国民收入增加，消费者的需求开始多样化，促使流通领域开展流通加工。目前，在世界许多国家和地区的物流中心或仓库经营中都存在流通加工业务，日本、美国等物流发达国家更为普遍。

（二）流通加工与生产加工的区别

（1）从加工的对象来说，流通加工的对象是进入流通领域的商品；生产加工的对象不是最终商品而是原材料、零配件、半成品。

（2）从加工程度来说，流通加工大都为简单加工，是生产加工的一种辅助和补充；而生产加工则较为复杂。

（3）从加工目的来说，生产加工的目的是创造价值和使用价值；流通加工的目的是完善商品的使用价值并在对原商品不作大的改动情况下提高其价值。

（4）从组织加工者来说，流通加工的组织者是从事流通工作的商业企业或物流企业；而生产加工的组织者则是生产企业。

二、流通加工的目的

（一）方便客户

由于社会需求的复杂性，导致生产企业无法完全满足客户在产品品种、规格型号上的需求。从批发到零售的流通环节，经常出现这类问题。而且，物流配送中心比生产企业更接近客户，能够更及时了解多样化的顾客需求，更有针对性地对商品进行简单的流通加工。

（二）提高保存机能

在食品保存方面，通过流通加工可以使食品保质期延长。

（三）增加附加值

物流企业发展流通加工是一项极为理想的创造价值的选择，可以获得更多的收益，这也是流通加工作业得以产生和发展的动力。

（四）创造配送条件

配送是出库、拣货、分拣、流通加工、集货和运输等一系列活动的集合。配送的开展和进行需借助流通加工，流通加工是配送的前提。

（五）提高生产效益和流通效益

采用流通加工，生产企业可以进行标准化、整包装生产，这种做法符合大生产的特点，提高了生产效率，节省了包装费用和运输费用，降低了成本；流通企业可以促进销售，增加销售收入，从而提高流通效益。

（六）可实现废弃物再利用，促进物资充分利用和综合利用，提高物资利用率

例如，集中下料可以实现优材优用、小材大用，合理套裁具有明显提高原材料利用率的效果。

三、流通加工的类型

（一）增值性流通加工

1. 为弥补生产领域加工不足进行的深加工

生产环节的各种加工活动往往不能完全满足消费者的需要。生产资料的品种成千上万，规格型号极其复杂，要完全做到统一标准化极其困难。而流通企业往往对生产领域的物品供应情况和消费领域的商品需求量最为了解，这为它们从事流通加工创造了条件。因此，对于弥补生产环节加工活动的不足，流通加工是一种理想的方式。

2. 为满足需求多样化进行的服务性加工

从需求角度看，需求存在多样化和多变化两个特点，为满足需求，用户经常是自己要求设置加工环节。例如，生产型用户的再生产活动往往从原材料初级处理开始。对这种用户来讲，现代生产要求其尽量减少流程环节，集中力量从事较复杂的、技术性较强的生产过程，因而不愿意将大量初级加工都包揽下来。这种初级加工带有服务性，若由流通加工来完成，生产型用户便可以缩短自己的生产流程，使生产技术密集

程度提高。

对一般消费者而言，服务性加工可使其省去烦琐的预处置工作，集中精力从事较高级的、能直接满足需求的活动。

3. 为提高原材料利用率进行的流通加工

流通企业利用其综合性强、用户多的特点，可以采用合理规划、合理套裁、集中下料的加工办法，有效提高原材料的利用率，减少损失和浪费。

4. 为提高加工效率进行的流通加工

许多生产企业的初级加工由于数量有限，加工效率不高，难以投入先进技术。流通加工以集中加工的形式解决了单个企业加工效率不高的弊端，用一家流通加工企业代替若干生产企业的初级加工工序，促使生产水平进一步提高。

5. 以提高经济效益、追求企业利润为目的的流通加工

充分利用流通加工的一系列优点，可以形成一种"利润中心"的经营形态，这种流通加工是经营的一环，在满足生产和消费要求的基础上取得利润，同时在市场和利润引导下使流通加工的作用在各个领域得到有效发挥。

（二）增效性流通加工

1. 为保护产品进行的流通加工

在物流过程中，直到用户投入使用前都存在对产品的保护问题，以防止产品在运输、储存、装卸、搬运和包装等过程中遭受损失，使使用价值不能顺利实现。与其他的加工不同，为保护产品所进行的加工并不改变进入流通领域的物的外形及性质，这种加工主要采取稳固、改装、冷冻、保鲜和涂油等方式。

2. 提高物流效率、方便物流的流通加工

有一些产品由于本身的形态难以进行物流操作，例如：鲜鱼装卸、储存操作困难；体积过大的设备搬运、装卸困难；气体运输、装卸困难等。对这类产品进行加工，可以使物流的各环节易于操作，如冷冻鲜鱼、解体过大设备、液化气体等。这种流通加工往往改变物的物流状态，但并不改变其化学特性，最终仍能恢复物原来的物流状态。

3. 为促进销售进行的流通加工

流通加工可以从若干方面起到促进销售的作用，例如：将过大包装或散装物分装成适合一次销售的小包装的分装加工；将原以保护产品为主的运输包装改换成以促进销售为主的装潢性包装，起到吸引消费者、指导消费的作用；将零配件组装成用具、车辆以便于直接销售；将蔬菜、肉类洗净切块以满足消费者要求等。这种流通加工可能不会改变物的本体，只进行简单改装，也可能是组装、分块等深加工。

4. 衔接不同运输方式，使物流合理化的流通加工

在干线运输及支线运输的节点，设置流通加工环节可以有效解决大批量、低成本、长距离干线运输与多品种、少批量、多批次末端运输和集货运输之间的衔接问题。可在流通加工点与大生产企业间形成大批量定点运输的渠道，以流通加工中心为核心，组织对多用户的配送，也可在流通加工点将运输包装转换为销售包装，从而有效衔接不同目的的运输方式。

5. 生产流通一体化的流通加工

依靠生产企业与流通企业的联合，或者生产企业涉足流通，或者流通企业涉足生产，形成对生产和流通加工合理分工、合理规划、合理组织，统筹进行生产与流通加工安排，这就是生产—流通一体化的流通加工形式。这种形式可以促进产品结构及产业结构的调整，充分发挥企业集团的经济技术优势，是目前流通加工领域的新形式。

四、流通加工合理化

（一）不合理流通加工的几种形式

流通加工是在流通领域对生产的辅助性加工，从某种意义上讲，它有效地补充和完善了产品的使用价值，但若设计不当，会产生负效应，所以应尽量避免不合理的流通加工。不合理的流通加工主要表现在以下方面。

1. 流通加工地点设置不合理

流通加工地点设置即布局状况是关系整个流通加工是否有效的重要因素。一般而言，为衔接单品种大批量生产与多样化需求的流通加工，加工地应设置在需求地区，这样才能实现大批量的干线运输与多品种末端配送的物流优势。如果将流通加工地设置在生产地区，其不合理之处有以下两点。

第一，将存在多样化需求的产品多品种、小批量地由产地向需求地长距离运输。

第二，在生产地增加了一个加工环节，同时增加了近距离运输、装卸、储存等一系列物流活动。在这种情况下，不如由原生产单位完成这种加工而无须设置专门的流通加工。一般而言，为方便物流的流通加工环节，应设置在进入社会物流之前，如果将其设置在社会物流之后，即设置在消费地，则不但不能解决物流问题，而且在流通中增加了一个中转环节，因而也是不合理的。即使产地或需求地设置流通加工的选择正确，还有流通加工在小地域范围的正确选址问题，如果处理不善，仍然会出现不合理。这种不合理主要表现在交通不便，流通加工与生产企业或用户之间距离较远，流通加工点的投资过高（如受选址的地价影响），加工点周围社会环境条件不良等。

2. 流通加工作用不大，成为多余环节

有的流通加工过于简单，对生产者及消费者作用都不大，甚至有时流通加工存在盲目性，同样未能解决品种、规格、质量、包装等问题，反而增加了环节与成本，这也是流通加工设置（无论设置在何地）中容易忽视的。

3. 流通加工方式选择不当

流通加工方式包括流通加工对象、流通加工工艺、流通加工技术、流通加工程度等。流通加工方式的正确选择实际上是指与生产加工的合理分工。本来应由生产加工完成，却错误地由流通加工完成，本来应由流通加工完成，却错误地由生产加工过程去完成，都会造成不合理性。

流通加工不是对生产加工的代替，而是一种补充和完善。一般而言，如果工艺复杂，技术装备要求较高，或加工可以由生产过程延续或较易解决者都不宜再设置流通加工，尤其不宜与生产过程争夺技术要求较高、效益较高的最终生产环节。如果流通加工方式选择不当，就会出现与生产过程夺利的恶果。

4. 流通加工成本过高，效益不好

流通加工之所以有生命力，重要原因之一是有较大的产出投入比，因而有效起到补充完善的作用。其他流通加工若成本过高，则不能实现以较低投入实现更高使用价值的目的。除了一些必需的、按照政策要求即使亏损也应进行的加工外，其他流通加工若成本过高，效益不好，都应看成是不合理的。

（二）实现流通加工合理化的途径

为了避免各种不合理现象，对是否设置流通加工环节，在什么地点设置，选择什么类型的加工，采用哪些技术装备等都需要作出正确抉择。目前，国内一些企业在进行流通加工合理化的管理过程中已积累了经验。实现流通加工合理化主要应考虑以下几个方面。

1. 加工和配送结合

加工和配送结合是指将流通加工设置在配送点中，一方面按配送的需求进行加工，另一方面加工也是配送业务流程中分货、拣货、配货中的一环，加工后的产品直接投入配货作业，而无须单独在配送点之外设置一个加工的中间环节，使流通加工有别于独立的生产，将流通加工与中转流通巧妙结合在一起。同时，由于配送之前有加工，可使配送服务水平大大提高，这是当前对流通加工进行合理选择的重要形式，在生活资料领域已经广泛应用，在煤炭、水泥等产品的流通中也已显现出较大的优势。

2. 加工和配套结合

在对配套要求较高的流通中，配套的主体来自各生产单位，但是，完全配套有时无法全部依靠现有的生产单位，进行适当流通加工可以有效促成更广泛领域内社会资源的配套，更有效发挥流通的桥梁与纽带作用。

3. 加工和合理运输结合

流通加工能有效衔接干线运输与支线运输，促进两种运输形式的合理化。支线运输转干线运输或者干线运输转支线运输是本来就必须停顿的环节，在停顿过程中，按下一步干线或支线运输的合理要求进行适当加工，可大大提高运输及转载水平。

4. 加工和商流相结合

通过加工有效促进销售，使商流合理化，是流通加工合理化的努力方向之一。加工和配送相结合，通过加工提高配送水平，强化销售，是加工与合理商流相结合的一个成功例证。此外，通过简单地改变包装加工，形成便于购买的包装容量，通过组装加工解决用户使用前进行组装、调试的难题，都可有效促进商流。

5. 加工和节约相结合

节约能源、节约设备、节约人力和节约耗费是流通加工合理化的重要方面，也是我国设置流通加工的重要目标。对于流通加工合理化的最终判断，首先在于其是否能满足物流为用户服务的本质要求，同时还要看其是否能实现社会的和企业自身的两个效益，是否取得了最优效益。

流通加工企业与一般生产企业相比的一个重要不同之处是流通加工企业更应树立社会效益第一的观念。如果流通加工企业只是追求企业的自身效益，不适当地进行加工，甚至与生产企业争利，就有违流通加工的初衷，或者其本身已不属于流通加工的范畴。

本章小结

本章主要介绍了装卸搬运、包装、流通加工的相关知识点，具体包括：装卸搬运的定义、作用、合理化以及装卸搬运设备的分类和选择；包装的定义、功能、分类，常见的包装材料、包装常用技术及包装现代化；流通加工的概念、目的、类型以及合理化。

思考题

1. 简述包装的分类。
2. 什么是流通加工？流通加工的合理化途径有哪些？
3. 包装的基本功能有哪些？
4. 简述流通加工的作用。
5. 简述装卸搬运的选择原则。

第 8 章 物流信息管理

学习目标

- 了解物流信息的概念
- 了解物流信息对物流活动的作用
- 掌握物流信息的特点
- 理解物流信息技术
- 掌握物流管理信息系统的概念及功能

导引案例

为了与国际接轨，建立起高效、快速的现代物流系统，海尔采用 SAP 公司的 ERP 系统和 BBP 系统（原材料网上采购系统），对企业进行流程改造。经过近两年的实施，海尔的现代物流管理系统不仅很好地提高了物流效率，而且将海尔的电子商务平台扩展到了包含客户和供应商在内的整个供应链管理，极大地推动了海尔电子商务的发展。

海尔集团认为，现代企业运作的驱动力只有一个：订单。没有订单，现代企业就不可能运作。围绕订单而进行的采购、设计、制造、销售等一系列工作中，最重要的一个流程就是物流。离开物流的支持，企业的采购与制造、销售等行为就会带有一定的盲目性和不可预知性。因此，海尔与 SAP 公司合作，建立以订单信息流为中心的物流信息系统，使其能够在物流方面一只手抓住用户的需求，另一只手抓住可以满足用户需求的供应链。

通过分析，海尔集团认为实施物流信息化管理的目的主要有以下两个方面：现代物流区别于传统物流的主要特征是速度，而海尔物流信息化建设需要以订单信息流为中心，使供应链上的信息同步传递，能够实现以速度取胜；海尔物流需要以信息技术为基础，能够向客户提供竞争对手所不能给予的增值服务，使之顺利地从企业物流向物流企业转变。于是，海尔采用了 SAP 公司提供的 ERP 系统和 BBP 系统，组建自己的 ERP 物流管理系统，该系统共包括五大模块：MM（物料管理）、PP（制造与计划）、SD（销售与订单管理）、FI（财务管理）、CO（成本管理）。实施 ERP 后，消除了原有的“信息孤岛”，使信息同步集成，提高了信息的实时性与准确性，加快了对供应链的响应速度。如订单以前由客户下达传递到供应商需要10天以上的时间，而且准确率低，实施ERP后订单不但一天内完成“客户—商流—工厂计划—仓库—采购—供应商”的过程，而且准确率极高。另外，对于每笔收货，扫描系统能够自动检验采购订单，防止暗箱收货，而财务在收货的同时自动生成入库凭证，使财务人员从繁重的记账工作中解放出来，发挥真正的财务管理与财务监督职能，效率与准确性大大提高。

完善后的海尔物流管理系统可以用“一流三网”来概括。这充分体现了现代物流的特征：“一流”是指以订单信息流为中心；“三网”分别指全球供应链资源网络、全球用户资源网络和计算机信息网络。海尔集团在实施ERP物流系统后效果显著，采购成本降低，库存资金周转从30天缩减到12天，呆滞物资降低73.8%，库存面积减少50%，节约资金7亿元，同比减少67%。整合2 336家供货商，优化为840家，提高国际化大集团供货商的比例，达到71.3%。同时，海尔的物流速度大为提高，订单量得以增加，增幅在50%以上。外部使用B2B采购平台，100%的供应商订单从网上获得，网上付款达80%以上。仅此一项，每年可为供应商节约上千万元费用。由于实现了信息替代库存，国内零部件的库存量在3天以内就可以保证每天数十万台产品的生产。

资料来源：www.docin.com/p-894054392.html.

第1节　物流信息概述

一、物流信息的概念

根据中华人民共和国国家标准《物流术语》（GB/T 18354—2006）的定义，物流信息是反映物流各种活动内容的知识、资料、图像、数据、文件的总称。从物流信息来源看，一部分来自物流活动本身，另一部分来源于商品交易活动和市场。因此，物流信息包含的内容可以从狭义和广义两个方面来理解。

狭义上，物流信息是指与物流活动（如运输、仓储、包装、装卸搬运、流通加工和配送等）有关的信息，在物流活动的管理与决策中，如货物批量的确定、在途货物的跟踪、运输工具的选择、运输路线的确定、订单管理、库存数量的确定等，都需要详细准确的物流信息。广义上，物流信息不仅指与物流活动有关的信息，还包括与其他流通活动有关的信息，如商品交易信息、市场信息、政策信息、通信交通等基础设施信息；不仅起到连接整合生产厂家、批发商、零售商、消费者的整个供应链的作用，还在应用现代信息技术的基础上促进了整个供应链活动的效率提高。

二、物流信息的特点

（一）广泛性

由于物流是在大范围内的活动，因此物流信息源也分布在大范围内，信息来源广、信息量大，涉及生产生活的各个方面。物流信息的广泛性可从两个角度来理解：

一是物流系统本身信息的广泛性；二是物流相关信息的广泛性。就物流系统本身信息而言，包括交通运输信息、仓储信息、装卸搬运信息、包装信息、流通加工信息和配送信息。物流相关信息包括商流信息、资金流信息、生产信息、消费信息等。

（二）联系性

物流活动是多环节、多因素、多角色共同参与的活动，其目的就是实现产品从产地到消费地的顺利移动，因此在该活动中所产生的各种物流信息必然存在十分密切的联系，如生产信息、运输信息、储存信息、装卸信息间都是相互关联、相互影响的。这种相互联系的特性是保证物流系统中各子系统、供应链各环节以及物流内部系统与物流外部系统相互协调运作的重要因素。为了保证物流系统中的各子系统、供应链各环节以及物流内部系统与物流外部系统相互协调运作，物流各环节所产生的物流信息之间具有紧密的联系，保证了物流系统的正常运作。

（三）多样性

物流信息种类繁多，从其作用的范围来看，物流系统内部各个环节有不同种类的信息，如流转信息、作业信息、控制信息、管理信息等，物流系统外部也存在各种不同的信息，如市场信息、政策信息、区域信息等；从其稳定程度来看，有固定信息、流动信息与偶然信息等；从其加工程度看，有原始信息与加工信息等；从其发生时间来看，有滞后信息、实时信息和预测信息等。

（四）动态性

多品种、小批量、多频度的配送技术与 POS、EOS、EDI 等数据收集技术的广泛应用使得各种物流作业频繁发生，因此物流信息的动态性较强。及时收集、快速响应、动态处理物流信息已成为关系现代物流经营活动成败的关键。

（五）复杂性

物流信息的广泛性、联系性、多样性和动态性决定了物流信息的复杂性。在物流活动中，必须对不同来源、不同种类、不同时间和相互联系的物流信息进行反复研究和处理，才能得到具有实际应用价值的信息，以此指导物流活动。这是一个非常复杂的过程。

第 2 节 物流信息技术

一、物流信息技术的概念

物流信息技术（logistics information technology，LIT），指的是现代信息技术在物流各作业环节中的应用，包括 BarCode（条形码）、GIS（地理信息系统）、GPS（全球卫星定位系统）、EDI（电子数据交换）、ITS（智能交通系统）等，是物流现代化的重要标志。物流信息技术是物流现代化的重要标志，也是物流技术中发展最快的领域之一。物流信息技术是物流技术中发展最迅猛的领域，从数据采集技术到物流信息系统都发生了日新月异的变化，计算机、网络技术的飞速发展促进了物流产业的信息化进程，从真正意义上提高了现代物流技术和管理水平。同时。随着物流信息技术的不断发展，产生了一系列新的物流理念和物流经营方式，推进了物流的变革。

物流信息技术在现代企业的经营战略中占有越来越重要的地位，建立物流信息系统，充分利用各种现代信息技术，提供迅速、及时、准确、全面的物流信息是现代企业获得竞争优势的必要条件。

二、现代物流信息技术的应用

（一）条码技术

条码技术是20世纪在计算机应用中产生和发展起来的一种自动识别技术，是集条码理论、光电技术、计算机技术、通信技术、条码印制技术于一体的综合性技术。条码技术具有制作简单、信息收集速度快、准确率高、信息量大、成本低和条码设备方便易用等优点，所以从生产到销售的流通转移过程中，条码技术起到了准确识别物品信息和快速跟踪物品历程的重要作用，它是整个物流信息管理工作的基础。

条码技术在物流领域的应用主要体现在以下几个方面。

1. 条码技术在货物运输中的应用

随着条码技术的不断发展，条码在包裹、货物运输上扮演着越来越重要的角色，特别是近几年来，许多国家的运输公司纷纷采用一维条码和PDF417二维条码相结合的标签，来实现货物运输中的条码跟踪和信息传递。

PDF417二维条码信息容量大，可以储存包裹、货物的详细信息，并且容易打印，可以采用原来的标签打印机打印。同时它可以根据需要进行加密，防止数据的非法篡改。此外，由于PDF417二维条码具有很强的自动纠错能力，因此在实际的包裹运输中，即使条码标签受到一定的污损，PDF417二维条码依然可以正确地识读。PDF417二维条码这些突出的特点，使得它广泛用于各个国家的邮局、铁路、机场、码头等的包裹和货物运输，实现了货物运输的全过程跟踪，消除了数据的重复录入，加快了货物运输的数据处理速度，降低了对计算机网络的依赖程度，从而实现了物流管理和信息流管理的完美结合。

2. 条码技术在供应链物流中的应用

条码技术的应用解决了数据录入和数据采集的瓶颈问题，为供应链管理提供了有力的技术支持。从供应链物流的角度来讲，利用条码技术，可以对供应链上的物流信息进行采集跟踪，满足企业针对物料准备、生产制造、仓储运输、市场销售、售后服务、质量控制方面的信息管理需求。

（1）物料管理。

现代化生产物料配套的不协调极大地影响了产品生产效率，杂乱无序的物料仓库、复杂的生产备料及采购计划的执行几乎是每个企业都会遇到的难题。条码技术可以将物料编码，并且打印条码标签，不仅便于物料跟踪管理，而且有助于合理的物料库存准备，提高生产效率，促进企业资金的合理运用。对采购的生产物料按照行业及企业规则建立统一的物料编码从而杜绝因物料无序而导致的损失和混乱。

（2）作业管理。

作业管理中对条码的应用主要体现在条码成为联系工作流各环节的工具。以仓储作业为例，验货、备货、分拣、上架等环节之间的联系是很复杂的。在传统的操作方式下，业务中心与仓储工作人员之间一般以纸面单据交流，完成工作流的衔接。在应用条码之后可以借助无线局域网建立半自动化的作业管理方式。业务中心通过无线网络将业务指令直接下达到仓储工作人员，仓储工作人员通过手持终端接收指令，并扫描条码确认工作准确无误地完成，仓储工作人员的工作完成情况则即时传回业务中心得到确认。

（3）生产管理。

在生产中可应用产品识别码监控生产，采集生产测试数据和生产质量检查数据，进行产品完工检查，建立产品识别码和产品档案，从而有助于有序地安排生产计划，监控生产及流向，提高产品合格率。

（4）产品售后跟踪。

供应链上的企业建立信息系统的连接后，可统一产品的条码，及时进行信息的共享，减少不必要的信息录入。企业可将条码技术与GPS/GIS等技术结合使用，对产品进行跟踪。

（二）无线射频识别技术

无线射频识别（RFID）是通过射频信号识别目标对象并获取数据信息的一种非接触式的自动识别技术。RFID技术的基本原理是电磁理论，利用无线电波对记录媒体进行读写，无线通信技术和存储器技术是该技术的枝心。

典型的RFID系统由射频标签、读写器及计算机通信网络三个部分组成。其工作过程是，读写器在一个区域内发射射频能量形成电磁场，作用距离的大小取决于发射功率。射频标签经过这个区域时被触发，发送存储在标签中的数据，或根据读写器的指令改写存储在射频标签中的数据，读写器接收射频识别标签发送的数据或向标签发送数据，并通过标准接口与计算机通信网络进行对接，实现数据的传输。

RFID的应用最早可以溯源到第二次世界大战期间，那时RFID就已用于军用飞行目标的识别。20世纪60年代，第一个电子物品监视反盗窃系统开始投入商业运营，它就是现在常见的商场防盗系统——电子物品监控（electronic article surveillance，EAS）系统的前身。目前在我国，电子标签应用于铁路、邮政、公安、制造、物流、烟草、零售、医药等诸多领域。

1. RFID在物流配送跟踪中的应用

对货物进行配送跟踪的基本思想是：首先记录货物的各种属性并将它们附着在货物上，货物随着业务流动，属性信息也跟着传递到下一个业务环节，每个环节都可以利用货物属性，指导业务操作，并补充、修改货物可变属性；同时依据货物不变属性即可跟踪货物在整个配送过程中的流动，向上游追溯或向下游跟踪各环节属性的变化。

依据上述基本思想，采用RFID技术跟踪货物在物流配送的流动过程如下：首先在每个货物上附一个电子标签，每个电子标签有唯一的标识，这个标识是不能更改的，它与货物一一对应，是货物的不变属性，同时电子标签可以存储信息，通过读写器读取或写入货物标签存储可变属性，读写器与电脑相连接，读取或写入的数据输入或来自物流配送管理系统服务器统一的数据库中，这样整个物流配送过程的货物流动就都纳入系统跟踪管理之下。

2. 高速公路自动收费系统

高速公路自动收费系统是RFID技术最成功的应用之一。目前我国的高速公路发展非常快，地区经济发展的先决条件就是有便利的交通，而高速公路收费却存在一些问题：一是导致交通堵塞，在收费站许多车辆排队等待交费，成为交通瓶颈；二是少数收费员贪污收费，使国家损失了大量的财政收入。RFID技术在高速公路自动收费上的应用充分体现了非接触识别的优势，可杜绝上述问题。对于高速公路收费系统，由于车辆的大小和外形不同，需要大约4米的读写距离和很快的读写速度，系统的频率应在900MHz和2 500MHz之间。在设计系统时，车上的射频卡可安装在汽车风窗玻璃后面，阅读器天线则架设在道路的上方，将多车道的收费口分为自动收费口和人工收费口两个部分。在距收费门50～100米处，当车辆经过天线时，车上的射频卡被上方的天线接收到，由此判别车辆是否带有有效的射频卡。读写器指示灯指示车辆进入不同车道，进入自动收费口的车辆的养路费款将被自动从用户账户中扣除，通过指示灯及蜂鸣器告诉司机收费是否完成，因此车辆不用停车就可完成缴费。挡车器将拦下恶意闯入的车辆。人工收费口仍维持现有的操作方式。

3. 生产线自动化控制

在生产流水线上应用RFID技术可实现自动控制和监视，提高生产率，改进生产方式，节约生产成本，如汽车装配流水线。宝马汽车是基于用户提出的要求式样生产的，用户可以从上万种内部和外部选项中选定车的颜色、引擎型号以及轮胎式样等，没有精心设计的、复杂的控制系统很难完成这种复杂的任务。宝马公司就在其装配流水线上安装有RFID系统，工作人员使用可重复使用的射频卡，该射频卡上带有详细的对汽车的所有要求，在每个工作点都有读写器，这可以保证汽车在各个流水线上能毫不出错地完成装配任务。

4. 仓储管理

RFID系统与条码结合，可用于智能仓库货物管理，有效解决与仓库及货物流动有关的信息管理，不但可增加一天内处理货物的件数，还可监视某些货物的所有流动信息。一般地，射频卡贴在货物要通过的仓库大门边上，读写器天线则置放在叉车上，每个货物都贴有条码，所有条码信息都存储在仓库的中心计算机里，该货物的有关信息都能在计算机里查到。当货物被装走运往别地时，由另一读写器识别并告知计算中心它被放在哪个拖车上。这样管理中心就可以实时了解到生产了多少产品，发送了多少产品，并可自动识别货物，确定货物的位置。

（三）全球定位技术

全球定位系统（GPS）是利用空中卫星全天候、高准确性地对地面目标的运行轨迹进行跟踪、定位与导航的技术。GPS系统由三部分组成：空间星座部分、地面监控部分和用户设备部分。

1. 空间星座部分

GPS 的空间部分由 24 颗工作卫星组成，它位于距地表 20～200 公里的上空，均匀分布在 6 个轨道面上（每个轨道面 4 颗），轨道平面相对于赤道平面的倾角为 55°，各轨道平面之间的夹角为 60°。此外，还有 3 颗备用卫星在轨运行。卫星的分布使得在全球任何地方、任何时间都可观测到 4 颗以上的卫星，并能保证良好定位解算精度的几何图像，从而提供了在时间上连续的全球导航能力。

2. 地面监控部分

地面监控部分由 1 个主控站、5 个全球监测站和 3 个地面控制站组成。监测站均配装有精密的铯钟和能够连续测量到所有可见卫星的接收机。监测站将取得的卫星观测数据，包括电离层数据和气象数据，经过初步处理后，传送到主控站。主控站从各监测站收集跟踪数据，计算出卫星的轨道和时钟参数，然后将结果送到 3 个地面控制站。地面监测站在每颗卫星运行至上空时，把这些导航数据及主控站指令注入卫星。这种注入对每颗 GPS 卫星每天一次，并在卫星离开注入站作用范围之前进行最后的注入。如果某地面站发生故障，在卫星中预存的导航信息还可用一段时间，但导航精度会逐渐降低。

3. 用户设备部分

用户设备部分即 GPS 信号接收机。其主要功能是捕获到按一定卫星截止角所选择的待测卫星，并跟踪这些卫星的运行。当接收机捕获到跟踪的卫星信号后，即可测量出接收天线至卫星的伪距离和距离的变化率，解调出卫星轨道参数等数据。根据这些数据，接收机中的微处理计算机就可按定位解算方法进行定位计算，计算出用户所在地理位置的经纬度、高度、速度、时间等信息。

接收机硬件和机内软件以及 GPS 数据的后处理软件包构成完整的 GPS 用户设备。GPS 接收机的结构分为天线单元和接收单元两部分。接收机一般采用机内和机外两种直流电源。设置机内电源的目的在于更换外电源时不中断连续观测。在用机外电源时机内电池自动充电。关机后，机内电池为 RAM 存储器供电，以防数据丢失。目前的接收机体积越来越小，重量越来越轻，便于野外观测使用。

GPS 最初只运用于军事领域，现在，GPS 已在物流领域得到了广泛的应用，如汽车自定位及跟踪调度、铁路车辆运输管理、船舶跟踪及最佳航线的确定、空中运输管理、防盗反劫、服务救援、远程监控、轨迹记录和物流配送等领域。例如，利用卫星对物流及车辆运行情况进行实时监控，用户可以随时“看到”自己的货物状态，包括运输货物车辆所在位置（如某城市的某条道路上）、货物名称、数量、重量等，同时可实现物流调度的即时接单和即时排单以及车辆动态实时调度管理；GPS 可提供交通气象信息、异常情况报警信息和指挥信息，以确保车辆、船只的运营质量和安全；客户经授权后可以通过互联网随时监控运送自己货物车辆的具体位置；GPS 还能进行各种运输工具的优化组合、运输网络的合理编织，如果货物运输需要临时变化线路，可随时指挥调动，大大降低车辆的空载率，提高了运输效率，促进资源的最佳配置。

由于 GPS 融合了目前国际上最先进的信息技术和各类高科技成果，因此安装了

GPS的车辆将会实现许多功能，如能够在任意时刻发出指令查询运输车辆所在的地理位置，并在电子地图上显示出来，车辆出车后就可立刻掌握其行踪。若有不正常的偏离、停滞与超速等异常现象发生时，GPS监控中心能立即显示并发出警告信号，并可迅速查询纠正，避免危及人员、车辆和货物安全的情况发生。同时，货主可登录查询货物运送状况，实时了解货物的动态信息，真正做到让客户放心。

（四）地理信息技术

1. GIS的概念

地理信息系统（GIS）是由计算机软硬件环境、地理空间数据、系统维护和使用人员四部分组成的空间信息系统，可以对整个或部分地球表层（包括大气层）和空间中有关地理分布数据进行采集、存储、管理、运算、分析显示和描述。GIS处理、管理的对象是多种地理空间实体数据及其关系，包括空间定位数据、图形数据、遥感图像数据、属性数据等，用于分析和处理在一定地理区域内分布的各种现象和过程，解决复杂的规划、决策和管理问题。

2. GIS在物流中的应用

GIS在物流中的应用主要体现在辅助物流信息系统的分析。GIS技术具有强大的地理数据功能，将GIS、GPS和无线通信技术进行有效的结合，再辅以车辆路线模型、最短路径模型、网络物流模型、分配集合模型和设施定位模型等，能够建立功能强大的物流信息系统，使物流变得实时且成本最优化。具体优势体现在以下几个方面。

（1）打造数字物流企业。

GIS应用必将提升物流企业的信息化程度，使企业日常运作数字化，包括企业拥有的物流设备或者客户的任何一笔货物都能用精确的数字来描述，不仅可以提高企业运作效率，同时还能提升企业形象，争取更多的客户。

（2）利用GPS和GIS技术可以实时显示出车辆的实际位置，并任意放大、缩小、还原、换图；可以随目标移动，使目标始终保持在屏幕上，利用该功能可对重要车辆和货物进行跟踪运输。对车辆进行实时定位、跟踪、报警、通信等的技术，能够满足掌握车辆基本信息、对车辆进行远程管理的需要，有效避免车辆的空载现象，同时客户也能通过互联网技术，了解自己的货物在运输过程中的细节情况。

（3）能够有效监控司机的行为。

在物流企业中，司机为了逃避过桥费而绕远路延误时间、私自拉货、途中私自停留等现象司空见惯，因为物流企业不能有效监控司机的行为。因此对车辆实时监控能规范司机的行为。

（4）可以形成协同商务的运作模式。

GIS、GPS、互联网等技术的相互结合，能够更好地提供相关信息给企业和客户，使信息传递更加及时、准确和透明。

（五）电子数据交换技术

电子数据交换（EDI）采用标准化的格式，利用计算机网络进行商务数据的传输和处理。EDI是一种利用计算机进行商务处理的新方法，将贸易、运输、保险、银行和海关等领域的信息以一种国际公认的标准格式通过计算机通信网络传输，使各有关部门和企业之间进行数据交换和处理，并完成以贸易为中心的全部业务过程。由于 EDI 的使用可以完全取代传统的纸质文件，因此也有人称它为“无纸贸易”或“电子贸易”。

EDI 最初由美国企业应用于企业间订货活动中的电子数据交换系统，其后 EDI 的应用范围从订货业务向其他业务扩展，如 POS 销售信息传送业务、库存管理业务、发货送货信息和支付信息的传送业务等。近年 EDI 在物流中应用广泛，被称为物流 EDI。

物流 EDI 主要是指货主、承运业主以及其他相关单位之间，通过 EDI 系统进行物流数据交换，并以此为基础实施物流作业活动的方法。物流 EDI 参与单位有托运方、承运方（如独立的物流承运企业等）、运输企业（铁路企业、公路运输企业等）、协助单位（政府有关部门、金融企业等）和其他的物流相关企业（如仓储企业）。

物流 EDI 的优点在于供应链各方基于标准化的信息格式和处理方法通过 EDI 共享信息，提高流通效率、降低物流成本。其在物流中的主要优势表现为以下几方面。

（1）节省时间和资金，提高工作效率和竞争力。

在全球范围内发送一份电子单证只需几秒钟；发票能在更短的时间内投递，数据能立即进行处理；采用 EDI 之后，订购、制造和货运之间的周期大大缩短，减少了库存开销。

（2）降低纸张消费和重复劳动。

根据联合国组织的一次调查，进行一次进出口贸易双方约需交换近 200 份文件和表格，其纸张、行文、打印及差错可能引起的总开销等大约为货物价格的 7%。据统计，美国通用汽车公司采用 EDI 后，每生产一辆汽车大约节约成本 250 美元，按每年生产 500 万辆计算，可以产生 12.5 亿美元的经济效益。同时，重复录入会浪费人力、浪费时间，降低效率。纸质贸易文件成了阻碍贸易发展的一个比较突出的因素，EDI 能够有效地解决这些问题。

（3）改善对客户的服务。

EDI 也是一种改善对客户服务的手段，它巩固了 EDI 贸易伙伴之间的市场和分销体系，提高了办事效率，加快了对客户需求的反应。

（六）物联网技术

物联网（internet of things）指的是将各种信息传感设备（如射频识别装置、红外感应器、全球定位系统、激光扫描器等）与互联网结合起来而形成的一个大网络。其目的是让所有的物品都与网络连接在一起，系统可以自动地、实时地对物体进行识别、定位、追踪、监控并触发相应事件。物联网是继计算机、互联网与移动通信网之后的世界信息产业第三次浪潮。物联网概念的问世，打破了之前的传统思维。过去一直是将物理基础设施和 IT 基础设施分开：一方面是机场、公路、建筑物；另一方面是数据中心、个人计算机、宽带等。在物联网时代，钢筋混凝土、电缆将与芯片、宽带整合为统一的基础设施。在此意义上，基础设施更像是一个新的地球工地，世界就在它上面运转，其中包括经济管理、生产运营、社会管理乃至个人生活。

物联网的概念是美国麻省理工学院的Kevin Ashton于1999年提出的，它的定义很简单：把所有物品通过射频识别等信息传感设备与互联网连接起来，实现智能化识别和管理。

第3节　物流管理信息系统

一、物流管理信息系统的概念

物流管理信息系统（logistics management information system，LMIS）是一个以人为主导，以优化物流企业战略、提高效益和效率为目的，利用计算机硬件、软件、网络通信设备及其他办公设备，进行物流信息的收集、传输、加工、存储、更新和维护，支持物流企业高层决策、中层控制、基层运作的集成化的人机系统。

物流管理信息系统是企业信息化的基础，也是企业物流信息系统中与企业业务层关系最密切的一个基础组成部分。物流信息系统通常包括物流管理信息系统、决策支持系统、专家系统、企业内部网、办公自动化系统等一系列的信息系统。

二、物流管理信息系统的分类

根据分类方法的不同，物流管理信息系统可从以下几个角度分类。

（一）按系统的结构分类

按这种分类标准，物流管理信息系统可分成单功能系统和多功能系统。

1. 单功能系统

单功能系统是指只能完成一种职能的系统，如物流财务系统、合同管理系统、物资分配系统等。

2. 多功能系统

多功能系统是指能够完成一个部门或一个企业所包括的物流管理职能的系统，如仓库管理系统、某个企业的经营管理决策系统等。

（二）按系统功能的性质分类

按这种分类标准，物流管理信息系统可分成操作型系统和决策型系统。

1. 操作型系统

操作型系统是指为管理者处理日常业务的系统。它的主要工作是进行数据处理，如记账、汇总、统计、打印报表等。

2. 决策型系统

决策型系统是在处理日常业务的基础上，运用现代管理方法，进一步加工计算，为管理人员或领导者提供决策方案的定量依据。这类系统通常又被称为辅助决策系统或决策支持系统。

（三）按系统所采用的设备和技术分类

按这种分类标准，物流管理信息系统可分成单机系统和网络系统。

1. 单机系统

单机系统只使用一台计算机，这台机器可以只有一个终端，也可以有多个终端，通常对数据采用批处理方式。如果计算机采用分时处理方式，就必须配有多个终端。

2. 网络系统

网络系统使用多台计算机，相互间以通信网络连接起来，实现资源共享。

三、物流管理信息系统的特征

（一）服务性

物流管理信息系统的目的是辅助物流企业进行事务处理，为管理决策提供信息支持。为了满足管理方面提出的各种要求，系统必须具备大量的基础数据（当前数据和历史数据、内部数据和外部数据等）和管理功能模型（如预测、计划、决策、控制模型等）。

（二）动态性

物流活动是一个动态的过程，随着时空的变化而变化。物流管理信息系统要能根据环境的变化及时进行调整，适应新变化的要求，保证对物流过程的有效跟踪和控制。

（三）易用性

物流管理信息系统要便于用户使用。要实现这一点，友好的用户界面是一个基本条件。易用性是物流管理信息系统推广的重要因素。

（四）网络化

物流活动不再是运行于单机上的，而是运行在网络环境下的。因此，物流管理信息系统是网络化的系统，通过互联网实现上下游企业间的有效沟通，从而能够更好地为用户服务。物流企业内部也可以通过内联网与互联网进行物流活动的跟踪与管理，提高物流活动的运作效率。

（五）实时化

物流管理信息系统利用自动识别、GPS、GIS、网络通信等现代信息技术对物流活动进行准确实时的跟踪和信息采集，并通过网络完成实时的信息处理，帮助企业对物流活动进行管理，满足顾客的要求。

四、物流管理信息系统的功能

物流管理的基本功能通常包括仓储管理、运输管理、配送管理等，因此仓储管理信息系统、运输管理信息系统、配送管理信息系统是最常见的物流管理信息系统。根据应用对象的不同，它们可以是独立应用的系统，也可以是整合在一起的集成系统。物流管理信息系统可以实现对物流服务全程的管理，控制物流服务全过程，具体来讲具备以下功能。

（一）集中控制功能

集中控制功能主要是对物流全过程进行监控，其实现的功能控制有业务流程的集中管理、各环节的收费管理、责任管理、结算管理、成本管理、仓储环节的管理、运输环节的管理、统计报表系统等，通过对各环节数据的统计和分析，得出指导企业运营的依据。

（二）运输流程管理功能

运输流程管理功能主要是针对运输流程的各个环节实施的接单管理、发运管理、到站管理、签收管理以及运输过程中的单证管理，如路单、报关单、联运提单、海关提单等。

（三）调度管理功能

调度管理功能用于解决运输过程中的货物配载、车辆调度、车辆空返等问题。通过使用本系统能够更好地利用运输工具的装载空间，更合理地进行车辆的调度，并能圆满地解决大型运输集团中各分公司车辆空返的问题。

（四）仓储管理功能

仓储管理功能针对货物的入库、在库、出库进行管理，其中在库管理是指对库中作业的管理，如货物的包装、拆卸、库中调配、配货等典型的物流服务。通过对出入库货物数量的计算可以得出准确的货物结存量。此外，还可以根据物流订单信息进行库存的预测管理。

（五）统计报表功能

统计报表功能是最主要的信息输出手段，是企业决策者和客户了解业务状况的依据。它既可以提供动态的统计报表功能，也可以提供多种特定的统计报表，如货物完整率报表、时间达标率报表、延期签收统计报表、业务量分析图、财务结算统计表等。

（六）财务管理功能

财务管理功能主要是管理物流业务中和成本、费用相关的各种数据并建立物流系统和专业财务系统的数据接口。

（七）客户查询功能

客户查询功能为客户提供灵活多样的查询条件，使得客户可以共享物流企业的信息资源，如货物的物流分配状况，货物的在途运输状况，货物的库存情况、签收情况等。

（八）客户管理功能

物流服务是以客户为中心的服务，对于任何一个物流系统来说客户管理系统是必不可少的。它主要由三部分组成：托运人管理、收货人管理、中间承运人管理。

本章小结

本章主要介绍了物流信息的概念与特点，一些现代物流信息技术在物流中的应用，包括条码技术、无线射频识别技术、全球定位技术、地理信息技术、电子数据交换技术、物联网技术等在物流领域的应用，以及物流管理信息系统的分类、特征和具体功能等。

思考题

1. 简述物流信息的特点。
2. 常见的现代物流信息技术有哪些?
3. 简述物联网技术的定义。
4. 简述物流管理信息系统的特征。
5. 简述物流管理信息系统的功能。

第3篇　物流系统集成管理

第 9 章

企业物流管理

学习目标

- 理解生产物流的定义、分类及技术
- 掌握采购的定义及分类
- 掌握现代采购过程
- 了解采购物流的定义
- 掌握销售物流的定义及环节

导引案例

1994 年成立的北京双臣快运有限公司是宅急送公司的前身，公司成立之初是个仅有 7 个人、3 辆车和一间 10 平方米办公室的小公司，然而仅仅 8 年后，宅急送公司一跃成为当今民营快运业的“领头羊”。截至目前，企业总资产已超过亿元，分支机构 160 家，员工 4 000 名，车辆 600 余台，年货物周转量达 400 多万件，与 400 多家企业建立了良好的合作关系，并拥有了快运业第一趟专列，业务触角遍及全国各地。

宅急送公司几乎每个月都在全国各地布设自己的业务网点、建分公司、招聘员工、添置车辆等，其快速的发展态势让同行羡慕不已，公司领导一直保持清醒的头脑，称公司还很弱小，在管理机制、业务流程、信息化处理等各方面尚无法与其他大型的跨国快递公司相比。“内涵式的发展、外延式的扩张”是宅急送公司一直坚持的经营思路。

快运公司运送货物之所以快，是因为有健全的网络，网络的覆盖范围必须涵盖客户业务要求的每一个区域。宅急送公司通过北京、上海、广州、沈阳、成都、武汉、西安等地的 7 家全资子公司及全国 130 余家分公司、营业所、营业厅和 280 余家合作公司组成的宅急送快运网络，使各地的快件都能通过这一运输网络实现相互对接，快速将货品送达客户手中。这一网络已覆盖全国 800 多个城市和地区，使异地发货、到付结算成为现实，最大限度地满足客户的需求。

企业的发展离不开人，尤其是在企业快速扩张的时候，人才的储备显得格外重要。宅急送公司从发展之初就拿出大笔资金，对干部和员工进行文化和业务培训，可以说，给员工最大的福利就是培训，这也是宅急送公司尊重人才、培养人才的体现，奖励机制的完善，为公司吸引和留住人才，为公司长远发展战略打下了坚实的基础。近年，公司已招聘上千人，通过严格的培训、健全的机制，使公司员工由原来的4 000多人增加到5 000多人。

目前，由于国家政策及其他因素的限制，宅急送公司主要的送货业务为家电、通信产品及较高档次的日用品，面向个人的快递业务大约只占10%。这是经过对市场等各方面的调查研究做出的市场调整和定位。新的市场定位使宅急送公司能避开与对手的正面交锋，专心针对企业客户的要求，提供更具针对性的服务。当然，一旦政策允许，宅急送公司肯定会大力发展个人业务。

门对门业务一直是宅急送公司追求的完美的快运方式，但这种美好的追求必须建立在快速高效的现代快运、物流、网络配送的服务上，为此，宅急送公司率先搭建了“宅急送物流信息网络平台”，为客户增加了网上业务委托和货物查询服务功能，使传统的开单、查询、结账等业务可在网上轻松完成，全面实现企业信息化。宅急送公司还率先在同行业中采用全球卫星定位技术，针对物流及货运车辆的实际运行状况，应用先进的GPS、GIS、计算机和无线电通信技术对公司货运车辆进行全国范围的全程监控。

货物条码跟踪技术的采用以及企业资源计划（ERP）系统的建立，在确保运营快速、准时的基础上，使宅急送公司从一个以卡车为主的传统快递公司向以信息技术为主的航空快运公司过渡，开始迈向现代物流的领域。

资料来源：宅急送的成功秘诀．http：//wenku. baidu. com/view/397b7e6aa98271fe910ef971. html.

第1节 生产物流

一、生产物流的定义

生产物流一般指原材料、燃料、外购件被购入企业后，经过下料和发料并配送到各加工点和储存点，以在制品的形态，从一个生产单位（仓库）流入另一个生产单位，按照规定的工艺过程进行加工、储存，借助一定的运输装置，在某个点内流转，然后从某个点流出，始终体现着物料实物形态的流转过程。它构成了企业内部物流活动的全过程。

生产物流的边界起源于原材料、外购件和辅料的出库，止于成品入库，贯穿生产全过程。在这个过程中，物料随着时间进程不断改变自己的实物形态和场所位置，物料不是处于加工、装配状态，就是处于储存、搬运和等待状态。

生产物流与供应物流、销售物流和回收物流的最大区别在于它与企业的生产过程紧密联系，只有合理组织生产物流，才能使企业生产过程始终处于最佳状态。生产物流不畅会导致企业生产混乱，甚至发生生产停顿的现象。

我国的国家标准《物流术语》将生产物流定义为：“企业生产过程中发生的涉及

原材料、在制品、半成品、产成品等所进行的物流活动。”一个产品从原材料到成品，直至送到用户手中，经历了整个产品供应链的各个环节。产品供应链的上游主要是产品制造和加工的阶段，供应链的下游主要是产品流通阶段。供应链上游占主导地位的是产品及其关键零部件的制造企业。制造企业内部的物流以生产物流为主导。

现代生产物流管理的主要内容如下。

1. 物料管理

管理生产中所需要的各种物料，如毛坯、工具、半成品、废品和成品等。物料管理具体体现为库存管理，即对入库和出库进行管理，并协调出库与入库，以保证有足够的物料供应生产。物料管理过程的主要功能是：

（1）协调生产工序之间、生产与消费之间的时间差异，以保证工序与工序之间、使用与生产之间完好的衔接。

（2）解决生产过程中工序与工序之间或生产与消费之间的空间差异。例如，一个产品需要在不同的地点进行加工，一地生产的产品要在异地进行消费等。

2. 物流作业管理

根据生产加工的需要，计划和调度各种运输设备，规划运输路线，使所需的物料及时、通畅地运达指定位置。这里既包含作业计划，也包含作业控制。

3. 物流系统状态监控

生产物流系统设置各种检测装置，对系统的物流设备状态、物料状态、物流路线等进行检测。通过模拟屏或计算机屏幕实时显示各种状态，以掌握物流实际运行的情况。在出现故障的情况下，及时采取措施，排除故障，保障系统正常运行。

4. 物流信息管理

物流信息管理对生产物流系统和各种信息进行采集、处理、传输、统计和报告。无论是物料管理、状态监控还是作业管理，都离不开物流信息。生产物流过程实际上是物料流动加信息流动的过程。

上述各项内容并非截然分开的，它们之间有着密切的联系。其中，物流信息管理是现代生产物流管理的核心和基础。

生产物流在生产制造过程中起着承上启下的作用，是生产制造各环节有机组合的纽带。生产物流是生产过程得以维持和延续的基础和保障。

二、生产物流的分类

（一）以物流流向划分

根据物料在生产工艺过程中的特点，把生产物流划分为项目型、连续型、离散型三种类型。

1. 项目型生产物流

项目型生产物流是指在固定式生产方式中的凝固型物流，即当生产系统需要的物料进入生产场地后，几乎处于停止的凝固状态，或者说在生产过程中物料流动性不强。

2. 连续型生产物流

连续型生产物流是指在流程式生产方式中物料均匀、连续地流动，不能中断。连续型生产物流的特点是：生产出的产品和使用的设备、工艺流程都是固定且标准化的，工序之间几乎没有在制品储存。管理的重点是保证连续供应物料和确保每个生产环节的正常运行。由于工艺相对稳定，有条件采用自动化装置实现对生产过程的实时监控。化工生产多属此类型。

3. 离散型生产物流

离散型生产物流是指在加工装配式生产中，产品生产方式中投入的各要素由可分离的零部件构成，各个零部件的加工过程彼此独立。离散型生产物流的特点是：制成的零件通过部件装配和总装，最后成为产品，整个产品的生产是离散的，各个生产环节之间有一定的在制品储备。管理的重点是在保证及时供料和零部件的加工质量基础上，准确控制零部件的生产进度，缩短生产周期，既要减少在制品积压又要保证生产的配套性。

（二）从物料流经的区域划分

从物料流经区域角度可以把生产物流细分为两部分：工厂间物流和工序间物流（车间物流）。

1. 工厂间物流

工厂间物流指大企业中的分厂与分厂之间，中小企业的车间与车间之间的物流。其内容是各分厂或各车间生产的零部件和半成品在分厂或车间之间的流动。从管理的角度考虑，重点是建立良好的供应伙伴关系，积极协调交通运输环节。

2. 工序间物流

工序间物流也称工位间物流或车间物流，指生产过程中车间内部和车间与仓库之间的物流。其内容包括：接受各工序原材料、零部件的储存活动；仓库向生产车间输送原材料等。

三、生产物流的技术

（一）JIT（准时）生产方式

JIT生产方式的基本思想是：只在需要的时刻，生产需要的数量。这种生产方式使生产系统的库存达到最小，在此思想引导下开发了包括看板在内的一系列具体方法，逐渐形成了一套独具特色的生产管理体系。JIT生产方式的应变能力以及对质量、成本、生产周期的有效控制方法，越来越强烈地影响着制造业。

1. JIT生产方式的组成

（1）JIT生产方式新思维。

JIT之所以成功，首先是由于它大胆地向传统管理观念提出挑战，使得生产管理的观念发生了一场革命。JIT生产方式新思维是JIT最基础的方面，只有在此思想基础上，才能设计及规划JIT生产系统，才能实施JIT生产系统。

（2）JIT生产系统设计。

为实现准时生产、杜绝浪费、合理利用资源，在JIT系统中要进行广义的生产系统设计，包括销售、供应、产品设计、加工工艺、质量工程、工厂布局以及组织均衡生产等。生产系统设计技术体现了JIT的新思维，也为JIT现场控制打下了基础。

（3）JIT生产现场管理。

JIT生产的要求与MRP（物料生产计划）十分相似，但是MRP的实施是按主生产计划的需求，在需要的时间、地点生产需用的零部件，是受主生产计划推动的生产方式。而JIT的零部件仅当后续工序提出要求时才生产，是一种拉动的生产力式，即后工序需要多少，前工序就生产或供应多少；它将传统生产过程中前道工序向后道工序送货，改为后道工序根据看板向前道工序取货、前道工序按看板要求只生产后道工序取走的数量的工件作为补充，现场操作人员根据看板进行生产作业。看板系统是JIT生产现场控制技术的核心，利用看板技术控制生产和物流，以达到JIT生产的目的。

2.JIT生产方式的目标及其实施方法

企业的经营目标一般是利润最大化，而降低成本则是生产管理子系统的目标。在多品种、小批量生产的情况下，JIT生产方式力图通过彻底消除浪费来达到这一目标。

(1) 适时、适量生产。

它是指“在需要的时候，按需要的数量，生产所需的产品”。当今已经从“只要生产出来就能卖得出去”的时代进入“只能生产卖得出去的产品”的时代，只有适时、适量生产，才能避免生产过剩所造成的人员、设备、物资、资金的浪费。

(2) 弹性配置作业人数。

在劳动力费用越来越高的今天，降低劳动费用是降低成本的一个重要方面。实现这一目的的方法，是根据生产量的变动，弹性地增减生产线上的作业人数，以及尽量用较少的人力完成较多的工作。它与历来采用的定员制不同，是一种全新的人员配置方法。为此，要设计独特的设备布置，以便能够将由于生产量减少而节约的工时集中起来，以削减人员。但这样做将引起作业内容、作业时间、作业组合以及作业顺序等一系列变化，要求作业人员必须拥有多种技能。

(3) 质量保证。

管理界历来认为要想提高质量，必须增加成本，然而，JIT生产方式却与这一认识相反，将质量管理贯穿每一工序，来实现提高质量与降低成本的一致性。其具体做法是在生产组织中融入自动化机制。

3.JIT生产方式中生产计划的特点

对JIT生产方式有一种误解，即认为既然是“在需要的时候，按需要的量生产所需的产品”，那生产计划就无足轻重了。但实际上恰恰相反，以看板为主要管理工具的JIT生产方式，从生产管理理论的角度来看，是一种计划主导型的管理方式。但它又在很多方面打破了历来在生产管理中被认为是常识的观念。

在JIT生产方式中，同样根据企业的经营方针和市场预测制定年度计划、季度计划与月度计划。然后再以此为基础制定日程计划，并根据日程计划制定投产顺序计划。其最独特的一点是，只向最后一道工序以外的各个工序出示每月大致的生产品种和数量计划，作为其安排作业的参考基准。而真正作为生产指令的投产顺序计划只下达到最后一道工序，具体到汽车生产线，就是只下达到总装配线：其余所有的机械加工工序以及粗加工工序等的作业现场没有任何生产计划表或生产指令数这样的东西，而是在需要的时候通过看板，由后工序顺次向前工序传递生产指令。

在JIT生产方式中，由于生产指令只下达到最后一道工序，其余几个工序的生产指令由看板在需要的时候向前工序传递，这就使得：各工序只生产后工序所需要的产品，避免了生产不必要的产品；因为只在后工序需要时才生产，避免和减少了不急需品的库存量；因为生产指令只下达给最后一道工序，最后的生产成品数量与生产指令所指示的数量是一致的，并且该生产顺序指令是以天为单位，可以做到在生产开始的前一两天才下达，从而能够反映最新的订货和最新的市场需求，大大缩短了从订货或市场预测到产品投放市场的距离。总而言之，既然是适时适量生产，生产指令发出的时间就变得格外重要。因此，生产指令也应该“只在需要的时候发出”，这就是JIT生产方式中关于生产计划的基本思想。

4. 生产计划的制定程序

现在很多企业都采用JIT生产方式，这些企业在实施JIT生产方式的过程中，对生产计划的制定和控制方式当然不会完全一样，但其基本思想是相同的。为了便于理解，以丰田汽车公司的生产计划方法为例来加以说明。

丰田汽车公司的生产计划由公司总部的生产管理部制定。生产管理部下设生产规划课，以及生产计划一科、二科和三科。生产规划课的主要任务是制定长期生产计划。这里，长期生产计划是指年度生产计划以及之后两年的生产计划。这样的计划要制定两次，主要是规划大致准备生产的车型和数量，不把它具体化。真正准备实行的是即将到来的三个月的生产计划。在第（$N-1$）月制定出第N月、第（$N+1$）月以及第（$N+2$）月的生产计划。这样制定出来的第N月生产计划为确定了的计划，第（$N+1$）月以及第（$N+2$）月的计划只作为“暂定”，等第（$N+1$）月变为第N月时，再进行确定。

关于生产品种和生产数量的具体计划，按照面向日本国内市场的产品和出口产品来分别确定。出口车的生产计划主要是依据订货情况来制定。订货情况将汇总到当地的负责部门并由其提出方案，然后将情报全部汇总到设置在东京的海外规划部，由海外规划部进行调整后送交生产管理部：各国的负责部门与海外规划部通过计算机网络连接，情报可以快速传递。内销车的生产计划同时根据订货和市场预测分别确定。

第N月的生产计划在第（$N-1$）月的中旬开始时确定，到第（$N-1$）月的中旬结束时再根据订货进行数量调整：在第（$N-1$）月的下旬，进行所需零部件数量的计算，并决定各种产品每天的生产量、生产工序的组织以及作业节拍等。这些计算都使用计算机来进行。

以上工作完成后，开始制定真正作为日生产指令的投产顺序计划，即决定混合装配线上各种车型的投入顺序：顺序计划每天制定，然后只下达给装配线以及几个主要的部件组装线和主要协作厂家，其他绝大多数的工序都通过看板来进行产量和品种的日生产管理。

在丰田，从车体加工到整车完成的生产周期大约为一天，投产顺序计划每天制定，每天下达，下达时间最早在生产开始前两天，最晚不迟于生产开始前一天半。因此顺序计划可以准确地反映市场的最新情况和顾客的实际订货，根据顾客的实际订货及其变更来安排实际生产。

这样的生产计划制定方法是实现适时适量生产的第一步。通过这种方式，能够迅速捕捉市场动向，把握市场最新情况，做到只在必要的时候对必要的产品进行必要的计划。现在丰田公司能够做到，对国外的订货，4个月内将产品交到顾客手里；而对日本国内，只需5天到半个月。

5. 投产顺序计划的制定方法

投产顺序计划要确定混合装配线上同种产品的投入顺序，在不同情况下必须做不同的考虑。如果各工序的作业速度不一样，就有全线停车的可能，为了避免这种情况，就必须制定使各工序的作业速度差保持最小的投入顺序计划，很多投入顺序制定方法都是基于这种思想。

但是，在制定投入顺序计划时，还要注意到混合装配前的各工序的生产均衡化，为此应该考虑设法减少供应零部件的各工序产量以及运送量的变化，减少在制品的储存量。

6. JIT 生产方式的基本方法

JIT 生产方式的基本方法可以概括为下列几个方面。

(1) 适时适量生产。

当今已经从“只要生产得出来就卖得出去”的时代进入了一个“只能生产能够卖得出去的产品”的时代，对于企业来说，各种产品的产量必须能够灵活地适应市场需求的变化。否则，由于生产过剩会引起人员、设备、库存等一系列的浪费，而避免这些浪费的方法就是实施适时适量生产。

(2) 合理配置作业人数。

在劳动费用越来越高的今天，降低劳动费用是降低成本的一个重要方面。达到这一目的的方法是“少人化”。所谓“少人化”，是指根据生产量的变动，弹性地增减各生产线的作业人数，以及尽量用较少的人力完成较多的生产。这里的关键在于能否将生产量减少了的生产线上的作业人数减下来。这种“少人化”技术不同于生产系统中的“定员制”，是一种全新的人员配置方法。

(3) 雇员保证。

传统认为，质量与成本之间是一种负相关关系，即要提高质量，就得花人力、物力来加以保证。但在 JIT 生产方式中，却与此不同，通过将质量管理贯穿每一工序来实现提高质量与降低成本的一致性，具体方法是“自动化”。这里所讲的“自动化”，不是一般意义上的设备、监控系统的自动化，而是指融入生产组织中的两种机制：第一，使设备或生产线能够自动监测不良产品。一旦发现异常或不良产品，可以自动停止设备运行。为此，需在设备上开发、安装各种自动停止装置和加工状态监测装置。第二，生产一线的设备操作工人发现产品和设备问题时，有权自动停止生产。依靠这样的机制，不良产品一出现马上就会被发现，防止了不良产品的重复出现或累计出现，避免由此可能造成的更大浪费。

7. JIT 实现适时适量生产的具体手法

(1) 生产同步化。

为了实现适时适量生产，首先需要致力于生产的同步化。即工序间不设置仓库，在产品在前一工序的加工结束后，立即转到下一工序去，装配线与机加工几乎平行运作，产成品被一件一件连续地生产出来。在铸造、锻造、冲压等必须成批生产的工序，则通过尽量缩短作业更换时间来缩小生产批量。

（2）生产均衡化。

生产均衡化是实现适时适量生产的前提条件。所谓生产均衡化，是指总装配线在向前工序领取零部件时，应均衡地使用各种零部件，混合生产各种产品。在制定生产计划时就必须对此加以考虑，然后将其体现于产品投产顺序计划之中。在制造阶段，均衡化是通过专用设备通用化和制定标准作业来实现。所谓专业设备通用化，是指通过在专用设备上增加一些工具等方法，使之能够加工多种不同的产品。标准作业是指将作业内一个作业人员所应承担的一系列作业内容标准化。

（3）实现适时适量生产的管理工具。

在实现适时适量生产中具有极为重要意义的是作为其管理工具的看板。看板管理也可以说是 JIT 生产方式中最独特的部分，因此也有人将 JIT 生产方式称为看板方式。严格地讲，这种说法是不正确的。因为 JIT 生产方式的本质是一种生产管理技术，而看板只不过是一种管理工具。

（二）MRP（物料需求计划）和 MRPⅡ（制造资源计划）

1. MRP 原理

按需求的来源不同，企业内部的物料可分为独立需求和相关需求两种类型。独立需求是指需求量和需求时间由企业外部的需求来决定，例如，客户订购的产品、科研试制需要的样品、售后维修需要的备品备件等；相关需求是指根据物料之间的结构组成关系由独立需求的物料所产生的需求，例如，半成品、零部件、原材料等的需求。

MPR 的基本任务是：（1）从最终产品的生产计划（独立需求）导出相关物料（原材料、零部件等）的需求量和需求时间（相关需求）；（2）根据物料的需求时间和生产（订货）周期来确定其开始生产（订货）的时间。

MRP 的基本内容是编制零件的生产计划和采购计划。然而，要正确编制零件计划，首先必须落实产品的生产进度计划，用 MRPⅡ的术语就是主生产计划（MPS），这是 MRP 展开的依据。MRP 还需要知道产品的零件结构，即物料清单（BOM），才能把主生产计划展开成零件计划；同时，必须知道库存数量才能准确计算出零件的采购数量。因此，基本 MRP 的依据是：（1）主生产计划；（2）物料清单；（3）库存信息。

MRP 主要回答了四个问题：生产什么？要用到什么？已经有了什么和还缺什么？什么时候下达采购或加工计划？

这四个问题是任何制造业在编制计划时都要回答的问题，被人们称为制造业的通用公式。第一个问题指的是为了满足市场（或客户）需求需要生产的产品，产品的生产计划是根据销售合同或市场预测，由主生产计划确定的。第二个问题指的是产品结构或某些在制造过程中必要的资源（如能源、工具等），由产品信息或物料清单来回答。物料清单是计算机可识别的产品结构数据文件，是 MRP 的主导文件。第三个问题由库存信息，或者说，由物料的可用量来回答。物料的可用量不同于手工管理的库存台账，它是一种动态信息。

（1）主生产计划。

主生产计划是确定每一具体的最终产品在每一具体时段内生产数量的计划。这里的最终产品是指对于企业来说最终完成、要生产的产成品，它要具体到产品的品种、型号。这里的具体时间段，通常是以周为单位，在有些情况下，也可以是日、旬、月。主生产计划详细规定生产什么、什么时段应该产出，它是独立需求计划。主生产计划根据客户合同和市场预测，把经营计划或生产大纲中的产品系列具体化，使之成为展开物料需求计划的主要依据，起到了从总体计划向具体计划过度的承上启下的作用。

（2）产品结构与物料清单。

MRP系统要正确计算出物料需求的时间和数量，为此，首先要使系统知道企业所制造产品的结构和要使用的物料。产品结构需列出构成产成品或装配件的所有部件、租件、零件等的组成、装配件关系和数量要求。它是MRP产品拆零的基础。

MRP的依据是企业生产管理实践，没有复杂的数学理论，只需直观的流程图解，很容易理解。一方面它从分析制造业的产品结构出发，建立“时间坐标上的产品结构”，提出了新的期、量标准概念；另一方面它按照“制造业的通用公式”进行逻辑运算。这两点是MRP最基本的概念和出发点。

MRP的特点是由它的原理决定的。既然强调时间坐标，就要按照需求（交货）时间的先后顺序制定计划，这是一种优先级计划。为了分辨优先顺序，时间段必须细化到周甚至天，因此它是一种分时段的计划。为了快速响应市场，它必须是一种能借助计算机的强大功能进行快速修订的计划。为了使MRP系统正常运行，需要准确把握市场需求，既要制定稳定的主生产计划，又要使计划期长于总生产提前期，否则无法根据MRP展开结果进行采购。

2. MRPⅡ的原理与实施

（1）MRPⅡ的集成功能。

闭环MRP是一个完整的计划与控制系统，但是它并没有说清楚执行计划以后会给企业带来什么效益，这些效益又是否实现了企业的总体目标。企业的经营状况和效益终究要以货币形式来表达。20世纪70年代末，MRP系统已经推行多年，一些企业又提出了新的问题，要求系统在处理物料计划信息的同时，同步处理财务信息。就是说，把产品销售计划用金额表示以说明销售收入；对物料赋予货币属性以计算成本并方便报价；用金额表示能力、采购和外协计划以编制预算；用金额表示库存量以反映资金占用，等等。总之，要求财务会计系统能同步地从生产系统获得资金信息，随时控制和指导生产经营活动，使之符合企业的整体战略目标。

为了做到这点，必须在闭环MRP的基础上，把企业的宏观决策纳入系统，也就是说，把说明企业长期经营目标的经营规划、说明企业销售收入和产品系列的销售与运作规划纳入系统。这几个层次确定了企业宏观规划的目标与可行性，形成一个小的宏观层闭环，成为企业计划层的必要依据。同时，必须把对产品的计划与控制纳入系统的执行层，要对照企业的总体目标，检查计划执行的效果。这样，闭环MRP经过进一步发展，把物料流动同资金流动结合起来，形成一个完整的经营信息系统。

MRPⅡ通过以下两种方式把物流和资金流的信息集成起来：为每个物料定义标

准成本，并与会计科目建立物料和资金的静态关系；为各种库存事务，即物料的移动（实际的或逻辑的）或数量、价值的调整建立凭证，定义相关的会计科目和借贷关系，来说明物流和资金流的动态关系。

物流信息和资金流信息的统一，通俗地说，就是"实物账"和"财务账"的统一，这是企业财会人员的普遍愿望，MRPⅡ用简单的原理和软件工具实现了这个愿望。只要企业各个业务部门的人员能严格执行MRPⅡ的工作流程，按照规定及时输入正确的信息，那么，可以随时掌握和查询各个部门的资金占用、库存物料的价值、在产品成本、各项支出、现金支出等信息。

（2）实施MRPⅡ系统的效益。

推行MRPⅡ系统会给企业带来什么好处？这是每个企业的高层领导在决定采用MRPⅡ模式之前都会关心的问题。

MRPⅡ带来的效益可以分为定量和定性两方面。就定量的效益而言由于企业的行业、产品类型、生产规模和原有管理基础不同，会有更大的出入，国内外的数据不一定有可比性。所提及的各种项目很多，但综合起来有以下五个方面。

1）降低库存，包括原材料、在制品和产成品的库存。如降低库存资金占用（15%～40%），提高库存资金周转次数（50%～200%），降低库存盘点误差（控制在1%～2%）。

2）合理利用资源，缩短生产周期，提高劳动生产率。如减少装配面积（10%～30%），减少加班工时（10%～50%），减少短缺件（60%～80%），提高生产率（5%～15%）。

3）按期交货提高客户服务质量。一般按期交货履约率可达90%以上，接近100%。

4）降低成本。如降低采购费，减少加班费。由于生产周期缩短、库存减少而降低成本（7%～12%），增加利润（5%～10%）。

5）MRPⅡ系统同财务系统集成，可减少财务收支上的差错或延误，减少经济损失。

（三）企业资源计划

企业资源计划（ERP）是对企业的所有资源进行计划、控制和管理的一种手段。

1. ERP演变过程

（1）MRP（20世纪60—70年代）。

利用物料清单、库存数据、生产计划计算物料的需求。

（2）闭环MRP（20世纪70—80年代）。

在MRP的基础上，集成资源需求计划、能力需求计划、生产和采购，形成反馈，构成封闭的循环。

（3）MRPⅡ（20世纪80—90年代）。

在闭环MRP的基础上，集成财务、供销链管理和制造，构成一个完整的企业流程。

（4）ERP（20世纪90年代至今）。

在MRPⅡ的基础上，系统集成能力更强，其设计适应于全球运作。

2. ERP 的风险

ERP 的风险主要来自以下几个方面：项目决策风险、项目选型风险、需求分析风险、项目管理风险、对现有管理体制的冲击风险、实施质量风险、市场冲击风险、财务损失风险、人力资源风险和其他隐性风险。

风险造成的损失可以分为四类：财产价值、净收入价值、法律责任、劳动力损失。

风险治理包括以下方式：

（1）回避风险。

通常是在项目选择阶段要对企业的需求进行详细的分析、了解、掌握，选择合适的软件和实施服务供应商，仔细调查、分析供应商的案例。

（2）预防风险。

预防风险指降低风险发生的频率，减少风险发生的可能性，但并不能完全消除风险，因此剩余风险还需要用其他方式来处理。

（3）转移风险。

转移风险是 ERP 项目较好的风险处理办法，通过合同方式规定风险承担者，以此来划分风险的责任，使风险向其他责任方转移。

第 2 节　采购物流

一、采购物流的定义

（一）采购的定义

采购是一种频繁进行的经济活动，从日常生活到企业运作，人们都离不开它。所谓采购，是指采购人员或者单位根据各种目的和要求，从资源环境中获取产品或服务的一种行为，它具有明显的商业性。采购过程一般包括提出采购需求、制定采购计划、选定供应商、经过商务谈判确定价格、确定交货及相关条件、签订合同并按照要求支付货款的过程。在这个过程中，一要实现将资源的所有权从供应商手中转移到消费者手中；二要实现将资源的物质实体从供应商转移到消费者。前者主要通过商品交换实现其所有权的转移，是一个商流的过程；后者主要通过运输、储存、包装、装卸搬运、流通加工等方法实现商品使用价值的转移，即实体转移，是一个物流过程。因此，采购实际上是商流和物流相结合的过程。

狭义的采购，就是买东西，买方一定要先具有支付能力，也就是要有资金，才能换取相同价值的物品来满足自己的要求。当然，为了满足需求不一定非要拥有该物品的所有权，通过获得该物品的使用权也能达到满足需求的目的。因此，广义的采购是指除了以购买的方式占有商品之外，还可以通过各种途径取得物品的使用权，这些途径主要有租赁、接待、交换三种方式。租赁是指采用支付租金的方式取得他人物品的使用权；借贷是指凭借自己的信用和彼此之间的友好关系获得他人物品的使用权；交换是指双方采用以物换物的方式取得物品的使用权和所有权，不用货币直接支付物品的全部价值。

综上所述，可以认为采购是以各种不同的途径，包括购买、租赁、借贷、交换等方式，取得物品及劳务的使用权或所有权，以满足使用需求。随着贸易全球化及信息技术和计算机网络的飞速发展，采购环境发生了巨大的变化，采购的内涵也进一步深化。传统认为，采购是指买方应该具有一定支付能力从而使资源的所有权从卖方转移到买方并最终归买方所有的过程；现代观点认为，采购就是买方从外部目标（供应商）获得经营、维护和管理公司所需的使所有活动处于最有利位置的所有货物、服务、能力和知识的过程。因此，现代采购的含义不仅是指交易过程，还涵盖采购部门的工作，如供应商之间的业务、对外贸易、缔结广告合同等活动。在一个大型企业里，采购就其功能来讲不单是采购员或是采购部门的工作，而且是企业整体活动的重要组成部分，是集团或团队工作。

（二）采购物流的定义

采购物流指包括原材料等一切生产物资的采购、进货运输、仓储、库存管理、用料管理和供应管理的物流，也称为原材料采购物流。它是生产物流系统中独立性相对较强的子系统，并且和生产系统、财务系统等生产企业各部门以及企业外部的资源市场、运输部门有密切的联系。采购物流是企业为保证生产节奏，不断组织原材料、零部件、燃料、辅助材料供应的物流活动，这种活动对企业生产的正常与高效率进行发挥着保障作用。企业采购物流不仅要实现保证供应的目标，而且要在低成本、少消耗、高可靠性的限制条件下组织采购物流活动，因此难度很大。

采购物流是企业在生产经营过程中，为了满足生产、基础建设对原材料、设备、配件的需求，定期或不定期地实施的采购行为，即商品从卖方转移到买方进行的所有活动。

采购物流是企业生产经营活动的重要组成部分，它占用了企业大部分的流动资金，形成了企业主要的流动资产，对企业有着重要影响。所以，对企业的采购物流必须进行系统、有效的控制，以实现企业生产经营利润最大化的目标。

二、采购的分类

（一）按采购主体分类

1. 个人采购

个人采购是指个人生活用品的采购。一般是单一品种、单个决策、随机发生的，有很大的主观性和随意性。即使采购失误，也只影响个人，损失不会太大。

2. 集团采购

集团采购是指两人或两人以上公用物品的采购。一般是多品种、大批量、大金额、多批次甚至持续进行的，由集体决策，直接关系到多人利益的采购活动。如果采购决策失误，将对集团造成较大的损失。所以，集团采购一定要慎重、严格、科学。家庭采购也可以算是集团采购，但典型的集团采购主要是指企业采购、政府采购、事业单位采购、军队采购等。这些不同类型的采购，有共同点，也有各自独有的特点。其中企业采购尤为广泛和重要，也是被大多数人关注的。企业采购根据企业类型的不同，可分为流通企业采购和生产企业采购。

（二）按采购方法分类

1. 传统采购

企业传统采购的一般模式是：在每个月的月末，企业各个单位报下个月的采购申请单及需要采购货物的品种、数量，交采购部门汇总，制定出统一的采购计划，并于下个月实施采购。采购回来的货物储存于企业的仓库中，满足下个月对各个单位的货物供应。这种采购以各个单位的采购申请单为依据，以填充库存为目的，管理简单、粗糙，对市场响应不灵敏，库存量大，资金积压多，库存风险大。

2. 科学采购

（1）订货点采购。

订货点采购是严格根据需求的变化和订货提前期的长短，精确确定订货点、订货批量或订货周期、最高库存量等，建立起连续的订货机制和库存控制机制，达到既满足需求又使得库存总成本最小的目的。这种采购模式采用计量方法，兼顾需求满足和库存成本控制，原理比较科学，操作比较简单。但是由于市场的随机因素多，该方法同样具有库存量大、市场响应不灵敏的缺陷。

（2）供应链采购。

供应链采购是一种供应链机制下的采购模式。在供应链机制下，采购不再由采购者操作，而是由供应商操作。采购者只需要把自己的需求规律信息及库存信息向供应商连续并及时地传递，供应商根据自己产品的消耗情况，及时连续小批量补充库存，保证采购者既能满足需求又使得总库存量最小。供应链采购对信息系统和供应商操作的要求都比较高，也是一个较科学、理想的采购模式。

（3）MRP 采购。

MRP 采购主要应用于生产企业。它是生产企业根据主生产计划和主产品的结构以及库存情况，逐步推导出生产主产品所需要的零部件、原材料等的生产计划和采购计划的过程。这个采购计划规定了采购品种、数量及需要的时间，计划比较精确、严格。它也是以需求分析为依据，以满足库存为目的的一种采购模式。相对于订货点方法，它的市场响应灵敏度及库存水平都较好。

（4）JIT 采购。

JIT 采购又称准时化采购，是一种完全以满足需求为依据的采购方法。它对采购的要求是供应商在用户需要的时候，将合适的品种、合适的数量送到用户要求的合适的位置。它以需求为依据，改造采购流程和采购方式，使它们完全适合需求的品种、时间、数量，做到既能灵敏响应需求的变化，又能尽量满足零库存。这是一种较科学、理想的采购模式。

（5）电子商务采购。

电子商务采购即网上采购，是在电子商务环境下的采购模式。它的基本特点是在网上寻找商品、寻找供应商，网上交易洽谈，网上下单和网上付款结算，货物通过物流系统进行配送。这种模式的好处是扩大了采购市场的范围，缩短了供需距离，简化了采购手续，减少了采购时间和采购成本，提高了工作效率，是一种很有发展前景的采购模式。但是它依赖于电子商务的大力发展和物流水平的不断提高，而这两者都取决于整个国民经济发展的水平和科技发展水平。现在我国已经有不少企业以及政府采购采用了网上采购的方式，但是要把网上采购真正搞好，还需要一个相当长的过程。

（三）按采购价格分类

1. 比价采购

采购人员请数家厂商提供价格，进行比价后，选择厂商进行采购。

2. 询价现购

采购人员选择信誉可靠的厂家，对其说明采购条件，并询问价格或寄出询价单，请对方报价，比较现价后采购。

3. 招标采购

将物料采购的所有条件（如物料名称、规格、品质、数量、交货期、付款条件、处罚规则、投标押金、投标资格等）详细列明，刊登公告进行招标。

4. 定价收购

购买货物数量巨大，并非某几家厂商能全部提供，如纺织厂订购棉花、糖厂订购甘蔗等，或当市场上该物资匮乏时，则定价现款收购。

5. 公开市场采购

大量采购货物时，价格变动频繁，采购人员在公开交易或拍卖时随机采购。

6. 议价采购

采购人员与厂商经过讨价还价，议定价格进行采购。

一般来说，询价、比价、议价是结合使用的，很少单独使用。

（四）按采购形态分类

1. 有形采购

有形采购的结果是有形的物品。例如，一支钢笔、一台电脑、一块电路板等。有形采购主要采购具有实物形态的物品，如原料、辅助材料、机械设备、仪器仪表、工具燃料等。

2. 无形采购

无形采购是相对于有形采购而言的，其采购结果是不具有实物形态的技术和服务。例如，一项服务、一个软件、一项技术、保险及工程发包等。无形采购主要是咨询服务采购和技术采购，或是采购设备附带的服务。

第3节　销售物流

一、销售物流的定义

《物流术语》对销售物流的定义是：生产企业、流通企业在出售商品过程中所发生的物流活动。

销售物流又称企业销售物流，是企业为保证自身的经营利益，伴随销售活动将产品所有权转给用户的物流活动。在现代社会中，市场环境是一个完全的买方市场，因此，销售物流活动带有极强的服务性，以满足买方的要求，最终实现销售。在这种市场前提下，销售往往以送达用户并经过售后服务才算终止，因此，销售物流的空间范围很大，这便是销售物流的难度所在。企业销售物流的特点是通过包装、送货、配送等一系列物流实现销售，这就需要研究送货方式、包装水平、运输路线等，并采取诸如少批量、多批次、定时定量配送等特殊的物流方式达到目的。

二、销售物流的环节

（一）产品包装

销售的产品要经过一定的包装才能进入流通领域，销售包装的目的是向消费者展示、传递消息、吸引顾客、方便零售。但是销售物流中还会用到运输包装，运输包装的目的是保护商品，便于运输、装卸搬运和储存。

（二）产品储存

储存能够平衡供给和需求的时间和数量，是满足客户对商品可得性要求的前提。仓储规划、库存管理与控制、仓储机械化等有助于提高仓储物流工作效率、降低库存水平，提高销售物流的及时性，从而提高客户服务水平。进行产品储存，同时帮助客户管理库存，有利于稳定客源，便于与客户的长期合作。

（三）货物运输与配送

运输与配送是实现商品销售的必要手段，转移以商品本身为载体的产品使用价值。运输是解决货物在空间上的位移，是长距离干线运输；配送是在局部范围内对多个用户实行单一品种或多品种的按时按量送货。根据客户的需求进行配送，客户可得到更高水平的服务；通过共同配送、合作配送，企业可以降低物流成本，减少城市的环境污染。同时还要考虑制定配送方案，提高客户服务水平的方法和措施。

（四）装卸搬运

装卸是物品在局部范围内由人或机械装入运输设备或卸下，垂直移动；搬运是物品进行水平移动为主的物流作业。装卸搬运改变了物品的空间和储存状态。

装卸搬运频率高，时间长，产生货损的概率大，装卸搬运又是销售物流必不可少的环节，所以要考虑通过提高机械化水平、减少无效作业、实现集装单元化、提高机动性能、利用重力和减少附加重量、各环节均衡与协调、系统效率最大化，改进装卸搬运，提高销售物流作业效率。

（五）流通加工

流通加工是根据需要进行分割、计量、分拣、刷标志、拴标签、组装等作业的过程。在销售物流的过程中进行流通加工，不但可以提高物流的效率，还可以满足消费者多样化的需求，促进产品的销售。进行流通加工主要考虑流通加工方式、成本和效益、与配送的结合运用、废弃物再生利用等。

（六）订单及信息处理

客户在考虑批量折扣、订货费用和存货成本的基础上，合理地订货；企业若能为客户提供方便、经济的订货方式，就能引来更多的客户。

销售物流网络是以配送中心为核心，连接从生产厂商到批发中心、配送中心、中转仓库等，一直到客户的各个物流网点的网络系统。产品借助销售物流网络从产地流向需求地，销售物流网络的合理与否直接影响到销售物流的成本与服务水平，销售物流网络的优化通常是在满足客户反应时间要求的前提下，使分销设施数目尽可能地少，在成本和客户服务之间达到平衡。进行销售物流网络规划与设计时，主要考虑市场结构、需求分布、市场环境等因素。

本章小结

本章主要介绍了生产物流、采购物流以及销售物流的相关知识点。具体包括：生产物流的定义、分类、MRP、JIT；采购物流的定义、采购的分类；销售物流的定义、主要环节。

思考题

1. 简述生产物流的定义。
2. 简述现代生产物流管理的具体内容。
3. 简述生产物流的分类。
4. 采购的分类有哪些？具体内容是什么？
5. 销售物流的环节有哪些？

第 10 章

社会物流管理

学习目标

- 理解废弃物物流的概念
- 掌握废弃物物流的基本环节
- 了解废弃物物流技术
- 掌握逆向物流的概念、分类及特点
- 了解逆向物流的经济价值
- 了解区域物流的概念及特点
- 了解国际物流的概念及特点

导引案例

美国的新物流公司（New Logistics）是一家为直接零售商提供回收商品解决方案的物流公司，该公司于 2003 年 11 月进行了一项调研。公司随机抽取了 1 020 个成年人发放调查问卷。统计结果显示，有 90%的被调查者认为方便的退货政策以及快捷的退货程序影响他们的购买决策，约有 95%的被调查者表明他们“非常有可能”或者“有可能”到提供便利退货服务的在线零售商那里再次消费。同时，有 85%的被调查者说他们“不太可能”考虑到不能提供便利退货服务的在线零售商那里购物消费。由此可见，电子商务中退货政策对消费者的购买意愿影响非常大，能否退货以及退货流程的便捷性是影响客户满意度和客户忠诚度的一个关键因素。

资料来源：林谣．电子商务退货风险的研究．http：//www.docin.com/p-838782044.html.

第1节 废弃物物流

一、废弃物物流的概念

废弃物物流是指将经济活动或人们生活中失去原有使用价值的物品，根据实际需要进行收集、分类、加工、包装和搬运等，并分送到专门处理场所的物流活动。

根据《物流术语》中的表述，废弃物物流是指将经济活动中失去原有使用价值的物品，根据实际需要进行收集、分类、加工、包装、储存、搬运等，并分别送到专门处理场所时所形成的物品实体流动。它仅从环境保护的角度出发，不管对象物有没有价值或利用价值，将其妥善处理，以免造成环境污染。

二、废弃物物流的基本环节

废弃物资和普通物资一样，也有收集、分类、包装、搬运、储存的过程。以下通过物流的各个子系统来研究废弃物物流形成的基本框架，并提出一些具体措施。

（一）废弃物的收集和分类

城市垃圾的收集分为定期收集和随时收集两种，但大多是混合收集的。为了保证废弃物的顺利流动，应全面实行垃圾分类收集，按可回收物、不可回收物和危险物进行分类收集管理，并迅速送往不同的处理场地。如国外垃圾中的玻璃瓶，就根据不同的颜色分类，送往不同的玻璃回收工厂，既有利于资源回收，降低处理成本，又减少了危险废弃物对环境造成的潜在污染。实行垃圾分类和科学管理，可使我国固体废弃物的鉴别、分类和收集体系更加标准化和专业化。

（二）废弃物的运输

废弃物的及时清运，是实现废弃物物流的重要保证。固体废弃物可根据产生地、中转站距处置场地的距离，以及废弃物的特性和数量来选择适宜的运输方式和处置方法。在搬运和运输途中产生的散状物和粉尘会对铁路货场、车站、机场造成污染，因此垃圾运输的效率与收集车辆的数量和类型、收集工具和劳动力的配备、收集时间等因素有关。这些因素若与科学设计的收集路线结合起来，会使人力、财力、运输工具得到更加合理的配置，收到更好的效果。

（三）废弃物的包装与储存

废弃物的储存有“物资中转站”之意，废弃物的保管是将收集的废弃物分类后，利用一定的设备设施（如中大型中转站、容器等）进行短期的储存和防护，以便集中运输到其他处理场所。因此，废弃物的保管一般应采取防止其飞散、流出、向地下渗透、散发恶臭等措施。对于不同状态的废弃物，在保管时应该选择与之相适应的保管容器进行“包装”。对于放射性废弃物，必须选择有安全防护屏蔽的包装容器。优良合适的包装可以减少运输途中及对车站、中转站的污染。

（四）废弃物的回收加工与资源化

在性质上、形态上和用途上丧失其原有使用价值而可以回收再利用的废弃物品，形成了回收物流，包括工业方面的边角废料和设备、人们消费剩余的残留物等。与废弃物物流不同，回收物流的内涵在于，回收是基础，加工是手段，利用是最终目的。

（五）废弃物的中间处理与最终处理

将废弃物中的有用物质回收之后，最终仍然有相当多的无利用价值的固体废弃物存在。及时清运这些废弃物，将其送到中间处理和最终处理场地，尽量减少其停留在环境中的时间并对其进行管理，是非常重要的。否则，废弃物无控制的排放、堆存和倾倒，会使其污染成分进入环境并参与生物圈的循环，对环境产生破坏。废弃物的最终处理就是使其安全化、稳定化和无害化，通过填埋、灌注等方式回归自然。

三、废弃物物流技术

（一）垃圾掩埋

在一定区域内，利用原来的废弃坑塘或人工挖掘深坑，将垃圾倒入，到一定处理量后用土掩埋。

（二）垃圾焚烧

在一定地区用高温焚烧垃圾以减少垃圾和防止污染及病菌、虫害的滋生（这种方法对环境损害极大，应谨慎采用）。

（三）垃圾堆放

在远离城市地区的沟、坑、塘、谷中，选择合适位置直接倒放垃圾也是一种物流技术。

（四）净化处理加工

对垃圾进行净化处理，以减少其对环境危害，尤其是废水的净化处理。

第 2 节　逆向物流

一、逆向物流的概念

《物流术语》将逆向物流定义为从供应链下游向上游的运动所引发的物流活动。逆向物流可以概括为组织对来源于客户的物资的管理。其对象包含来自客户的物资、包装品和产品，具体指因损坏、季节性库存、重新进货、召回和过量库存而退回的商品及可再利用品、危险材料和报废设备等。

逆向物流的表现是多样化的，从使用过的包装到经处理的计算机设备，从未售商品的退货到机械零件等。也就是说，逆向物流是包含来自客户手中的产品及其包装品、零部件、物料等物资的流动。简而言之，逆向物流就是从回收客户手中用过的、过时的或者损坏的产品和包装开始，直至最终处理环节的过程。目前，普遍接受的观点是：逆向物流是在整个产品生命周期中对产品和物资的完整、有效和高效利用过程的协调。

二、逆向物流的分类

关于逆向物流，可以从不同的角度进行分类。

（一）按回流物品的特征和回流流程分类

按回流物品的特征和回流流程，可以将逆向物流分为低价值产品物料逆向物流、高价值产品的零部件逆向物流及可以直接再利用的产品的逆向物流等三类。

（二）按照回收物品的渠道分类

按照回收物品的渠道来分，可分为退货逆向物流和回收逆向物流两类。退货逆向物流是指下游顾客将不符合订单要求的产品退回给上游供应商，其流程与常规产品流向正好相反。回收逆向物流是指将最终顾客所持有的废旧物品回收到供应链上各节点企业。

（三）按照逆向物流材料的物理属性分类

按照逆向物流材料的物理属性，可分为钢铁和有色金属制品逆向物流、橡胶制品逆向物流、木制品逆向物流、玻璃制品逆向物流等。

（四）按成因、途径和处置方式及其产业形态分类

根据逆向物流中产品回流的原因、途径和处置方式以及产业形态的不同，逆向物流常见的分类如下。

1. 商业退货逆向物流

供应链的下游成员，如分销商、代理商、零售商、最终客户等，由于产品质量问题或产品库存积压等原因，将质量有瑕疵的商品或未经使用的商品退回到供应链的上一个节点，由此产生的逆向物流就属于商业退货逆向物流。商业退货发生的原因主要有：

（1）库存积压。

库存积压包括家电、时装、化妆品、食品等季节性或有时效性的产品，由于时效原因需要退货到上游的中间商或生产商。这些商品通过快速的回收和正确的处理，有的可以直接再销售、再使用，从而恢复商品价值。

（2）物流造成的破损品。

此类退货的形成一般是因为产品在流转的过程中发生了破损。由于物流作业系统的不完善、操作的不规范等，在物流过程中可能造成产品缺件、功能受损或包装受损从而导致客户不满意。出于对客户服务理念的重视，企业往往会对这类产品优先进行处理。

（3）产品召回。

此类回流主要是由于产品缺陷导致的。虽然产品创新是许多企业在发展过程中不断追求的，也是企业持续发展的有效手段，但创新产品生产体系和生产工艺的不成熟性增加了产品产生缺陷的风险。由于产品设计或制造过程形成的产品固有的质量缺陷会对使用者造成不良影响，因此，产品生产商或进口销售商需要对已进入流通市场的缺陷产品实行召回，如汽车召回制。

（4）客户退货。

因为产品滞销、瑕疵、生产过剩、过期等原因，零售业的退货问题越来越普遍。随着客户服务意识的增强，越来越多的零售商将允许退货，商品由市场流回企业的现象越来越普遍，企业面临降低退货处理成本和提高客户退货满意度的双重压力。随着

退货处理复杂性的增加和重要性的加强，很多企业都构筑起自己的逆向物流系统。

2. 产品寿命终结退回的逆向物流

产品经过使用后，其使用价值被消费掉，然而一些丢弃或处理的部分还具有一定的残余价值，可以通过回收、再处理后重新使用，这就形成了产品寿命终结退回的逆向物流。

从经济层面来看，回收这些有残余价值的物品，可以通过适当的处理途径，尽可能地进行资源价值的重复利用；从法律法规的限制来看，随着全球资源环境问题的日益严峻，越来越多的国家通过立法，强制规定生产厂家对包装容器、家电产品、汽车零部件的回收处理负有责任和义务。这些变化直接促进了逆向物流的产生和发展。

不同行业的不同产品具有不同的物流模式，这些产品废弃后的再利用方式及逆向物流过程也相差很大。按照产品特点或行业特点的不同，寿命终结的逆向物流又可以分为机械产品逆向物流、电子产品逆向物流、家电产品逆向物流、建筑废弃物逆向物流等。

3. 包装物回收的逆向物流

包装在保护产品、提高物流效率、促进销售等方面起着十分重要的作用，是商品流通不可缺少的部分。不管是商业包装还是物流包装，都会消耗大量的自然资源，且大量的包装物废弃后对环境的污染十分严重。为缓解包装对资源的消耗和对环境的污染，包装物的回收再利用就成为一种重要选择。与包装物回收再利用相关的物流活动就形成了包装物的回收逆向物流。

许多国家在 20 世纪制定了包装容器回收法规，规定了包装物生产者和使用者对包装物的回收应负法律责任。对于饮料瓶、罐、板条箱、包装袋、托盘等包装物，一些国家还制定了回收再利用的目标值。

根据包装容器是否能够直接多次重复利用，包装容器可以分为一次性使用的包装容器和可多次使用的包装容器。这两种类型的包装容器回收再利用的方式在逆向物流渠道与处理流程上都存在差异。一次性使用的包装容器的逆向物流主要是回收后进行材料的再循环，形成再生资源；可多次使用的包装容器（如啤酒瓶）回收后，经过检验和清洗、修复等流程可以直接重复使用。

4. 维修再制造的逆向物流

产品在销售出去并经过一段时间使用后发生故障，根据售后服务承诺条款的要求，允许退回给制造商或其委托服务商进行产品维修。这类逆向物流通常发生在生产周期的中期，例如有缺陷的零部件、手机和家电等。产品维修可以使客户将故障产品送回到维修服务商那里，形成产品的逆向物流；由维修服务人员携带备件上门维修，引发备件物流和人员流动。不论何种形式，故障产品经过维修服务商维修处理后，一般会经过原来的销售渠道返还给客户。若产品损害严重，经修理仍不能恢复产品正常功能，企业将对回流产品实施再制造工程，包括产品拆卸、更新有故障的部件、替换性能完好的部件等，以从整体上恢复产品功能，使其重新进入使用环节。由产品制造引发的逆向物流参与者多，网络结构及管理过程非常复杂。

5. 企业内部的逆向物流

生产过程中出现的废品和副产品，出于经济原因和环保法规的限制，一般应该在生产企业内部进行逆向流动，通过再循环、再生产，使生产过程中出现的废次品和副产品重新进入生产制造环节，得到再利用。生产过程中的报废品和副产品在药品行业、钢铁业、汽车制造业等许多行业都存在，生产组织内部的逆向物流可节约原料、降低生产成本，减少对自然环境的污染。

三、逆向物流的特点

与正向物流相比，逆向物流作为企业价值链中特殊的一环，有着明显的不同。首先，逆向物流产生的地点、时间和数量是难以预见的；正向物流则不然，按量、准时和指定发货点是其基本要求。其次，发生逆向物流的地点较为分散和无序，不可能集中一次向接收点转移。再次，逆向物流发生的原因通常与产品的质量和数量的异常有关。最后，逆向物流的处理系统与方式复杂多样，不同处理手段对恢复资源价值的贡献差异显著。对逆向物流特点的重视与否，形成了企业逆向物流管理能力及水准高低的分水岭。

具体讲，逆向物流具有以下特点。

（1）分散性。

由于逆向物流产生的大部分原因与产品的质量和数量的异常有关，任何领域、部门或个体在任何时间都有可能发生逆向物流，这种多元性使其具有分散性。

（2）缓慢性。

逆向物流开始时数量少、品种多，通过不断汇集，形成较大规模；而且逆向物流中的商品只有经过加工和改制等环节后才能重新被利用。甚至有些商品只能作为原料回收利用。另外，这些物资的收集和整理也是一个复杂的过程，这一切都决定了逆向物流的缓慢性。

（3）混杂性。

在逆向物流中，往往不同种类、不同状态的产品混杂在一起，必须经过检查和分类后才能区分。

（4）多变性。

由于逆向物流的分散性和消费者的要求不同，企业很难控制回收时间和空间，导致了逆向物流的多变性。主要表现在不确定性、处理系统与方式复杂多样、物流技术具有一定的特殊性及相对高昂的成本。

（5）处理费用高。

一方面，回流物品通常缺乏规范的包装，又具有不确定性，难以形成运输和储存的规模效益；另一方面，许多物品需要人工检测、分类和处理，效率比较低，会极大增加人工处理的费用。

（6）价值递减性与递增性。

一些回流物品，由于在逆向物流过程中会产生一系列的运输、仓储及处理费用，因而会使其本身的价值递减；而另一些回流物品，对消费者而言没有价值，但是通过逆向物流系统处理后，会变成二手产品、零件或者生产的原材料，获得了再生的价值，因此逆向物流具有价值的递增性。

四、逆向物流的经济价值

企业实施逆向物流，不仅有利于保护环境，也是增强企业竞争优势的重要方式之一，逆向物流的经济价值可从以下几个方面进行分析。

（一）降低原料成本，提升产品竞争力

1. 零配件逆向物流具有良好的盈利前景

产品回收利用的零部件经过拆卸、拼修、翻新、改制等逆向物流活动，可以重新获得价值，直接进入产品生产过程或销售市场。

2. 废旧家电逆向物流中的商机

废旧家电就像一把双刃剑，既有污染环境的潜在性，又具有再生资源回收的价值，积极发展家电逆向物流，加大增值服务，可取得较好的经济效益。

3. 增加顾客价值，增强企业在整个供应链中的竞争优势

顾客价值是决定企业生存和发展的关键因素，顾客满意是企业的无形资产，可以按“乘数效应”向有形资产转化。逆向物流可以提高供应链上所有顾客对产品或服务的满意度，有利于培养终端顾客的忠诚度和促进企业间的战略合作，强化整个供应链的战略竞争优势。

4. 构建供应链集成组织模式，提升企业核心竞争力

构建供应链集成的逆向物流组织模式，就是在供应链的网络内构建企业的逆向物流系统。无论何时，企业的生存与发展都必须依靠供应链上的每一个节点。一些大型设备制造商，特别是跨国企业，已经从抢占市场转向供应链上的另一个节点即售后服务领域，并因此获得了可持续发展机会和更大的利润空间。它们把零配件物流作为提高服务水平的秘密武器，通过售后服务实现产品的差异化，将制造相似产品的制造商区分开来，开发自身新的利润来源，成就企业的核心竞争力。许多制造商发现，服务利润最高能达40%，而成品利润最高只不过13%左右。卖设备是为了争得市场，卖服务才是利润的来源。逆向物流的关键节点——零配件维修中心，如今已成为最赚钱的部门。

（二）提高环境业绩，塑造企业形象

随着工业化进程的不断深入，环境日益恶化，资源日趋枯竭，工业化国家或地区纷纷制定相关法律法规，约束、规范企业行为，将环境业绩作为评价企业经营绩效的重要指标。企业实施逆向物流战略，一方面通过对终端用户废弃物的回收，承担起企业的环保责任；另一方面通过回收资源，减少废弃物的排放量，从而降低处理费用。有调研报告通过对比分析发现，与从矿石中提炼同样数量的金属相比，金属的再生利用所消耗的能源、材料、环境治理的成本是前者的几十分之一。因此，企业通过实施良好的逆向物流战略，可以提高环境业绩，塑造企业形象。

（三）节约资源，促进社会经济的可持续发展

在资源日益枯竭的今天，人们越来越重视通过逆向物流将可以利用的废弃物通过收集、加工，重新补充到生产、消费系统中去循环利用。我国既是资源消耗大国，也是再生资源产生的大国。对废旧物资的开发利用，可以减少人类对原生资源的开发。尤其是近年来，资源类物资价格大幅上涨为这些废旧物资的循环利用创造了条件。废旧物资的循环利用还可以减少三废排放量，节约能源，为建设友好型社会降低原料成本，为促进社会、经济的可持续发展做出贡献。

第 3 节　区域物流

一、区域物流的概念

对于区域物流中的区域，一般采用经济学角度对区域的界定，即经济区域，它是地球表面上被某些经济学意义特征所界定的空间系统。为方便研究区域物流系统和对物流活动的有效调节，可将区域表述为描述、分析、规划、运营或管理等方面具有相似特征的空间范围，它更强调区域系统的整体性，表现为一个动态的范畴。从实践角度，区域一般可分为三个层面：一国之内的经济区域，如我国的东部沿海发达地区、中西部欠发达或落后地区，德国的鲁尔地区等；超越国家界限、由几个国家构成的世界经济区域，如欧盟经济区、东南亚经济区、北美自由贸易区等；几个国家部分地区共同构成的经济区域，如湄公河流域经济区等。在多数情况下，区域概念表明的是一国经济范围内划分的不同经济区，如我国的长江三角洲、（泛）珠江三角洲、环渤海经济圈、成渝经济区、“一线两带”经济区等。

从区域物流的形成过程来看，区域物流是随着区域经济的形成和发展而形成和发展起来的。区域经济是一种聚集经济，是人流、商流、资本流等各种生产要素聚集在一起的规模化经济，它以生产的批量化和连续性为主要特征。但是，聚集不是目的，要素的聚集是为了商品的扩散，合理的物流系统对于商品的价值和使用价值的实现起着基础性作用。从区域经济角度来看，在区域经济运行和发展进程中，物流产业的促进作用同样不容忽视。

二、区域物流的特点

（一）资源区域性

区域是一个地域空间概念，在这个地域空间内，资源分布的差异性是形成区域物流的经济基础。区域资源包括自然资源和社会资源。自然资源是天赋的，如土地、山脉、河流、湖泊、海洋、森林、矿产、耕地、水源、日照、风雨雷电等，并非人力所能轻易改变；社会资源指劳动力、资金、经济水平、科技教育、各种知识、经营管理、专门人才、工艺水平、文化习俗、风土人情乃至思想观念等，是在长期历史发展过程中形成的，各地都有自身的特殊性。每个不同的区域都存在由特定的自然资源和社会资源所构成的空间资源。任何一个国家或地区的空间资源分布都不可能完全等量、均质，因而在现实物流发展的过程中，区域物流表现出了较大的差异性和多样性。

（二）与区域经济的适应性

区域物流与区域经济发展的水平、规模密切相关。区域经济的发展是区域物流的基础，没有区域经济，也就没有区域物流，不同区域经济的水平、规模和产业形态，要求与之相适应的区域物流服务保障，这样才能使区域经济持续、健康发展。

物流服务水平的高低总是与社会经济发展程度相适应，因此，物流区域的划分主要根据经济发展程度来确定，而经济发展程度主要考察国内生产总值（GDP）、人均

GDP、国民收入（或人均国民收入）、固定资产投资规模、社会消费总水平、劳动生产率等经济指标。在现实经济生活中，经济发展程度相差悬殊的地区将形成各自不同的物流区域，换句话说，就是在一个物流区域内部，物流在不同地方的发展程度是相近的，而不同的物流区域其物流发展程度往往差距很大。区域物流发展水平与发展模式同区域资源状况联系紧密，更与区域经济发展水平和经济结构的发展密切相关。

（三）城市中心性

区域的地理位置及区域中心城市对区域物流的形成具有重要的作用。区域经济的发展，往往受区域地理位置的影响，因此，地理位置是区域经济的基础，也是区域物流的基础。上海、广州、深圳等沿海城市，或北京、武汉、郑州等交通枢纽城市，在物流活动中能发挥极其重要的集散地功能，因此，客观上具有区域物流中心的地位。而中心城市，如上海、广州、武汉等，本身有良好的物流基础设施，已成为物流活动的关键节点（物流中心），同时，中心城市政府的政策对该区域的产业发展有着积极的支持和引导作用，进而促进了该区域经济的发展及区域物流业的发展。因此，区域中心城市是区域物流业发展的中心。

（四）运输距离的经济性

运输距离的经济性对区域物流的划分具有重要影响。不论在哪一个区域，在发达、健康的物流市场环境下，区域内的物流企业必然是区域物流组织的主体。因此，从物流企业运作的角度来看，物流企业必然要遵循距离经济性的原理，这就使物流企业运作的范围有一个距离的限制，即如何在最佳的距离范围内实施有效的物流运作，使得物流企业既能向顾客提供优质、满意的物流服务，又获得尽可能多的利润。区域物流配送的距离一般是围绕区域某核心位置，以一定的经济距离为半径，据此进行合理的配送服务。

（五）区域物流系统的完整性

区域物流内部由于自然资源基础和社会资源现实的不同，形成了自身的物流系统，而且具有一定的完整性。每一个区域物流都追求区域内各种物流活动结构上的合理组合与功能上的互补配套，对区域内外资源进行调剂余缺、优化配置，从而推动区域整体物流的发展，产生任何单一经济组织都无法取得的物流效果。不同区域物流系统的内涵和完整性有所不同，但是区域物流实质上是由区域内各种物流活动相互联系、相互制约而形成的具有自身结构和功能特色的物流系统，换言之，有的区域物流系统完整性可能高一些，有的区域物流系统完整性可能低一些，但都是物流系统。区域物流会具备一般物流系统的全部功能。

第 4 节　国际物流

一、国际物流的概念

国际物流是相对国内物流而言的。是不同国家（地区）之间的物流，是跨越国界、流通范围扩大了的物品的实体流动，是国内物流的延伸和进一步扩展。国际物流是国际贸易的一个必要组成部分，各国之间的贸易往来最终都要通过国际物流实现。

由于国际分工的日益细化和专业化，任何国家都不可能包揽一切专业分工，因而必须要有国际合作与交流。随之而来的国际商品、物资的流动便形成了国际物流。只有国际物流工作做好了，才能将国外客户需要的商品适时、适地、按质、按量、低成本地送达，从而提高本国商品在国际市场上的竞争力，扩大对外贸易。同时，将本国需要的设备、物资等及时、高效、便宜地进口到国内，满足国内人民的生活、生产建设、科学技术与国民经济发展的需要。

广义的国际物流包括国际贸易物流和非国际贸易物流。其中国际贸易物流是指组织国际贸易货物（进出口货物）在国际的合理流动，即根据国际贸易的需要发生在不同国家之间的物流。具体来讲就是当商品的生产和消费分别在两个或两个以上的国家（地区）独立进行时，为了克服生产与消费之间的空间距离和时间间隔，对商品进行时间和空间转移的活动。也即卖方交付货物和单证，收取货款，买方支付货款、接收单证和收取货物的过程。非贸易货物的国际物流是指各种展览品、行李物品、办公用品、援外物资等非贸易货物在国际流动。由于在国际物流中以国际贸易物流为主，所以本书所讲的国际物流是指国际贸易物流。

二、国际物流的特点

（一）各国物流环境存在差异

这是国际物流的一个非常重要的特点，尤其是物流软环境的差异。不同国家的不同物流适用法律使国际物流的复杂性远高于国内物流，甚至会阻断国际物流；不同国家不同经济和科技发展水平会造成国际物流处于不同科技条件的支撑下，甚至有些地区根本无法应用某些技术而迫使国际物流全系统整体水平下降；不同国家有不同标准，也造成国家间“接轨”的困难，因而使国际物流系统难以建立；不同国家的风俗人文也使国际物流受到很大局限。物流环境的差异迫使一个国际物流系统需要在几个不同的法律、人文、习俗、语言、科技、设施的环境下运行，这无疑会大大增加物流的难度和系统的复杂性。

（二）国际物流系统范围广

物流本身的功能要素、系统与外界的沟通本已很复杂，国际物流再在这复杂系统上增加不同国家的要素，不仅使地域和空间更加广阔，而且所涉及的内外因素更多，物流活动所需的时间更长，其直接后果是难度和复杂性增加，风险增大。当然，也正因为如此，国际物流一旦融入现代系统技术之后，其效果比以前更显著。例如，开通一个大陆桥之后，国际物流速度会成倍提高，效益显著增加。

（三）国际物流必须有国际信息系统的支持

国际信息系统是国际物流，尤其是国际联运非常重要的支持手段。国际信息系统的建立，一是管理困难，二是投资巨大。再者，由于世界上有些地区物流信息水平较高，有些地区信息水平较低，所以会出现信息水平不均衡，因而信息系统的建立更为困难。当前国际物流信息系统一个较好的建立办法是和各国海关的公共信息系统联机，以及时掌握有关各个港口、机场和联运线路、站场的实际状况，为供应或销售物流决策提供支持。国际物流是最早发展 EDI 的领域，以 EDI 为基础的国际物流对物流的国际化产生了重大影响。

（四）国际物流的标准化要求较高

要使国家间物流畅通，统一标准是非常重要的，可以说，如果没有统一的标准，国际物流水平难以提高。目前，美国、欧洲基本实现了物流工具、设施的统一标准，如托盘采用 1m×1.2m，集装箱采用几种统一规格及应用条码技术等，这样一来，大大降低了物流费用和转运的难度。而不向这一标准靠拢的国家，必然在转运、换车等许多方面多耗费时间和成本，从而降低其国际竞争力。在物流信息传递技术方面，欧洲各国不仅实现了企业内部的标准化，而且实现了企业之间及欧洲统一市场的标准化，这就使欧洲各国之间的系统交流比其与亚洲、非洲国家的交流更简单、更有效。

三、国际物流系统的组成

国际物流系统是由包装子系统、运输子系统、仓储子系统、检验子系统、通关子系统、装卸子系统、流通加工子系统、信息子系统以及国际配送等子系统构成。其中，国际货物的运输子系统和国际货物的仓储子系统是国际物流的两大支柱。通过运输克服了商品生产和消费的空间距离，通过仓储消除了其时间差异，满足了国际贸易的基本需要。

本章小结

本章主要介绍了废弃物物流的概念、基本环节与技术应用；简述了逆向物流的具体分类与特点，并阐述了其经济价值；论述了区域物流的概念与特点；论述了国际物流的概念、特点及国际物流系统的组成。

思考题

1. 简述废弃物物流的概念。
2. 简述逆向物流的分类。
3. 简述逆向物流的特点。
4. 区域物流的特点是什么？
5. 阐述国际物流系统的组成。

第 11 章 第三方物流管理

学习目标

- 掌握第三方物流的概念及作用
- 理解第三方物流的运作
- 掌握第四方物流的概念
- 理解第四方物流的运作模式

导引案例

亚洲物流（天津）有限公司（以下简称“亚物天津”）是中国第一家网络物流服务商。亚物天津定位于第四方物流服务商，公司没有自己的仓库及车队，而是通过长租或控股的运输车队拥有重型、中型、小型、货柜等车况良好的各类车辆 1 000 辆来满足不同的货运要求。

亚物天津的发展目标是搭建一个领先的第四方物流系统，主要包括：(1) 创新的配送路径优化机制；(2) 全球跟踪系统；(3) 全球供应链管理系统。

1. 创新的配送路径优化机制。

所谓创新的配送路径优化机制，就是能令客户的管理层开拓具有策略性的物流选择的空间。配送路径优化机制能考虑多方面的因素，包括各货仓及货车的所有活动、成本、储货、载货量等，亦能照顾拥有车队的客户作出路径分析，并能决定最有效率的固定或主要运输路线、联合不同客户领域、调整车队数目，以及分析服务频率等。优化的方法有多种。传统的直线式程序亦能解决部分问题，但当配送点的数目不断增多，路线及车队调动的复杂性将成倍增加，优化路线的计算时间亦不断延长。这当然不符合实际需要，因为第四方物流服务商需能实时将最合适的路径通知车队。因此，第四方物流服务商必须具有智能化的路径选择系统，能够考虑各方面的实际情况，实时为客户确定最优的运输路径。

2. 全球跟踪系统（GTS）。

全球跟踪系统（GTS）需以全球定位系统（GPS）来支持。市场对全球定位系统期待已久，期望其能为消费者及工业市场带来变革。成功开发全球跟踪系统是第四方物流服务商的主要课题；全球跟踪系统对它们来说是必需的。

3. 全球供应链管理系统。

跨企业的协同式解决方案能为物流供应链内的所有参与者提供快速的投资回报。今天，改善物流管理程序及降低货运成本是必需的，而成功的企业及物流服务供货商则寻求真正的协同式物流解决方案，作为其策略的一部分。

全球供应链管理解决方案能为各方改善物流管理程序，并通过单一平台为客户提供主动的事件管理。此平台需能无缝结合所有地方不同交通模式的运作，令客户能通过一个步骤就能管理所有事宜。传统上，物流运作可能是企业最难控制及掌握的一环——每天的不同作业可能达数千项，整年计算甚至可达几百万项。

传统的供应链管理解决方案功能有限，原因在于该解决方案只着眼于企业本身的运输费用，而忽略与客户、供货商、贸易伙伴及服务提供商的协同效应。而且人工操作系统或工作表缺乏可调整性，未能提供最大的优化，更不能有效配合日益全球化的供应链。

亚物天津有点儿像戴尔公司，卖的是一种组合产品。戴尔因减少了中间环节而降低了成本，而配货行业因在内部环节的良好协调、搭配而降低的成本更明显。戴尔因大量定制而有了规模效应的成本降低，而亚物天津首先是因为有了布点范围的规模效应，而有了40%～50%的成本降低空间，其次才是因为处理的业务量大而带来的规模性成本降低。通过以在干线物流领域布下的完善网络为运作平台，以联网动态配合为核心优势，各种先进技术的应用和与其他优势资源的结盟为辅助手段，亚物天津在干线物流的非单企服务领域（行业基础服务或称为第四方）打造了国内最佳的物流基础业务服务网，成为规模最大、服务效率和能力最强的第四方物流服务企业。

资料来源：陈伟强．如何发展第四方物流？．（2006－02－21）．http：//wenku.baidu.com/view/d1c99439376baf1ffc4fad03.html.

第 1 节　第三方物流概述

一、第三方物流的概念

《物流术语》中对第三方物流（third party logistics，TPL 或 3PL）的表述是："由供方与需方以外的物流企业提供物流服务的业务模式。"第三方物流的概念源自管理学中的业务外包，指企业动态地配置自身和其他企业的功能和服务，利用外部的资源为企业内部的生产经营服务。将业务外包引入物流管理领域，就产生了第三方物流的概念。

（一）广义的第三方物流

广义的第三方物流是相对于自营物流而言的，凡是由社会化的专业物流企业按照货主要求所从事的物流活动都可以包含在第三方物流范围内。至于第三方物流从事的是哪一个阶段的物流，以及物流服务的深度和服务的水平，这要看货主的要求。

（二）狭义的第三方物流

狭义的第三方物流主要是指能够提供现代的、系统的物流服务的第三方物流活动。其具体标志有以下几点。

（1）有提供现代系统物流服务的企业素质。

（2）可以向货主提供包括供应链物流在内的全程物流服务和定制化服务的物流活动。

（3）不是货主向物流服务商偶然的、一次性的物流服务购销活动，而是采取委托—承包形式的业务外包的长期活动。

（4）不是向货主提供的一般性服务，而是提供增值物流服务的现代物流活动。

一般而言，我们在研究和建立现代物流系统时，第三方物流不是按照自营物流与否来区分，尤其在我国，小生产式的物流服务活动仍相当多，在很短的时间内还不能解决这个问题，如果把这些企业都包括在第三方物流企业之中，显然会混淆人们对第三方物流的认识。所以，我们在讲第三方物流时，应当从狭义的角度来理解，把它看成是一种高水平、现代化的物流服务方式，看成是网络经济时代社会物流服务的发展方向。

二、第三方物流的作用

（一）提升企业核心竞争力

利用第三方物流，可使企业专注于提高核心竞争力。生产企业的核心能力是生产、制造产品，销售企业的核心能力是销售产品。随着外部市场环境的变化，企业的生产经营活动已变得越来越复杂。一方面，企业需要把更多的精力投入到自己的生产经营中去；另一方面，企业交往的对象更多了，所要处理的关系更加复杂，在处理各种关系和提高自身核心竞争力上，企业的资源分配便会出现矛盾。如果将企业和顾客间的物流活动由第三方物流企业来承担，便可大大降低企业在关系处理上的复杂程度。企业采用第三方物流后，原来直接面对多个顾客的一对多的关系变成了直接面对第三方物流的一对一关系，企业在物流作业处理上避免了直接与众多顾客打交道而带来的复杂性，简化了关系网，便于将更多的精力投入到自身的生产经营中，从而提升核心竞争力。

（二）降低经营成本

在激烈的竞争市场上，降低成本、提高利润往往是企业的首选目标。而物流成本通常被认为是企业经营中较高的成本之一，所以降低物流成本已成为企业的“第三利润源泉”。

企业将物流业务外包给第三方物流公司，由专业物流管理人员和技术人员充分利用专业物流设备、设施和先进的信息系统，发挥专业化物流运作的管理经验，以求得整体最佳的效果。企业可以不再保有仓库、车辆等物流设施，对物流信息系统的投资可以转嫁给第三方物流企业承担，从而可以减少投资和运营物流的成本；还可以减少直接从事物流的人员，从而减少工资支出；提高单证处理效率，从而减少单证处理费用；库存管理控制的加强，可以降低存货水平，削减储存成本；通过第三方物流企业广泛的节点网络实施共同配送，可以大大提高运输效率，减少运输费用等。

（三）提高服务质量

在社会化生产日益扩大、专业化分工越来越细的今天，服务的重要性日益显现，顾客会将服务与产品同样看待，对服务的关注甚至超过产品本身。物流能力是企业服务的重点内容之一，它会制约企业的顾客服务水平，物流服务水平实际上已经成为企业实力的一种体现。以最小的成本提供预期的顾客服务已经成为企业努力的方向，帮助企业提高顾客服务水平和质量也是第三方物流所追求的目标。

（四）分散企业风险

企业如果自己运作物流，要面对两大风险：一是投资风险；二是存货风险。企业自营物流需要进行物流设施的投资，如建立仓库、购买车辆等。这样的投资往往很大，如果企业的物流管理能力很低，不能使企业拥有的物流资源尽量发挥作用，会导致企业物流效率低下，那么企业在物流上的投资就会失败，这部分在物流固定资产上的投资就会面临无法回收的风险。通过第三方物流，企业可以规避这一风险。企业由于配送能力和管理水平有限，为了及时对顾客的订货作出反应，防止缺货和快速交货，往往采取高水平的库存策略。一般来说，企业防止缺货的期望越高，所需要的安全储备就会越多，平均存货数量也越多。存货越多，企业的流动资金被占用的就越多，随着时间的推移，存货流动速度加快，企业可以减少内部的安全库存量，从而降低企业的资金风险。

（五）增强市场应变能力

将物流职能交由第三方管理可增强企业对市场的应变能力。当需求变化和技术进步时，第三方物流企业能不断更新其设施、信息技术和管理技术，根据环境变化进行相应调整，增强灵活性，而非物流企业往往无法做到这些。企业可以根据市场需求的灵活变动与第三方物流企业合作，这可以减少投资，增强企业对市场的灵敏度。对于季节性生产而言，灵活性显得更为重要。由于需求的季节性，生产往往先于消费季节，并被要求根据市场的反馈能够及时进行生产调整，这使生产计划具有很大的灵活性，同时对仓储等活动的需求也是季节性的。使用第三方物流可以及时调整企业的生产和销售，使之具有季节灵活性。

（六）加速产品和服务投放市场的进程

为了使产品和服务在时间上获得竞争力，必须将其快速推向市场，第三方物流可以利用其强大的物流网络帮助客户在速度上实现竞争优势。它通过加强信息交流，提高如仓储运送等物流活动的速度，加快交货、发送和响应时间，减少产品生产和交货的提前期，迅速将产品送到各生产基地或市场需求地，从而获得时间优势。

（七）增加社会效益

以上六个方面可以归结为第三方物流的经济价值。除了其独特的经济效益外，第三方物流还具有社会效益。第三方物流可将社会上众多的闲散物流资源有效地整合、利用起来。受“大而全”“小而全”思想的制约，我国很多企业存在物流设备利用率低下、运输空载率高、成本高等问题，最终导致社会物流资源配置不合理，造成严重浪费。而通过第三方物流企业的专业管理控制能力和先进的信息系统，对企业原有的仓库、车队等物流资源进行统一管理运营，组织共同运输、共同配送，将企业物流系统社会化，实现信息、资源共享，则可以极大地促进社会物流资源的整合优化，提高全社会整体物流效率。

第2节 第三方物流的运作

一、第三方物流的价值分析

（一）第三方物流的成本价值

降低成本、提高利润率往往是企业在竞争中所追求的首选目标。这也是物流作为"第三利润源"受到普遍重视的根本原因。完整的企业物流成本，应该包括对物流设施设备等固定资产的投资、仓储、运输、配送等物流费用，以及为管理、协调物流活动所需的管理费用、人工费用和伴随而来的信息传递与处理的信息费等。企业将物流业务外包给第三方物流企业，可以减少投资物流的成本，减少直接从事物流的人员，从而减少工资支出，降低存货成本，提高运输效率，降低空载率，减少单位商品的运输费用等。所有这些都是第三方物流所体现的成本价值。

（二）第三方物流的服务价值

在社会化大生产范围更广、专业化分工更加细化的今天，服务成为企业竞争的关键因素。服务水平的提高会增加客户满意度，增强企业信誉，促进企业的销售，提高利润率，进而扩大企业市场占有率。物流能力是企业服务的一大内容，制约企业的客户服务水平。例如，在生产时由于物流问题使采购的材料不能如期到达，也许会迫使企业停工，因不能如期交付客户订单而承担巨额违约金，更重要的是会使企业自身信誉受损，销量减少，甚至失去合作良好的客户。这就是现代企业如此重视服务、重视物流的原因之一。物流服务水平实际上已成为企业实力的一种体现。而第三方物流企业的信息网络和节点网络能够加快对客户订货的反应能力，加快订单处理，缩短从订货到交货的时间，进行门对门运输，实现货物的快速交付，提高客户满意度；通过其先进的信息技术和通信技术可加强对在途货物的监控，及时发现、处理配送过程中的意外事故，保证订货及时、安全送达目的地，尽可能实现对客户的承诺；产品的售后服务、送货上门、退货处理、废品回收等也可由第三方物流企业来完成，保证企业为客户提供稳定、可靠的高水平服务。

企业对物流的控制和管理，实际上是成本与服务之间的一种均衡，而且在市场环境下，服务甚至比成本更重要。现代企业必须充分认识到客户服务的重要性，在考虑是否采用第三方物流时，应处理好成本与服务的均衡问题，不应一味追求物流成本的削减，即使在企业自己从事物流时也应如此。因为低成本往往容易导致低服务水平，过分压价会使第三方利益受损，无力通过自身积累来扩大规模，也就无法给企业提供更好的服务，反过来也会损害企业自身的长远利益。应该说，只要企业客户服务水平的提高所带来的效益大于其成本支出，那么这种决策就是可取的。只有当企业采用第三方物流后既增加成本，服务水平又不见提高甚至有所下降时，企业才应该重新决策。

(三) 第三方物流的风险分散价值

企业自营物流要面临投资和存货两大风险。从投资风险方面看，企业自营物流所需设施设备等固定资产往往占用较大份额资金，再加上非物流企业的物流管理能力和运作效率较低，物流设备闲置，因此企业就面临投资无法收回的风险。从存货风险方面来看，物流通常不是非物流企业的核心业务，由于企业自身运作和配送能力、管理水平有限，往往采用提高库存策略来降低缺货的风险，这样会导致存货增加，占用流动资金。如果存货不能在短期内实现交易，就会面临贬值的风险。企业通过第三方物流企业进行专业化配送，由于第三方物流企业高水平的配送能力，使得存货流动速度加快，既可以加速资金周转，又可以减少内部的安全库存量，从而降低企业的资金风险。

(四) 第三方物流的竞争力提升价值

在前面提到，利用第三方物流，可使企业专注于提高核心竞争力。而且，第三方物流企业可以站在比单个生产或销售企业更高的角度上来处理物流问题，通过其掌握的物流系统开发设计能力、信息技术能力将原材料供应商、制造商、批发商、零售商等处于供应链上下游的各相关企业的物流活动有机衔接起来，使企业形成一种更为强大的供应链竞争优势，这是单个企业无法实现的。

(五) 第三方物流的社会价值

除了以上所说的实际上可归为第三方物流的经济价值的内容外，第三方物流还具有一个为大多数人所忽视的价值，即社会价值。

(1) 将社会上的闲散物流资源有效利用和整合。

非物流企业由于物流资源的限制，很难依靠自身的力量来完善物流运作和强化物流管理。此外，我国很多企业都自营物流并建有自己的仓库、车队等，有的企业仓库规模小，需扩建，而有的企业仓储过量，造成大量闲置和浪费，使得社会物流资源得不到充分利用和合理配置。同时，非物流企业自行组织运输，不能优化运输路线，车辆空驶现象普遍，运输效率低下，社会运力得不到有效利用。通过第三方物流企业专业化的管理控制能力和强大的物流信息系统对多个企业原有的仓库、车队等物流资源进行统一管理、运营，组织共同存储和配送，实现信息和资源的共享，将企业物流系统社会化，可以极大地促进社会物流资源的合理配置和综合利用，提高物流整体运作效率。

(2) 第三方物流有助于缓解城市交通压力。

通过第三方物流的专业技能，以及制定合理的运输路线和运输方式，组织共同配送等，可以有效实施运输控制，减少城市车辆运行数量和车辆空驶、迂回运输等，缓解城市交通压力，从而减少能源消耗，降低废气排放量和噪声污染等，有利于环境的保护与改善，有利于促进经济的可持续发展。

(3) 第三方物流的成长和壮大可带动我国物流业的快速发展，对我国产业结构的调整和优化具有重要意义。

二、第三方物流的运作模式

企业在为客户提供物流服务的过程中，必须站在客户的立场上思考物流合理化问题，以客户需求为导向，采用符合客户要求以及与企业自身能力相适应的运作模式，实现客户满意与企业盈利双赢。

第三方物流的运作模式主要有以下六种。

（一）项目物流服务模式

项目物流服务模式是指为具体的项目提供全程物流服务的模式。这类需求主要集中在我国一些重大的基础设施建设项目和综合性的展会、运动会中，如三峡水电站、秦山核电站、国家体育馆等基建项目以及奥运会、展览会等大宗商品的运输物流服务。实施这种模式的物流企业必须具备丰富的物流运作经验和强大的企业实力。

（二）行业物流服务模式

行业物流服务模式是通过运用现代技术手段和专业化的经营管理方式，在拥有丰富目标行业经验和对客户需求深入理解的基础上，在某一行业领域内提供全程或部分专业化物流服务的模式。这种经营模式的主要特点是将物流服务的对象分为几个特定的行业领域，然后分别对这些行业进行深入细致的研究，掌握其物流运作特性，提供具有特色的专业服务。

商业运作方式决定着物流服务方式，只有深入掌握目标行业或项目的具体特征，才能提供专业化的物流服务。实际上，行业物流服务模式体现了细分物流市场的特征。物流企业必须不断研究目标市场行业的物流特点和发展趋势，才能成为这些行业的物流服务专家。目前，全球只有极少数物流企业能提供所有种类的物流服务。绝大多数物流企业可采用目标集聚战略进行准确的市场定位，各有侧重地展开各具特色的物流服务。

行业物流服务是近年来我国物流市场发展的一个趋势，我国物流产业振兴规划已将钢铁、医药、汽车等行业列为重点发展对象，行业物流具有巨大的发展空间和市场潜力。

（三）定制物流服务模式

定制物流服务模式是指将物流服务具体到某个客户，为该客户提供从原材料采购到产成品销售过程中各个环节的全程物流的服务模式，涉及储存、运输、加工、包装、配送、咨询等全部业务，甚至还包括订单管理、库存管理、供应商协调等在内的其他服务。现代物流服务强调与客户建立战略协作伙伴关系。采用定制物流服务模式不仅能保证物流企业有稳定的业务，而且能节省企业的运作成本。物流企业可以根据客户的实际情况，为其确定最合适的物流运作方案，以最低的成本提供高效的服务。

（四）物流管理输出模式

物流管理输出模式是指物流企业在拓展国内企业市场时，强调自己为客户企业提供物流管理与运作的技术指导，由物流企业接管客户企业的物流设施或者成立合资公司承担物流具体运作任务的服务模式。采用管理输出方式时，可有效减少客户企业内部物流运作与管理人员的抵制，使双方更好地开展合作。采用物流管理输出模式时，可以利用客户企业原有设备、网络和人员，大幅减少投资，并迅速获取运作能力，加快满足相应市场需求的速度。

在运作时，具体有以下两种方式。

（1）系统接管客户物流资产。

如果客户在某地区已有车辆、设施、员工等物流资产，而物流企业在该地区又需要建立物流系统，则可以全盘买进客户的物流资产，接管并拥有客户的物流系统甚至接收客户的员工。接管后，物流系统可以在为该客户服务的同时为其他客户服务，通过资源共享以改进利用率并分担管理成本。

（2）与客户合资成立物流公司。

物流企业与客户共建合资物流公司的方式，既使客户保留物流设施的部分产权并在物流作业中保持参与，以加强对物流过程的有效控制，又注入了专业物流公司的资本和技能，使物流企业在物流服务市场竞争中处于有利地位。

（五）物流连锁经营模式

物流连锁经营模式是指特许者将自己所拥有的商标（包括服务商标）、商号、产品、专利和专有技术、经营方式等以特许经营合同的形式授予被特许者使用，被特许者按合同的规定，在特许者统一的业务模式下从事经营活动，并向特许者支付相应费用的物流经营形式。物流连锁经营借鉴了成功的商业模式，可以迅速扩大企业规模，实现汇集资金、人才、客户资源的目标，同时在连锁企业内部，可以利用互联网技术建立信息化的管理系统，更大程度地整合物流资源，用以支持管理和业务操作，为客户提供全程的物流服务。

（六）物流战略联盟模式

物流战略联盟模式是指物流企业为了达到比单独从事物流服务更好的效果，相互之间形成互相信任、共担风险、共享收益的物流伙伴关系的经营模式。中小型物流企业自身力量薄弱，难以与大型跨国物流企业竞争，因此，中小型物流企业的发展方向是相互之间的横向或纵向联盟。这种自发的资源整合方式，经过有效的重组联合，依靠联盟企业各自的优势，可以在短时间内形成一种合力和核心竞争力；同时，在企业规模和信息化建设两个方面加以提高，形成规模优势和信息网络化，实现供应链全过程的有机结合，从而使企业在物流服务领域实现质的突破，形成一个高层次、完善的物流网络体系。

第 3 节 第四方物流

一、第四方物流的产生和发展

现代物流业始于 20 世纪 60 年代，70—80 年代在西方国家得到了大规模发展，由最初的成品配送发展为贯穿生产和流通的综合物流过程。80 年代末 90 年代初，随着全球竞争的加剧和信息技术的飞速发展，第三方物流随之产生并逐渐成为西方物流理论和实践中的宠儿。企业试图通过优化库存与运输、利用地区服务代理商以及第三方物流服务商，来满足客户服务需求的增长。供应链中的许多供应商以及大企业为了适应市场的需求，降低存货成本，提高配送效率和准确性，将物流业外包给了第三方物流服务商。在第三方物流运作中，一些物流企业自身的运作能力、专业素质、对客户需求的理解等方面有欠缺，加之物流客户也希望在与第三方物流企业合作过程中对物流及其服务主体能多一些控制，以及对物流企业的规划设计空间的限制和在许多业务模式和管理方式上的约束，使得第三方物流在实际运作中存在不尽如人意的地方。主要表现就是第三方物流在供应链管理中的地位提升很慢，在供应链管理中所体现出的作用与理想情况有较大差距。第三方物流作为整个供应链的一个组成部分，通常情况下不可能向客户提供整个供应链的物流服务，即使是供应链的某些环节的服务，也仅能完成其中的部分项目。为了降低成本，企业不断扩大物流的外包范围，将物流业务外包给多家第三方物流服务商。由于第三方物流服务商更多关注的是企业客户的物流成本和物流效率，而很少关注社会整个企业链条上的物流成本和物流效率，不能有效地对企业所处行业或供应链的物流系统进行规划和决策，在综合能力、集成技术、战略管理等方面难以满足用户的需要；同时，由于市场的全球化与国际化，供应商的网络范围不断扩展，因此，供应链的复杂性和管理难度不断增大。

市场的这些变化给物流和供应链管理提出了更高的要求和期望。为了改变这种现状，一些第三方物流企业、信息技术企业以及咨询公司结成服务商联盟，为客户提供更加全面系统的供应链物流服务，而不是以前的分散无序状态。从管理的效率和效益看，将物流业务外包的企业更愿意与一家公司合作，将业务统一交给能提供综合物流服务和供应链解决方案的企业，以获得整体效益的最大化。供应链管理的这些变化使得第三方物流企业、信息技术企业以及咨询公司开展协作，以增强竞争能力。随着联盟的密切合作及其团队的发展壮大，产生了一种新的外包服务方式，即第四方物（fourth party logistics，4PL)。企业向某个单一的组织外包其整个供应链流程，由它评估、设计、制定及运作全面的供应链集成方案，这就是第四方物流。

二、第四方物流的概念

美国著名管理咨询机构埃森哲最早提出了第四方物流的概念，并为该术语注册了商标。目前关于第四方物流的定义比较多，总体上可以理解为第四方物流创造了一种协同的环境，从而使协同后的整体效果优于各部分的简单相加，这种商业实践鼓励个体组织为达到整体优化而共享信息和资源。关于第四方物流主要有两种看法：一种看法认为第四方物流是指集成商利用分包商来控制与管理客户公司的点到点式供应链运作；另一种看法认为第四方物流是一个集中管理自身资源、能力和技术并提供互补服务的供应链综合解决方法的供应者。埃森哲咨询公司将第四方物流定义为一个供应链的整合者以及协调者，调配与管理组织自身与其他互补性服务者所有的资源、能力和技术来提供综合的供应链解决方案。这一定义因为更贴切而被广泛采用和接受，它可理解为由独立于第三方物流提供者、客户、商业过程管理者、信息供应商的供应链整合者，将其自身的资源、能力和技术同来自补充服务提供者的资源、能力和技术整合起来，并对之进行管理，从而提供一体化的供应链解决方案。其他的咨询公司也开始使用“总承包商”或“领衔物流服务商”的名称提供类似的服务。

从以上几种定义可知第四方物流既是一种全新的物流运作模式和一类新的物流服务提供商，也是一套更高效率、更低成本的供应链解决方案，而面向供应链是其理论的核心。第四方物流是一种将自身的核心资源优势（包括专业知识、管理服务能力和特有技术）与其他方资源整合，以为企业提供整个供应链解决方案的物流服务运作模式。它通过整个供应链的信息和资源共享来协同运作，以达到提高整个供应链的服务水平和运作效率、降低整体运营成本、实现多方共赢的目的。第四方物流企业即为提供以上供应链解决方案，整合多方资源的具有核心管理优势的综合性物流咨询服务公司。这样，第四方物流就是供应链的集成者、整合者和管理者；它主要通过对物流资源、物流设施和物流技术的整合和管理，提出物流全程的方案设计、实施办法和解决途径。第四方物流是在第三方物流基础上的进化和发展，比第三方物流服务的内容更多、覆盖的地区更广、技巧更复杂。从概念上看，第四方物流是具有领导力量的物流提供商，它通过整个供应链的影响力，提供综合的供应链解决方案，为其顾客带来更大的价值。它不仅对特定的物流活动进行控制和管理，而且对整个物流过程提出解决方案，并通过电子商务将这个过程集成起来，第四方物流正日益成为一种帮助企业实现持续降低运作成本和区别于传统的外包业务的真正的资产转移。它依靠业内最优秀的第三方物流供应商、技术供应商、管理咨询顾问和其他增值服务商，整合社会资源，为客户提供独特的、广泛的供应链解决方案。第四方物流通过提供综合的供应链解决方案来影响整个供应链的物流活动，从宏观角度来看，它的发展满足了整个社会物流系统的要求，最大限度整合了社会资源，减少了货物物流时间，节约了资源，提高了物流效率，也减少了环境污染，缩短了与实现零库存的目标的距离，是从一个更为宏观的角度来安排社会物流的运作。

未来物流企业发展的方向是对供应链的渗透，第四方物流理论是在面向供应链的基础上建立起来的。第四方物流已超出了传统物流服务的概念，它必须与信息流、资金流和企业生产业务流程一起进行综合考虑，这样才能够对供应链整体的资源、技术和能力进行合理的调配、组织和管理。第四方物流给社会带来的价值，远远超出降低空驶率、提高仓库利用率、交货及时准确率等传统的物流管理目标概念，它将物流整合于整个人类物质资料生产过程之中，支持生产、分配、交换和消费四大环节，使物流所带来的“第三利润源”体现出其价值。

三、第四方物流的运作模式

（一）协同化模式

在这种模式中，第四方物流和第三方物流共同开发市场，第四方物流向第三方物流提供一系列第三方物流缺少的技术和战略技能，如供应链策略、进入市场的能力和项目管理的专业能力等。双方通常会采用商业合同的方式或者战略联盟的方式合作。

（二）方案集成者模式

在这种模式中，第四方物流为客户提供服务，做出整个供应链运作和管理的解决方案。第四方物流对自身和第三方物流的资源、能力和技术进行整合，借助第三方物流为客户提供全面的、集成的供应链方案。此时，第三方物流通过第四方物流的方案为客户提供服务，第四方物流成为联系所有第三方物流提供商和其他提供商的枢纽，负责集成多个服务供应商的能力。

（三）行业创新模式

在这种模式中，第四方物流为多个行业的客户开发和提供供应链解决方案，以整合整个供应链的职能为重点。此时，第四方物流的责任重大，因为它连接了上游第三方物流的集群和下游客户集群。它通过高超的运作策略和技术来提高整个行业的效率。

无论采用哪一种模式，作为物流业务的中间人，第四方物流都连接着供应链企业与第三方物流两方利益主体。第四方物流的核心能力在于强大的资源整合能力和卓越的供应链优化技术，可以将每一个地方的最佳物流提供商组合起来，为客户提供最佳的物流服务，从而形成最优物流方案或供应链管理方案。

本章小结

本章介绍了第三方物流的概念、分类及其作用，还对第三方物流的价值进行了分析，对第三方物流的运作模式进行了论述，并且简要介绍了第四方物流的产生与发展，对第四方物流的概念与运作模式进行了阐述。

思考题

1. 简述第三方物流的分类。
2. 简述第三方物流的作用。
3. 阐述第三方物流的运作模式。
4. 什么是第四方物流？
5. 简述第四方物流的发展过程。

第 12 章

供应链管理

学习目标

- 掌握供应链的概念
- 掌握供应链管理的概念及特征
- 掌握供应链管理的内容
- 掌握供应链管理方法

导引案例

在戴尔直线模式的背后，是其出色的供应链管理，它能在收到顾客个性化需求的订单后，立即向不同的供应商采购材料，迅速转入生产，再将成品交给快递公司分发送货。在整个过程中，戴尔能保证公司的实际材料库存量始终保持在最低水平，从而使产品的价格更有竞争力。

戴尔的供应链管理有两个难点：一是客户服务；二是物料配送。解决这两个难题是整条供应链管理的关键。

客户服务要面对面地处理好所有客户的要求，有很高的难度。戴尔充分利用互联网的特点，与大部分客户建立联系，并且能够和每一个客户都维持一对一的细致对话，尽可能多地搜集客户信息和客户要求；客户也能通过互联网发送自己的订单，提出自己的服务要求。戴尔有一个专门处理客户信息的系统，它能对不同的客户信息进行分类，对客户的订单进行处理并且自动传递给采购和生产部门。网上订单处理既加快了速度，又加强了数据处理的准确性，为公司下一步的采购和生产做好准备。

在客户服务方面，还要提到售后服务和技术支持。戴尔采取了外包方式，并且用一系列制度来保证服务品质，控制外包厂商的技术水平。外包可以有效地节约公司成本，对公司的业务重点做出细分。

物料配送方面的物流成本每年大概占公司运营成本的74%，2000年戴尔花在物料上的资金是210亿美元，这笔费用只要降低0.1%，就能带来很大的收益。为了削减物流成本，戴尔在物流管理上下了很大的功夫。

戴尔和供应商建有非常严密的网络，每一个供应商都与戴尔在网上连接，通过电子网络，戴尔和上游配件制造商组成了一个虚拟企业，在这个虚拟企业中，供应商成了戴尔的一个零件提供部门，互相之间联系紧密。当戴尔接到客户从网上发出的购买电脑的电子订单，公司的配置中心会把整张订单分解成一张张的零件采购订单，通过网络发给配件供应商，各个供应商在收到订单以后，马上组织生产，在指定的期限内发货给戴尔，收到零件以后，戴尔只需在生产车间进行组装，之后就可以把成品发送给客户了。

有时戴尔也会面对原料不足的情况，这时戴尔会和供应商取得联系，确认对方是否能增加下一次发货的数量，如果问题涉及硬盘之类的通用件，公司会与后备供应商商量。如果穷尽所有供应渠道仍然无法解决问题，公司采购部门就会与销售和营销人员磋商，协助把需求转向其他方面。所有这一切都在几个小时内完成。

资料来源：王永丽．戴尔公司供应链管理案例分析．（2011－11－28）．http：//wenku.baidu.com/view/d0c987c8da38376baf1faeab.html.

第1节 供应链概述

一、供应链的概念

供应链（supply chain）是围绕核心企业，通过对信息流、物流、资金流的控制，从采购原材料开始，制成中间产品以及最终产品，最后由销售网络把产品送到消费者手中的将供应商、制造商、分销商、零售商直到最终用户连成一个整体的功能网链结构模式。它不仅是一条连接供应商到用户的物流链、信息链、资金链，而且是一条增值链，物料在供应链上因加工、包装、运输等过程而增加价值，给相关企业带来收益。

二、供应链的结构模型

（一）链状结构

结合供应链的定义与结构，不难发现链状结构最简单。当供应商、制造商、分销商、零售商和用户在一条线上时，就形成链状结构（如图12－1所示）。原材料最初来源于自然界，经过生产、加工、装配、包装，最终送达用户。

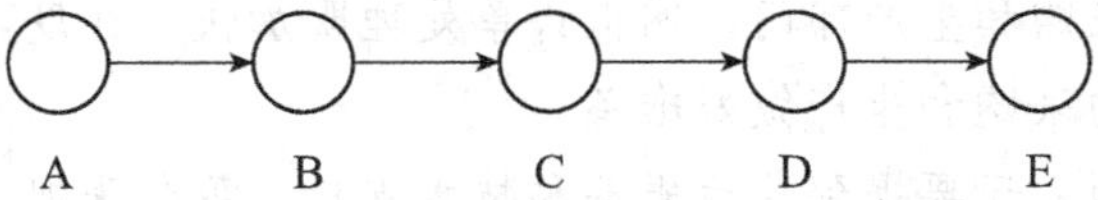

图12－1 链状结构

如果把满足顾客需求的各个环节都抽象成一个个节点，则众多的节点连接起来就形成供应链。假如C为制造商，则B为C供货，则B为C的一级供应商，A为B供货，则 A 为 C 的二级供应商，D 直接从 C 进货销售 C 的产品，则 D 为 C 的一级分销商，E 通过 D 进货销售 C 的产品，则 E 为 C 的二级分销商，以此类推。通常，企业可能有多级供应商或多级分销商，这与企业所在的行业及企业管理者对供应链的设计有关。了解多级供应商和多级分销商的概念，有利于从整体上把握供应链的运行状况。

链状结构有明显的缺陷，如企业会面临供应中断的风险，也不利于产品大范围覆盖市场，因而在实务中很少有企业采用这种类型的供应链。

（二）网状结构

事实上，在一个行业中生产同类产品的企业往往不止一家，比如链状结构模型中 C 的同业竞争者可能有 C_1，C_2，…，C_k 等 k 家，C 的供应商也可能不止一家，而是有 B_1，B_2，…，B_n 等 n 家，分销商可能有 D_1，D_2，…，D_m 等 m 家。于是上面的链状结构就演变成了一个网状结构。

网状结构模型更能说明企业经营运作中产品的复杂供应关系。从理论上讲，任何一个企业和消费者都可以通过互联网成为全球网络供应链中的一个节点（成员）。我们可以通过互联网从美国的亚马逊购买所需要图书，而亚马逊对我们的这一需求也会做出响应。在网状结构模型中，各个节点存在联系，当然这些联系有强有弱，并且总在变化。网状结构模型更有利于我们对供应链的宏观把握。相对于链状模型而言，网状结构模型更为复杂，而全球性网络供应链则是供应链未来的发展方向。

（三）网链结构

图 12－2 是供应链网链结构模型，供应链由所有加盟的企业组成，一个企业即是一个节点，每个节点代表一个经济实体并具有供需双重身份。供应链的结构要素主要包括：供应链长度、供应链宽度（集约度）、节点企业间的关系。一般认为，供应链的长度即是满足顾客需求所涉及的环节数，同类企业处于同一层面上。有的学者则认为，供应链上的每一个节点都可能持有库存，所有前导时间之和称为供应链长度，它是当需求增加超过库存的安全极限时，对供应链的市场需求反应时间的计量。而供应链的宽度即供应链的集约度，它可以由供应链中同类企业的数量来衡量。

通常，供应链中有一个核心企业，它往往是供应链中的强势企业（即在供应链中有较强影响力的企业）。核心企业需要对供应链进行规划、设计和管理，需要协调上下游企业之间的关系，需要整合供应链企业群体的资源，高效、低成本地满足顾客需求。这对核心企业的素质和能力的要求很高。一般而言，谁是核心企业并无定论，主要取决于企业的实力及其在供应链中的影响力。

20 世纪 90 年代中期以前，供应链中的核心企业一般由实力雄厚的制造商来充当，随着市场的转型，特别是 90 年代中期以后，连锁零售企业逐渐在全球范围崛起，这些商业企业的门店越开越多，企业经营的规模越来越大，大型商业企业逐渐在供应链中占据优势，于是核心企业易位，供应链的势力逐渐向供应链下游移动。

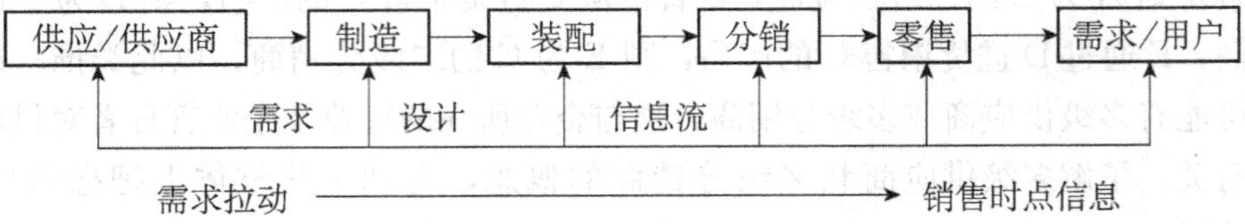

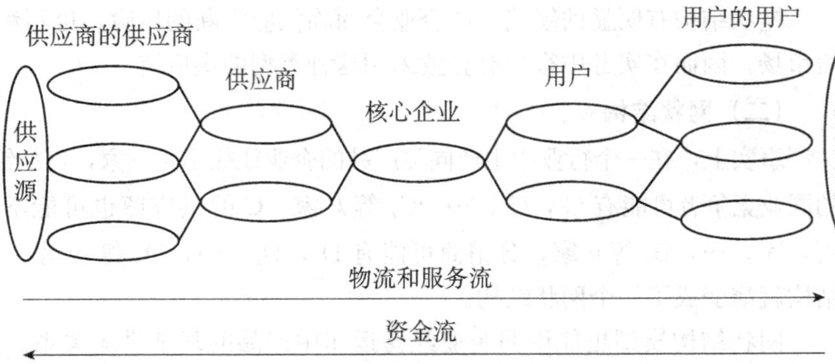

图 12-2 供应链网链结构模型

三、供应链的特征

从供应链的结构模型和概念可知，供应链是一个网链结构，由核心企业的供应商、供应商的供应商、用户、用户的用户组成。一个企业是一个节点，节点企业和节点企业之间是一种需求与供应的关系。由此可知，供应链的特点在于：用户需求拉动网链结构；整个过程是高度一体化的提供产品和服务的增值过程；每个节点代表一个经济实体以及供需的两个方面；具有物流、信息流和资金流三种表现形态。此外，供应链还具有以下特征。

（一）复杂性

现代企业的供应链是一种复杂的、非线性的虚拟价值链网络，由具有不同目标的成员组成。因为供应链节点企业组成的跨度（层次）不同，有生产、加工和服务等类型，可以分为上游、下游、核心层，即供应链是包含多个、多类型和多国度的节点企业的网链，而且供应链往往由多个不同类型的企业构成，供应链上的各节点企业是具有独立经济利益的不同实体，具有不同的企业文化、价值理念。各节点企业既存在竞争，又必须相互合作，企业供应链结构模式比一般单个企业的结构模式更为复杂。

（二）交叉性

节点企业可以是多个供应链的成员，众多的供应链形成交叉结构，增加了协调管理的难度。

（三）动态性

首先，供应链是一个开放的动态系统，与外部环境有着密切的联系。外部环境的任何变化（如宏观政策的变化、经济发展的速度和质量变化、新技术发展和应用所引起的商业模式改变等）都会影响系统整体功能的实现。供应链系统一旦建立，就成为一个即时的确定系统。外部环境发生变化时，供应链系统的管理模式将随着外部环境发生变化。此外，从发展的角度看，供应链系统及其管理是动态的。其次，因企业战略和市场需求的变化，供应链中的节点企业需要动态更新，这也使供应链具有明显的动态性。

（四）面向客户需求

供应链的形成、存在、结构都是基于一定的市场需求，在供应链的运作过程中，客户的需求拉动是供应链中信息流、产品服务流、资金流运作的驱动源。

第 2 节 供应链管理概述

一、供应链管理的概念

《物流术语》对供应链管理的定义是：供应链管理，即利用计算机网络技术全面规划供应链中的商流、物流、信息流、资金流等，并进行计划、组织、协调与控制。

供应链管理是在现代科技和产品极其丰富的条件下发展起来的管理理念，它拆除了企业间的围墙，将各个企业独立的信息孤岛连接在一起，建立起一种跨企业的协作，并且各个企业作为贸易伙伴，为追求经济利益的最大化而共同努力。

二、供应链管理的特征

（一）以满足客户需求为根本出发点

供应链的首要目的是满足客户需求，并在满足客户需求的过程中为企业创造利润。在供应链管理中，满足客户需求目标优先于其他所有目标，这就要求供应链管理以客户需求为中心，把客户服务作为管理的出发点，并贯穿供应链的全过程，把改善客户服务质量、实现客户满意作为实现利润、创造竞争优势的根本手段。

（二）以共同价值观为战略基础

供应链管理首先要解决的是供应链伙伴之间信息的可靠性问题。如何管理和分配信息取决于供应链成员之间对业务过程一体化的共识程度。供应链管理是在供应链合作伙伴之间形成一种相互信任、相互依赖、互惠互利和共同发展的价值观和依赖关系。供应链战略需要供应链上的企业从供应链整体出发，实现供应链信息的共享，加快供应链信息传递，减少相关操作，简化相关环节，提高供应链的效率，降低供应链成本，在保证合作伙伴合理利润的基础上，提升企业竞争能力和盈利能力，实现合作伙伴间的共赢。

（三）以提升供应链竞争能力为主要竞争方式

在激烈的市场竞争中，企业单纯依靠自身的资源不足以赢得竞争优势，需要通过与供应链其他成员进行跨部门、跨职能和跨企业的合作，建立有共同利益的合作伙伴关系，实现共赢。供应链管理使各合作伙伴之间密切合作，共享利益和共担风险。同时，信息时代的到来使信息资源的获取更具开放性，这就迫使企业间打破原有界限，寻求建立一种超越企业界限的新的合作关系。因此，加强企业间的合作已成必然趋势，供应链管理的出现迎合了这种趋势，顺应了新的竞争环境的需要，改变了企业的竞争方式，将企业之间的竞争转变为供应链之间的竞争。

（四）以广泛应用信息技术为主要手段

信息流的管理是影响供应链效益和效率的一个关键因素。信息技术在供应链管理中的广泛应用，大大减少了供应链运营过程中的不增值活动，提高了供应链的运营绩效。供应链管理应用信息技术重新组织和安排业务流程，进行集成化管理，实现信息共享。只有通过集成化管理，供应链才能实现动态平衡，实现协调同步、和谐运营。

（五）以物流的一体化管理为突破口

供应链管理把从供应商开始到最终消费者的物流活动作为一个整体进行统一管理，始终从整体和全局上把握物流的各项活动，使得供应链整体库存水平最低，实现供应链整体物流最优。物流一体化管理能最大限度地发挥企业能力，降低库存水平，从而降低供应链的总成本。因此，要实现供应链管理的整体目标，为企业创造价值，为供应链企业赢得竞争优势和提高收益率，供应链管理必须以物流的一体化管理为突破口。

（六）以非核心业务外包为主要经营策略

供应链管理是在自身核心业务基础上，通过协作的方式来整合外部资源以获得最佳的总体运营效益。企业在保留核心业务的同时，对非核心业务采取外包的方式，借此优化各种资源，既可提高企业的核心竞争力，又可参与供应链，依靠建立完善的供应链管理体系，充分利用供应链上合作伙伴的资源，发挥合作伙伴的优势。

三、供应链管理的内容

供应链管理主要包括计划、合作、控制从供应商到用户的物料（零部件和成品等）和信息。供应链管理的目标在于提高用户服务水平和降低总的交易成本，并且寻求两个目标之间的平衡（这两个目标往往有冲突）。具体来说，供应链管理包括五大基本内容。

（一）计划

计划是供应链管理的策略性部分。企业需要运用一个策略来管理所有的资源，以满足客户对企业产品的需求。好的计划是建立一系列的方法监控供应链，使它能够有效、低成本地为客户递送高质量和高价值的产品或服务。

（二）采购

采购是指选择能为企业的产品和服务提供货物和服务的供应商，与供应商建立一套定价、配送和付款流程并制定方法监控和改善管理。企业应把对供应商提供的货物和服务的管理流程结合起来，包括提货、核实货单、转送货物到企业的制造部门并批准对供应商的付款等。

（三）制造

制造指企业安排生产、测试、打包和准备送货所需的活动，是供应链中测量内容最多的部分，包括质量水平、产品产量和工人的生产效率等的测量。

（四）配送

配送也称为物流，是指调整用户的订单收据、建立仓库网络、派递送人员提货并送货到顾客手中、建立货品计价系统、接收付款等一系列活动。

（五）退货

退货是供应链中的问题处理部分，指企业建立网络接收客户退回的次品和多余产品，并在客户应用产品出现问题时提供支持。

第 3 节 供应链管理方法

一、快速反应法（QR）

（一）QR 概述

QR 是在美国纺织服装业发展起来的一种供应链管理方法，它是由美国零售商、服装制造商及纺织品供应商开发的整体业务概念。QR 指在供应链中，为了实现共同的目标，零售商和制造商建立战略伙伴关系，利用 EDI 等进行销售时点的信息交换及订货补充等其他经营信息的交换，用多频度、小数量配送方式连续补充商品，以实现缩短交货周期、减少库存、提高客户服务水平和企业竞争力的供应链管理方法。其最终目的是，减少从原材料到销售点的时间和整条供应链上的库存，最大限度地提高供应链管理的运作效率。

建立 OR 系统的基础是准确把握销售动向，运用 POS 系统的单品管理功能，及时掌握每一种商品的销售状况和库存状况，同时将在零售阶段获得的销售信息在供应链上下游企业中共享。也就是说，下游零售阶段的销售动向要及时准确地反映到生产计划上。

QR 方法要求供应链中的企业在面对纺织服装业这类多品种、小批量的买方市场时，不是预先储备好产品，而是准备各种要素，一旦客户提出要求，能以最快速度抽取要素，及时组装，提供客户所需服务或产品。

（二）实施 QR 的过程

QR 的实施，需要经过六个步骤，每一个步骤都需要以前一个步骤作为基础，并比前一个步骤有更高的回报，但是需要额外的投资。具体实施过程包括以下几个步骤。

1. 安装条码和实施 EDI 技术

零售商首先必须安装通用产品代码（UPC）、POS 扫描机和实施 EDI 技术等，以加快 POS 机收款速度、获得更准确的销售数据并使信息沟通更加顺畅。POS 扫描机用于数据输入和数据采集，即在收款检查时用光学方式阅读条码，然后将条码转换成相应的商品代码。

2. 固定周期补货

QR的自动补货要求供应商更快、更频繁地运送重新订购的商品，以保证店铺货源充足，提高销售额。通过对商品实施QR并保证这些商品能敞开供应，零售商的商品周转速度更快，消费者可以选择更多的花色品种。一些基本商品每年的销售模式都是一样的，一般不会受流行趋势的影响。因为这些商品的销售是可以预测的，所以不需要对商品进行考察来确定重新订货的数量。

自动补货指基本商品销售预测的自动化。自动补货使用基于过去和目前的销售数据及其可能变化的数据，通过软件进行定期预测，同时考虑目前的存货情况和其他一些因素，以确定订货量。自动补货是由零售商、批发商在仓库或店内进行的。

3. 建立先进的补货联盟

建立先进的补货联盟是为了保证补货业务的顺畅。零售商和消费品制造商联合起来检查销售数据，制定关于未来需求的计划和预测，在保证有货和减少缺货的情况下降低库存水平。进一步地，也可以由消费品制造商管理零售商的存货和补货，以加快库存周转速度，提高投资毛利率（销售商品实际实现的毛利除以零售商的库存投资额）。

4. 零售空间管理

零售空间管理指根据每个店铺的需求模式来规定其经营商品的花色品种和补货业务。一般来说，对于花色品种、数量、店内陈列及培训或激励售货员等，消费品制造商也可以参与甚至制定决策。

5. 联合产品开发

联合产品开发的重点不再是一般商品和季节商品，而是像服装等生命周期很短的商品。厂商和零售商联合开发新产品时，其关系的密切超过了购买与销售的业务关系，有助于缩短从新产品概念到新产品上市的时间，而且可在店内对新产品进行试销。

6. QR的集成

QR的集成指通过重新设计业务流程，将前五步的工作和公司的整体业务集成起来，以支持公司的整体战略。QR前五步的实施为零售商和消费品制造商重新设计产品补货、采购和销售业务流程奠定了基础，并使配送中心得以改进，适应频繁的小批量运输，使配送业务更加顺畅。

同时，由于库存量增加，大部分消费品制造商也开始强调存货的管理，改进采购和制造业务，使自身能够做出正确的反应。这些都需要零售商和消费品制造商重新设计整个组织绩效评估系统、业务流程和信息系统，设计的重点将围绕消费者而不是传统的公司职能，这要求集成的信息技术。有时也可以先实施最后一步，至少是设计整体结构，这样补货的改进和新产品的开发就能尽量相互吻合。

实施QR的六个步骤如图12－3所示。

图 12-3 实施 QR 的六个步骤

二、有效顾客响应（ECR）

（一）ECR 的含义

ECR 是生产厂家、批发商和零售商等供应链组成各方相互协调与合作，更好、更快并以更低的成本满足消费者需要为目的的供应链管理系统。

（二）ECR 的特征

（1）管理意识的创新。

产销双方的交易关系从此消彼长的对立性关系转换为合作伙伴关系。

（2）供应链整体协调。

（3）涉及范围广。

ECR 要求对供应链整体进行管理和协调，必然涉及零售业、批发业、制造业等相关行业。为了最大限度发挥 ECR 的作用，必须对关联行业进行分析研究，对组成供应链的各个企业进行管理和协调。

（三）ECR 的应用原则

（1）以较少的成本，不断致力于供应链顾客提供更优的产品、更高的质量、更好的分类、更好的库存服务以及更多的便利服务。

（2）必须由相关的商业带头人启动。

ECR 要求供需双方的关系必须从传统的赢输关系向双赢联盟伙伴关系转化，这就需要商业带头人或企业的最高管理层对各企业的组织文化和经营习惯进行改革，使供需双方关系转化成为可能。

（3）必须利用准确、适时的信息支持有效的市场营销、生产制造及物流配送决策。

ECR 要求利用行业 EDI 的方式在组成供应链的贸易伙伴间自由交换和分享信息，这将影响以计算机信息为基础的系统信息的有效利用。

（4）必须在产品不断增值的过程中，从生产至包装，直至到达最终顾客的购物篮中，确保顾客能随时获得所需产品。

（5）必须建立共同的成果评价体系。

注重整个系统的有效性，清晰地标志出潜在的回报，促进在供应链的范围内进行公平的利益分享。

三、联合库存管理（JMI）

供应链物流管理一个最重要的方面，就是联合库存管理。如第6章所述，联合库存管理（JMI）是一种在供应商管理库存（VMI）的基础上发展起来的上游企业和下游企业权责平衡和风险共担的库存管理模式。

所谓联合库存管理，就是在整个供应链中建立起以核心企业为核心的库存系统，具体来说，一是要建立起合理分布的库存点体系；二是要建立起联合库存控制系统。

这里强调以核心企业为核心，是因为在供应链中很容易形成多中心。如果搞多中心，必然分散精力，分散资源，还可能互相干扰，会影响供应链的正常有效运行。所以一个供应链系统只能有一个中心，所有其他的企业都必须服从这个中心，自觉为这个中心服务。供应链库存系统也必须按照这种思想去组织。

合理分布的库存点体系指的是库存点的空间分布。所谓合理分布，是指对于核心企业来说，最方便有效，且成本最低。

传统的库存设置是每个企业都自设仓库，自发库存，不考虑共享的问题，所以物资从一个生产过程产出以后，必须经过几个仓库的出入库和储存的处理过程才能够到达另一个生产过程的需求点。

而联合库存分布一般是供应商企业取消成品库存，而将成品库存直接设置到核心企业的原材料仓库中，或者直接送到核心企业的生产线。

四、供应商管理库存（VMI）

供应商管理库存，是供应链管理理论出现以后提出的一种新的库存管理方式，是供应商掌握核心企业库存的一种库存管理模式，是对传统的由核心企业自己从供应商购进物资、自己管理、自己消耗、自负盈亏的模式的一种根本性变革。

传统的库存都是企业的库存自己设立、自己掌握，这样做有以下的问题：

第一，自己要花费一笔库存资金，而且在库存没有消耗完以前，就一直占用，不但造成企业资金紧张，而且会产生一笔资金使用费（银行利息）。

第二，不但占用仓库、增加保管费用，还增加了采购、进货、入库、保管、出库、检验等许多工作环节和工作量，分散了企业的资金和人力、物力，降低了核心竞争力。

第三，存在库存风险。自己设立的库存的数量是靠自己的市场未来需求量的预测确定的，但是预测可能不准确，再加之市场随时变化，因此常常出现库存过量或过时滞销的情况，造成库存积压和死库存，给企业造成经济损失。

由供应商管理库存有很多好处：

（1）供应商是商品的生产者。

它掌握核心企业的库存，具有很大的主动性和灵活性。它可以根据市场需求的变化，及时调整生产计划和采购计划，库存消耗速率大就多生产一些，库存消耗速率小就少生产一些；既不会造成超量库存积压，又可以灵活响应市场的变化；既不存在占用资金的问题，又不会增加费用、造成浪费。

（2）由供应商管理库存可以把核心企业从库存陷阱中解放出来。

核心企业不需要占用库存资金，不需要增加采购、进货、检验、入库、出库、保管等一系列工作，它们能够集中更多的资金、人力、物力用于提高自身的核心竞争力，更好地完成自身的工作，大大提高效益，扩大市场，从而提高工厂整个供应链的活力，给整个供应链，包括供应商企业创造一个更加有利的局面。

（3）由供应商管理库存就是掌握市场。

核心企业的库存消耗是市场需求的组成部分，它直接反映了客户的消费水平和消费倾向，这对于供应商改进产品结构和设计、开发销售对路的新产品，对于企业的生产决策和经营决策起着有力的信息支持作用，使它们能够获得更好的发展。

可见，实施 VMI 可以实现核心企业和供应商的双赢，对核心企业、对供应商都有好处。

实施 VMI 需要几个前提条件：

第一，供应商要详细掌握核心企业的销售信息和库存消耗信息，也就是核心企业的销售信息和库存消耗信息要对供应商透明。具体说来，供应商应该掌握核心企业的销售时点信息或库存消耗时点信息，因为只有掌握这些时点信息，供应商才能够掌握库存消耗的规律，才能够根据这个规律来调整生产计划和采购计划，VMI 才有意义。否则，既要供应商掌握库存，又不让它掌握市场销售变化规律，使供应商不能根据市场变化规律及时调整生产计划和采购计划，会彻底地坑害了供应商，VMI 也就无法实现。

第二，为了使供应商能够及时详细地掌握核心企业的销售信息和库存消耗信息，而要建立起通畅的信息传输网络、建立供应链系统的管理信息系统，实现信息的及时传输和处理。

第三，建立起供应链系统的协商机制和互惠互利机制，要加强沟通，及时协商处理出现的各种问题，要本着责任共担、利益共享的精神，建立起企业之间的友好协作关系。比如，可以建立起某种组织保证系统，订立合作框架协议。

五、连续补充货物（CRP）

连续补充货物（continuous replenishment process，CRP），就是供应点连续多频次小批量地向需求点补充货物。它基本上是与生产节拍相适应的运输蓝图模式。主要包括配送和准时化供货方式。配送供货一般用汽车将供应商的产品按核心企业所需要的批量（日需要量或者半天需要量）按相应的频次批量送货（一天一次或两次）。准时化供货，一般用汽车、叉车或传输线进行更短距离、更高频次的小批量多频次供货（按生产线的节拍，一个小时一次或两次），或者用传输线进行连续同步供应。

六、分销资源计划（DRP）

分销资源计划（distributed resource planning，DRP）是管理企业分销网络的系统，目的是加强企业对订单和供货快速反应和持续补充库存的能力。DRP 分销管理系统是将分销企业的所有资源进行整合集成管理，简单地说就是将企业的“三大流”——物流、资金流和信息流进行全面一体化管理的信息管理系统。

实施企业 DRP 应注意的问题：

（1）要从解决最迫切的问题入手。

从解决最迫切的问题入手的好处在于以很小的投入能够获得较大的产出，获得应用的杠杆效应，最大化提升企业价值。

（2）要以业务部门为主导，以业务为本，以管理为纲。

信息技术只是实现业务运作与经营管理信息化、集成化、网络化和智能化的手段。

（3）整体规划，分步实施。

（4）灵活性与简洁性相结合。

灵活性是指软件要能适应企业的变化、发展与业务增长的需求。另外，应该尽量选用简洁的，而不能选用特别复杂的系统以及IT应用环境。

七、准时化技术（JIT）

准时化技术（JIT）包括准时化生产、准时化运输、准时化采购、准时化供货等一整套技术。它们在供应链中都有应用。它们的思想原理一样，就是四个“恰当”：在恰当的时间，将恰当的货物按恰当的数量送到恰当的地点。它们的管理控制系统一般采用看板系统。基本模式都是多频次小批量连续送货。详见第9章中关于生产物流的技术部分。

本章小结

本章的主要内容是供应链管理，介绍了供应链的概念、供应链的几种结构模型及其特征，并对供应链管理的特征和内容进行了详细的介绍，最后介绍了几种常用的供应链管理方法。

思考题

1. 简述供应链的概念。
2. 简述供应链的结构模型和各自的特征。
3. 简述供应链管理的内容。
4. 简述供应链管理的特征。
5. 常用的供应链管理方法有哪些？

图书在版编目（CIP）数据

物流学概论/霍红等主编．—2版．—北京：中国人民大学出版社，2017.10
21世纪物流管理系列教材
ISBN 978-7-300-24747-2

Ⅰ.①物… Ⅱ.①霍… Ⅲ.①物流-教材 Ⅳ.①F252

中国版本图书馆CIP数据核字（2017）第194491号

21世纪物流管理系列教材
物流学概论（第2版）
主　编　霍　红　牟维哲
Wuliuxue Gailun

出版发行	中国人民大学出版社		
社　　址	北京中关村大街31号	邮政编码	100080
电　　话	010－62511242（总编室）		010－62511770（质管部）
	010－82501766（邮购部）		010－62514148（门市部）
	010－62515195（发行公司）		010－62515275（盗版举报）
网　　址	http://www.crup.com.cn		
经　　销	新华书店		
印　　刷	中煤（北京）印务有限公司	版　　次	2012年2月第1版
开　　本	787 mm×1092 mm　1/16		2017年10月第2版
印　　张	14.25 插页1	印　　次	2024年8月第4次印刷
字　　数	310 000	定　　价	32.00元

中国人民大学出版社　管理分社

教师教学服务说明

中国人民大学出版社管理分社以出版工商管理和公共管理类精品图书为宗旨。为更好地服务一线教师，我们着力建设了一批数字化、立体化的网络教学资源。教师可以通过以下方式获得免费下载教学资源的权限：

- 在中国人民大学出版社网站 www.crup.com.cn 进行注册，注册后进入“会员中心”，在左侧点击“我的教师认证”，填写相关信息，提交后等待审核。我们将在一个工作日内为您开通相关资源的下载权限。

- 如您急需教学资源或需要其他帮助，请加入教师 QQ 群或在工作时间与我们联络。

中国人民大学出版社　管理分社

教师 QQ 群：648333426(工商管理)　114970332(财会)　648117133(公共管理)
教师群仅限教师加入，入群请备注(学校+姓名)

联系电话：010-62515735，62515987，62515782，82501048，62514760

电子邮箱：glcbfs@crup.com.cn

通讯地址：北京市海淀区中关村大街甲 59 号文化大厦 1501 室(100872)

管理书社　　人大社财会　　公共管理与政治学悦读坊